高等农林院校“十五”精品课程建设教材

创　新　学

滑云龙　殷焕举　主编

中国农业大学出版社

主　编　滑云龙　山西农业大学
殷焕举　四川农业大学

参　编　李学明　沈阳农业大学
高　潮　内蒙古农业大学
路　军　北京林业大学

前　言

创新学是适应知识经济时代到来、日益受到国际社会普遍重视的一门学科，它的出现是社会经济发展的现实要求。

以数字化信息革命为先导，以知识的生产、传播、转移、应用为特征的知识经济时代正疾步向我们走来，尽管其内涵、外延尚未定论，其理论体系远未形成，但被誉为其灵魂的创新精神和创造理念已得到世人的广泛认同。这种创新精神、创造理念是什么？怎么理解和表述？能否将其深入研究、发掘，使之系统化、理论化，成为人们都可以遵循的带有普遍性、必然性的理论体系呢？创新学就是我们在对上述问题进行研究和探索的基础上形成的一个具有方法论意义的学科体系。

“创新”虽不是什么新概念，但却是伴随着知识经济发展逐步形成、发展起来的普遍理念。目前，在世界范围内，特别是在西方发达国家，随着高新技术的快速发展和广泛应用，智力因素和知识含量在经济增长中的比重日益增大，“知识创新”在社会发展中的地位和作用日益突现，并日渐趋于轴心化。“创新”作为一种普遍理念，已引起世人的广泛关注，进而已成为一种时代精神风靡全球。世界各国纷纷制定创新体系，社会各界普遍崇尚创新精神，各类学校高度重视创新人才的培养，各级各类学生十分注重创新思维的养成。正如江泽民同志所指出的那样，“创新是一个民族进步的灵魂，一个国家兴旺发达的不竭动力。”同样，创新也是一个单位（一个企业、一所高校）持续发展的永不衰竭源泉，也是一个人实现自身价值、追求事业成功的捷径。一言以蔽之，创新是未来知识经济时代的主旋律，是 21 世纪的世界精神。

“创新”是创造的泛化。创造有广义和狭义之分。广义的创造与狭义的创造的区别，主要在时间和空间的界定上。狭义的创造是相对于人类、相对于世界范围而言的，它提供了人类前所未有的、世界范围内闻所未闻的具有普遍价值的新成果，如科学上的新发现、工艺技术上的新发明、社会科学上的新思想和新理论。广义的创造在时间和空间的界定上比较宽泛，它可以相对于个体，可以相对于一个群体，也可以相对于某一定地域，在上述范围内，以新的方式解决了过去没有解决的问题。也就是说，一项发明、一项工艺、一项研究成果或者一种新思想、新理论、新方法，相对于某一个体、某一群体、某一区域来说，是新的、前所未有的，但相对于人类历史，相对于世界范围来说，也可能是早已存在的东西。作为时代精神、普遍理念的"创新"，应当是既包括广义的创造，也包括狭义的创造。虽然，它更注重和崇尚狭义的创造，但是也决不能忽略和轻视广义的创造。狭义的创造是主导，广义的创造是基础。没有广义创造的普遍重视，也就不可能有狭义创造的大量涌现。如果把创造一词理解得过于狭窄，认为只有人类历史上前所未有的，世界范围内闻所未闻的伟大发现、发明才算创造，那么，创造就成了极少数天才的专利，与普通的人没有关系，这样就不可能作为一种普遍理念、一种时代精神而存在。当然，也不能把创造理解得过于宽泛，把一个人由无知到有知的每一个发现都看作创造，那样，也同样失去作为一种普遍理念、一种时代精神的价值和意义。因此，创新也就是创造，是创造的泛化，是广义创造和狭义创造的辩证统一。

创新是人的本质的升华。人和动物具有共同的特征，都是通过自己的活动从自然界获取需要的物质资料。但是人的活动和动物的活动是有本质区别的，动物的活动是本能的、无意识的，而人的活动是有意识的、有目的的。动物只能消极地适应自然，不能能动地改造自然，而人则能根据自己的意识和目的去能动地改造自然，使自然界适应自己的需要。人的这种有意识有目的地、能动地改造自然的活动就是"创造"。创造是人的最高的最抽象的本质，正是由于人的这种有意识的有目的地、能动地改造自然的活动，促使人类一步步从动物界分化出来，促使人类社会一步步由低级向高级不断发展。"创造"从作为人的最高本质到作为一种时代精神、普遍理念，是经过一个由盲目到自觉、由个别主体的自觉到普遍主体的自觉的发展过程。所谓盲目地创造是指人类早期完全根据人们的直接生活需要和劳动需要而进行的创造，与人们生产、生活直接需要无关的东西往往不会纳人创造之列。这种创造往往局限在十分有限的活动范围内，带有很大的盲目性、偶然性和被动性。所谓自觉地创造，是指人类社会发展到一定阶段，剩余价值出现，人类社会进行了三大分工之后，有一部分人能够从直接的生产劳动中解放出来，能够自觉地从事各方面的研究和创造。这是人类创造活动的一个质的飞跃和突变。然而，这时的自觉创造还仅仅是局限于极少数的人，绝大多数的人还不可能脱离繁重的生产劳动，去从事专门的研究和创造。随着人类社会的发展，社会财富的不断积累，越来越多的人从生产第一线解放出来，接受专业教育，参与科学研究，进行自觉创造。但是，由于社会生产力发展水平、科学教育发展水平的局限，还不能使每一个人都脱离具体劳动，接受专业教育，专门从事研究和创造，因而，作为人的最高本质，人特有的一种基本能力的创造，还没有能够在每一个人身上得到体现。尽管，历史上也有许多劳动者在实践中曾有过这样那样的创造、发明，推动了经济的发展、人类社会的进步，但是，绝大多数人的这一本质特征并没有得到充分的发挥。只有到了经济昌盛、科学发展、教育普及的今天，只有到了知识经济时代，人的最高本质的创造的能力才能够在每一个身上得到最大限度的发挥。这是人类创造活动的又一次较全面的质的飞跃。

创新，从作为人的最高的本质，到作为一种时代精神、普遍理念，有一个不断发展、精进的过程。作为人的最高本质的创造，即有意识、有目的地改造世界的活动，是一种最普遍意义上的创造，是人人皆有的基本能力。而作为一种时代精神、普遍理念的创造，则是在这种最普遍意义的基础上逐步发展起来的一种自觉自为的能力，是人类自身发展的必然产物，是人的最高本质的升华。它表现为对人的重复性活动的不断扬弃，反映了高新技术飞速发展和广泛应用、智力因素和知识含量在经济增长中的比重日益增大、知识创新在社会发展中的地位和作用日趋于轴心化的现实。创新作为未来知识经济时代的普遍理念、时代精神，实际上是人们普遍崇尚的一种能力，作为创新主体的人普遍具有的自觉自为的能力。这种能力是人人具有的基本能力或叫做创造潜能。从创造潜能到现实的创造能力的转化必然有一个系统化、理论化、自觉培养和形成的过程。《创新学》就是适应知识经济发展创新实践的需求，适应高校创新人才培养的需求，为大学生编撰的一本实验性的教材。创新学课程的开设，旨在增强大学生的创新能力。

“创新学”源于“创造学”。创造学创建于20世纪40年代末50年代初，其标志有二：一是1936年美国通用电气公司开设的“创造工程”，用来训练和提高本企业职工的创造性。经过这一课程的学习，职工的创造发明能力普遍提高了3倍，公司的利润也成倍提高。二是1941年现代创造学奠基人美国BBOC广告公司经理奥斯本出版的著名的创造学著作《思考的方法》一书，并发表了由他发明的一项具有显著成效的创造方法——智力激励法。此后，创造学作为一门加速创造发明活动和有效培养创造发明人才的知识生产技术，引起来许多国家特别是公司企业决策层的高度重视。首先是在美国，许多高校开始把创造学作为一门应用工程学来开设，然后是日本、联邦德国、英国、瑞典也相继效仿，在许多高校中也将这一课程开设。

创造学被介绍到我国大约在20世纪80年代末90年代初，1988年温元凯等人编写了一本名为《创造学原理》的书，对创造学做了较系统的介绍。当时《创造学原理》一书的出版，似乎并没有引起人们的普遍重视。这一方面可能是由于人们对创造概念的理解比较狭窄，与我们现在理解的“创新”不同；另一方面，也可能是由于我国科学技术水平特别是信息技术水平较低，缺乏对创造的深刻认识和实践需求。当时我国刚刚实行对外开放，国内面临着政治、经济、科技、教育等全面改革。工业生产由于历史的原因，受整体科技水平的影响和企业自身发展阶段性制约，对引进的先进技术特别是信息技术，尚处于消化、吸收阶段，还未进入消化吸收后的再创新阶段。在我国出口贸易中，具有独立知识产权的、高附加值的高新技术产品生产还很少。另外，我国资源型产品如原材料或半成品、特别是劳动密集型产品还具有广阔的世界市场。所有这些都使得创新、特别是技术创新，包括人们的认识程度，都还没有提到像今天这样的高度。尤其是知识创新在经济增长中的比重还没有像今天那样凸现，全社会对知识创新需求还没有形成强大的氛围。创造学虽然已被引了进来，但在知识界，特别是在高校，还没有得到广泛的重视和采用。90年代中期以后，特别是在新世纪到来之际，随着我国市场经济的建立并不断完善，企业内部改革不断深化，产业经济结构调整步伐加快，有着自己独立知识产权的高附加值产品不断增多。高新技术产业经过培育、孵化，逐步发展起来，逐渐跃升为引导中国产品出口的领军行业。所有这些都对创造、创新问题的研究提出了新的更高的要求。可见，一门新学科的兴起，实践的需求是最重要的、第一位的。创新学作为一门新兴学科，就是建立在新时期我国社会、经济发展的这一新的实践基础之上的。我们编写《创新学》一书，正是基于对上述现实社会需求和未来社会发展对大学生素质要求这一深刻认识。

我们在编写过程中，自觉坚持以辩证唯物主义和历史唯物主义为指导，力求在较全面地占有资料的同时，有选择地继承了创造学近70年的认识和探索经验和研究成果，努力使得该教材成为一本适合当代大学生需求的、切实对提高他们创新能力有益的书。创新学作为一门新学科，在我国正处于初创时期。我们对《创新学》一书的编撰在理论体系上主要侧重于方法论的介绍。全书共安排了8章，第一章从知识价值革命、知识经济化趋势、知识经济社会等3个方面论述创新学产生的社会基础；第二章从创新的本质、创新学的形成、创新学研究的对象和方法等3个方面论述了创新学的性质；第三章系统论述了作为创新活动的执行者、承担者的创新主体及其结构、功能。第四章从创新思维的特征及基本模式、创新思维的品质与功能、创新思维的基本类型、创新思维的训练等4个方面系统介绍了创新思维的训练；第五章从创新人格、创新动机、创新心理过程等三方面论述了创造心理活动；第六章从创新需求的内涵、层次、作用等3个方面论述了创新的动力问题；第七章从创新环境要素、影响创新环境的因素、创新环境的优化原则等3个方面论述了创新环境对创新活动的影响;第八章系统介绍了创新维度的 9 个方面、和田创新的 12 种技法。通过上述 8 章的论述、介绍,力图使读者能够对创新学在方法论方面的主要内容有了一个较全面的把握。希望我们的努力能收到预期的效果。

由于时间仓促,水平所限,视角不同,在体系的逻辑联系上、章节的前后安排上、论述的内容深度上等方面,都有可能出现这样和那样的问题,不妥或错误之处,敬请大家批评指正。

2006 年 4 月

于山西农业大学

目　录

第一章　创新学形成的社会基础

创新学形成的社会基础是即将到来的知识经济。知识经济不同于以往的经济形态,它是以知识为核心的经济形态。它对知识创新提出了新的要求,即要求创新的节奏更快,创新的水平更高,因此谁在知识经济中不断地实现知识创新、科技创新,谁就能占领知识经济的制高点。这是当今世界人们关注并研究创新理论的根本动力所在,也是创新学形成的社会基础。

第一节　知识价值革命

一、知识的内涵

知识是人类对自然界和人类自身的正确认识的结晶。从根本上说,知识来源于人类生产和生活的经验,而又反作用于人类的生产和生活实践,即人类把正确的认识应用于生产和生活实践,使人类认识和改造世界的能力不断增强,这就是知识的反作用。随着人类生产手段的不断改善,人类知识的积累日益加速和增大,知识在人类经济活动中的作用也就越来越大。可以说,人类的经济活动始终伴随着知识的进步,没有知识就没有经济。

知识具有以下特征:①知识的共享性。在知识面前人和人之间、国家和国家之间、地区和地区之间是平等的,知识可以为强者所掌握,也可以为弱者所掌握,在知识拥有方面没有强弱、贫富、贵贱之分。②知识的耐用性。知识同自然资源和劳动力资源不同,自然资源、劳动力资源在使用过程中会发生有形损耗,价值和使用价值会逐渐丧失,而知识是非消耗性资源,在使用过程中它可以被多人同时重复使用。③知识的时效性。知识的获得和使用都不能一劳永逸,因为知识是一个开放的发展的体系。知识是通过更新过时的观点、概念和原理,创造出新的设想,并在新设想的基础上构成新的理论而不断发展的,因此对任何知识或理论都不能墨守成规。科学发展的今天,知识的更新速度空前加快,知识更新的周期也越来越短,这就需要人们投入更多的劳动进行知识更新,以适应不断发展变化的时代。④知识的无限性。知识在使用过程中必然会与其他知识渗透、融合、碰撞，在这个过程中知识会重新排列组合、淘汰更新，会不断向更高的层次发展，并产生新的知识。这种淘汰更新的过程是一个无限的过程，知识的发展永远不会达到一个绝对的顶点，即使是在现在看来无比正确的理论，在未来的发展过程当中后来者还会不断地充实和完善它。

知识是一个广义的概念，它本身包括的内容非常丰富，例如它包括科学原理方面的知识、技术技能方面的知识、管理能力方面的知识等等。由于对知识进行分类的角度不同、标准不同，便产生了对知识进行分类归纳的差异。国际经济合作与发展组织（OECD）的专家们在《以知识为基础的经济》的报告中，依据知识与经济的关系，把知识归纳为“四个 W”，即：知道是什么的知识，知道为什么的知识，知道怎样做的知识，知道是谁的知识。知道是什么的知识，是指关于事物认定方面的知识，例如纽约有多少人口、中国有多大面积等等。知道为什么的知识，是指自然原理和规律方面的科学理论，如牛顿的三大定律、马克思的市场供需规律等等。知道怎样做的知识，是指做某些事情的技艺和能力，包括技术、技能、诀窍等。知道是谁的知识，是指关于人与人的社会关系、人力资源及其管理方面的知识。

国际经济与合作组织在把知识归纳为“四个 W”的基础上，又把知识进一步分类为“编码化知识”和“隐含经验类知识”。作进一步分类的目的是为了更深刻地了解知识的内涵、特征、作用、发展走向。

1. 编码化知识

所谓编码化知识，一般是指可以用某种物质载体表现出来的、可以编撰、可以由计算机进行编码、储存、传播和扩散的知识。知道是什么的知识和知道为什么的知识，这两类知识属于“编码化知识”。编码化知识可以用编码技术制作成软件。它的一个显著特点，是可以通过计算机进行长距离的传播，从而加速了知识的流速和流量。国际经济合作与发展组织的专家们认为，信息技术的发展是有效地处理这类知识的需要。数字革命极大地推动了这类知识的编码，使知识储备总量中能够编码的知识比例日益增多。许多图书、音响、手稿和绘图等信息资源都可以编码，通过计算机网络组织起来，为经济领域和社会领域的广泛应用提供可能。人类知识发展和积累的过程就是不断地把人们头脑中隐含经验类知识转变为可编撰的知识的过程。信息技术和通信基础设施的发展，加速了知识的编码，提高知识储备中编码化知识对隐含经验类知识的比例。由于知识的可编码性，使知识获得了更多的商品属性，方便了知识的市场交易，也使人们为获得知识所作的投入大量减少。这就拓宽了人们获得知识的领域，增强了人们的工作能力，从而对社会经济增长产生积极的影响。

2.隐含经验类知识

所谓隐含经验类知识，是指处于人们头脑中尚未系统化、理论化的知识。这类知识主要包括经验、技能、技巧、灵感等内容。人的头脑的创造力是计算机所不具备的，因此这部分知识是难以编码和度量的。这类知识既有已经语言文字化的，即能以“言传”的，也有尚未语言文字化的，即只能“身教”或“意会”的。这类知识，人们必须通过自己的感官在日常的社会实践中，在感觉和直觉中才能获得。现代心理学认为，各种感官把外部信息沿神经系统传输到大脑时，大脑要调动已有的知识经验对之进行加工处理，才能逐渐形成主体反映客体的系统知识。由于计算机的应用而使人们获得编码化知识信息这类知识信息比较容易，并且费用较少，这就使得以选择和有效利用信息的技艺和处理编码知识的能力，即有效利用和处理隐含经验类知识显得更加重要。如果把隐含经验类知识理解为是需要转化的原材料，那么，编码知识就是处理隐含经验类知识这种原材料的工具。隐含经验类知识的获得不是仅仅依靠正规教育，还要通过而且主要是通过亲身实践通过直接经验获得的。获取隐含经验类知识的主要目的，是把这类知识转化为系统的能够编码知识，并把它广泛的应用于社会实践，使之为人类服务。

二、知识的价值

所谓知识价值，就是运用知识和智慧创造出来的价值。这种知识和智慧创造的价值，与以往体力劳动创造的价值不同，这里主要是强调脑力劳动创造的价值，因此这种知识创造的价值反映了知识经济与以往经济的不同。在知识经济中，知识的核心是科学技术，因此知识的价值主要体现在科学技术对生产力的推动上。

科学技术是第一生产力。邓小平从 1978 年开始，多次论述了科学技术对生产力发展的极端重要性，提出了“科学技术是第一生产力”的精辟论断。这一论断不仅使马克思创立的“科学技术是生产力”的原理更加准确，更加符合事物的本质，而且也使这一思想升华为马克思主义的又一条基本原理，从而确立了它在马克思主义理论体系中的重要地位。

科学技术是第一生产力，实质是在说生产力的发展离不开科学技术。从历史上看，在人类发展的历史上，生产力的每一次划时代的进步，都离不开知识的进步，特别是科学技术的重大飞跃。生产力发展的实质，是社会生产力的不断智能化。正是科学技术的巨大作用，最终决定并集中体现了生产力发展的本质特征。因此，“科学技术是第一生产力”的论断，准确地指出了生产力增长的最强大的、永不枯竭的源泉，深刻地揭示了人类生产力升级换代的深层秘密，经典地总结了社会生产力发展的基本规律。另外，科学技术还造就了新的产业主体。伴随着知识经济的来临，知识型劳动者成为生产和管理的主体，人力资本或知识积累已成为改变经济投入产出比的最重要的因素。

总之，在知识经济时代，在经济发展过程中，科学技术是核心，起着关键作用，越来越显示出推动生产力进步的巨大作用。

1. 科学技术对劳动者劳动能力的提高

任何劳动都是体力和智力的活动，是体力劳动和智力劳动的统一。因此，劳动力也就包括体力和智力，而智力则是劳动力的主要内容，科学就是现代劳动力中的智力。在资本主义机器大工业之前的各个经济时代，人们掌握科学知识的顺序是“生产—技术—科学”。即通过生产实践，人们感受到事物的种种联系，积累了经验，然后经过总结，形成科学理论。到了现代，脑力劳动和体力劳动发生了分离，一些人主要从事脑力劳动，一些人主要从事体力劳动；专门的科学理论研究从生产中分离出来，成为人们认识世界的独立的和主要手段与方法。这时，人们掌握科学技术的顺序也变成了“科学—技术—生产”。这样一个顺序的变化，并不是说科学不是来源于实践，而是说为了推动生产，服务于实践，科学要走在生产的前面，人类的生产应当在科学理论的指导下进行，才能更有效率。科学研究成果通过教育，提高了人们的认识，武装了人们的头脑。直接参加劳动生产的广大劳动者掌握科学技术，增强劳动技能，就可以在生产中发挥更大的作用。科学技术被劳动者掌握得越多，劳动者的劳动能力就越大，创造的产品就越丰富。

2. 科学技术对劳动工具的改善

劳动工具是人与自然的联结者，反映了人类控制自然的程度和能力。劳动工具是生产力发展的产物，在一定时期内，它反映了人类社会所能达到的物力和智力的发展程度。在历史上，劳动工具反映了时代的特征。石器时代、青铜器时代、铁器时代等人类社会发展阶段的名称，都是那些时代生产工具发展水平和经济特征的反应。在这些时代中，人们所使用的劳动工具，也大体上反映了当时的智力水平和物质生产条件，因而显示出了经济时代的特点。到了近代，劳动工具的发展更是依赖于科学和工业的力量。任何劳动工具都不再是自然界直接提供的，而是人们运用物理、化学、电学、电子学等科学技术知识发明创造的。根据力学和热学，制造出了蒸汽机；根据电磁学，制造出了发电机和电动机；根据电子学，创造出了电子计算机。可以说，没有科学和技术的发展，就没有今天如此巨大的生产力。劳动工具发展的程度，完全可以表明科学和技术发展的程度。

3. 科学技术对劳动对象的开发与改进

劳动对象的规模和效能是决定生产力发展水平的一个重要因素。在开发劳动对象过程中，科学的作用非常突出。

科学和技术的发展及其在生产上的应用,可以扩大劳动对象的来源和范围。例如,板块结构理论从地球的整体来认识各个盆地的油气生成问题,为人们分析沉积盆地的不同类型的石油和寻找新油田提供了线索。在这一理论指导下我国找到了大庆、胜利、大港等油田,使石油工业迅速发展,显示了科学对勘察和开发自然资源的强大威力。将来,随着科学和技术的发展,肯定还会使更多的自然物质进入劳动过程,为人类造福。

运用新的科学技术,合成新的物质材料,开辟新的材料来源。材料是工业生产的主要生产资料,它的种类随着科学的发展而不断增多。公元前,长期应用的天然材料不过 10 多种,现在生产材料已达到 30 多万种,而且新的合成材料还在大量涌现,如现代三大合成高分子材料合成塑料、合成纤维、合成橡胶等。最近几年,随着量子化学、凝聚态物理学和电子计算机技术的发展,人们根据对物质的宏观结构与微观结构的认识,按照实际的需要,在分子水平上设计出性能稳定的新材料。这种"分子设计",是材料科学发展的新方向。

科学和技术的推广和应用,可以不断扩大劳动对象的用途。例如,在古代石油的用途只有照明;目前石油产品已有几百种,可以用来制作炸药、糖精、人造颜料、人造药物、人造香料、合成纤维、合成橡胶、合成塑料等等。科学和技术的推广和应用,能改进生产工艺和生产方法,改善劳动组织,提高管理水平,使管理科学化、现代化。

三、知识的商品化

知识成为商品,即知识的商品化从根本上说是由于社会分工造成的。知识作为经济社会发展的手段,是从人类脱离一般动物形态使用工具的时候就存在的。但是在工业经济以前的农业经济社会,人们对自然界认识得很少,只能依靠自己的本能、简单的工具和经验从自然界取得生存所必需的物质资料,因此还没有能力专门生产"知识"产品。知识成为商品,是社会分工越来越细,生产力发展水平提高到一定程度的产物。正如前面所论述的那样,在经济社会发展水平很低的历史时期,人类劳动的社会分工和协作很少,社会生产主要以小生产的方式进行,科学还落后于技术,绝大多数生产知识是从生产的实践中逐步积累而形成的。像工匠技术时期,世代相传的经验在知识中占据主导地位,还没有人专门从事生产"知识"产品的活动。已有的经验主要处于隐性知识阶段,以技能的形式固化于生产者头脑中,这种隐性知识只能以师傅带徒弟的形式传授,不能进入市场流通。到了产业革命时期,由于科学进步的加快,促进了技术的发展,机械设备广泛应用于生产过程,致使社会生产规模快速扩大,生产过程日益复杂化,社会劳动分工不断细化,人类对自然的认识逐步加深，在很多领域科学发展走到了技术的前面，生产过程对知识的依赖程度越来越大，因此以科学技术研究与开发为核心的知识生产同物质生产过程日益分离，“知识”产品的生产，即科学技术研究与开发已经成为一种产业，有专门的职业机构从事“知识”产品的生产。从事这种职业的人必须首先接受知识教育，提高自己的知识水平，即生产“知识”产品要有先期投入。在先期投入的基础上，再按照生产的需要，进行科学技术知识的研究与开发。他们的产品需要消耗物质产品(试验设备、实验材料等)和体力与脑力劳动，因此“知识”产品具有价值，也具有使用价值，具备商品的一切属性，即成了商品。“知识”产品既不是消费品，也不是直接的劳动资料，而是有关怎样生产、如何提高生产效率、如何制造生产手段、如何利用新的资源生产新产品、如何对老产品进行新的组合以生产出新的更好的产品等方面的知识。这些知识并非是这些“知识”产品生产者自身所需要的，而是为物质商品生产者提供的，为他人提供的。其产品形态可能是新的图纸、新的工艺流程、新的配方，也可能仅仅是几个参数。但这些知识产品却可能导致整个生产过程和方法的完全改变，导致产品的更新并进而形成全新的产业。总而言之，这些知识的生产者是在为他人生产“知识”，生产的目的是在市场上流通，并由此获得收入，得到利润。

随着科学技术的发展，“知识”产品的生产越来越多，越来越丰富。1956 年美国的劳动力就业结构实现了历史性的转折，第三产业就业的劳动力超过了从事物质生产的第一、第二产业就业劳动力的总和，这说明物质生产达到了“极大丰富”。此后，从事物质生产的劳动力比例日益下降，到 2000 年已降低到 20%。这说明美国只用 1/5 的劳动力从事物质生产，就已经能够满足其国内高水平的物质生活需要。这使得美国有更多的人力和物力投入“知识”产品的生产，因此知识经济发展得非常快。在知识经济阶段，知识的作用不再主要以机器设备和其他的形态体现，而是直接可以提高生产率，并形成大规模的知识产业。例如，软件技术及其产品，其价值比作为载体的磁盘和光盘高出数百倍，管理和各种技术咨询对生产力的促进作用常常比硬技术设备更重要。教育、金融、保险、文化媒介、信息、咨询等知识型服务业在国民经济中的比例正在日益上升，甚至成为美国这样的发达国家的重要的基础产业。同样，随着发展中国家自身科技水平的日益提高，以及发达国家的知识外溢，发展中国家从事物质生产的劳动力比例也必然会不断下降。因此，我们可以毫不夸张地说，随着科学技术的飞速发展，知识正在成为经济增长的主导因素；人们正在把自己的劳动让知识来实现，而自己却脱离出物质生产的劳苦，享受自己的快乐。在知识商品化的社会，越来越多的人可能一辈子都不用与物质生产打交道，就可以丰衣足食、生活美满。

在知识商品化的过程中，我们遇到的一个事关"知识"商品市场能否完善规范的问题，即保护知识产权问题。在知识作为商品没有得到全社会承认，知识产权不能得到很好保护的情况下，"知识"商品的生产就不能得到充分的发展，因此对与知识产品生产有关的知识和法律进行研究，就显得非常重要。

第二节　知识的经济化趋势

一、知识商品

商品是资本主义经济的细胞，也是知识经济的细胞。所以对知识经济的分析，必须从知识商品开始。商品是在一定的经济条件下产生的，是用来交换的劳动产品。同样，知识商品也是用来在市场上交换的劳动产品。知识商品是人类在改造自然和社会的实践中，通过支出脑力劳动，依靠知识、智力等要素进行创造性活动的成果。这种智力劳动创造的产品也具有价值和使用价值，这主要体现：①知识产品作为某一领域的系统知识，能够满足人们的精神需要和物质需要。例如艺术品可以满足人们的精神生活需要；技术、信息等知识产品在投入产过程后则可以产生物质产品，满足人们物质生活的需要。②知识产品是脑力劳动的产物。在知识产品当中不但凝聚着人类的劳动，而且凝聚着人类创造性的高智慧的劳动，例如科学上的新发现是人们对自然界的新认识，技术上的新发明是人们对原有技术的改造与创新。

在商品经济条件下，这种智力成果一旦在市场上实现流通，便变成了商品。但这种商品同物质商品是有区别的。第一，从事物质商品生产的劳动者，只要按照操作规程和工艺要求进行生产操作，即可以生产出合格产品。单纯从生产规则要求来看，体力劳动并不需要每个劳动者精通他所生产的商品的原理和用途，即生产实物产品的劳动主要是按照已知规则和操作程序执行动作，并不一定要求劳动者知道规则和操作程序的原理。而知识生产者则不同，知识生产的过程是创新的过程，没有现成的生产规程，必须掌握他所要生产的知识的原理和可能的用途，否则生产无法进行。因此，知识生产者必须首先接受相应的专业教育和培训，具备相应的科学文化素质。这就决定了知识生产者的再生产也需要更多的劳动。第二，实物产品的生产工艺和程序是固定的。生产第二件同样的产品只需重复第一件产品的生产过程，可以达到100%的成功率。知识产品的生产则是创造性的，没有先例的劳动，而且劳动对象常常是不确定的。对新知识的研究与开发来说，准确确定劳动对象，搞清楚研究思路，确定研究路线，是知识生产的重要环节。新的知识产品何时能够制造成功，具有相当大的不确定性，可能要经过千百次失败才能取得成功。对同一个生产者来说，不需要重复生产同一种知识产品，需要的只是重复生产同一种知识产品的载体(这往往是体力劳动者的工作)。如果说有重复劳动，那实际上是在传播和扩散其产品——知识。例如，可能需要知识产品的生产者在不同场合多次向不同产品消费者解说、教授其知识产品的原理和使用方法。第三，实物生产是消耗物质源的过程，生产得越多，消耗的资源越多。知识的生产则不同，除进行实验等要消耗物质资源外，它的生产过程所使用的知识资源并没有被消耗掉。相反在知识生产完成的过程中，能不断对原有知识进行整理、加工和组合，创造出许多新资源。一种新的知识被生产出来以后，人类即增加了新的知识资源。生产的知识越多，人类知识资源就越多。因此知识生产过程是资源积累的过程。

此外知识商品与物资商品在流通、消费方面也具有许多差异。由于知识商品与物质商品存在诸多不同，因此知识商品的形成也必须具备不同于物质商品形成的条件。

首先，知识主要是高科技知识已经从直接生产者的天赋、经验、技巧中分离出来，出现了独立的高科技研究部门。物质资料生产是人类最基本的实践活动，人类为了生存就要进行生产。任何生产都是在一定的知识基础上进行的，知识是生产过程的一个基本要素。知识的历史与生产的历史一样源远流长。但是，从远古时代直到18世纪产业革命之前，无论是在自然经济条件下的农业中，还是在工匠的手工业中，知识的发展都是依赖直接生产过程中劳动者积累的经验、技巧实现的。到了近代，社会化的商品生产使科学技术从生产中独立出来，成为人类的一个独立的活动领域。通过技术研究，人们不断把在生产中积累起来的经验加以总结，形成系统化的理论和技术知识。到了现代，一部分理论化的内容成为技术科学的一个来源与构成，一部分成为各种不同类别的工程技术。第二次世界大战以后，特别是20世纪70年代以来，随着高科技知识和社会生产力的发展，不少国家的经济在经过一段时间的力量积累之后进入了快速发展时期。物质产品的丰富，使得人们的消费要求向更多样化、高质量化方向发展，使得市场趋向于供过于求。这种供过于求是在人们摆脱了贫困状态，对大众化的商品消费已经基本满足从而在购物时有更多的挑选余地的前提下发生的。在这种激烈竞争状态下，生产者要想赢利，就必须适应市场繁荣多变的状态，不断加强企业的科学管理与产品的不断创新。于是个人、企业、政府对高科技和信息的需求不断上升，于是越来越多的人从物质财富生产过程中分离出来，专门从事知识产品的生产，即科技创新工作，于是出现了专门从事高科技知识开发的单位。这些高科技知识开发单位生产的知识产品往往不是为了自己使用，而是为了出售，知识成为可以独立存在并转让商品。

其次，知识成果的转让只有对于买卖双方都有效益，知识才能成为商品。一般的经济效益，通常理解为经济活动中投入和产出、消耗和成果之间的对比关系。也就是说，经济效益是指劳动消耗量同劳动取得的成果之间的比较。在知识经济形态下，知识产品的发明者对于自己的发明可以通过两个途径实现自己的效益，一是自己实施，二是出卖自己的研究成果。自己实施有其局限性：其一，必须有资本和一定的物质条件，而有些发明者不具备这些条件。其二，有些知识商品的创造者的优势是发明创造，而不是兴办企业，同时具备这两种优势的人很少。如果不具备办企业的能力，而勉强办企业，是弃长就短，而且还会分散自己的精力，削弱了自己发明方面的优势。其三，直接在生产中实施自己的研究成果，还会延长资本的周转期，降低利润率，这对发明者不利。而出卖自己的研究成果，不仅使没有资本和物质条件的知识商品的生产者获得转让费，而且避免了经营风险。当然，某些知识产品的研究机构在出卖产品的同时，也实施其研究成果，知识商品的生产与物质商品的生产可以同时进行。但在竞争日趋激烈的条件下，有人专门从事知识产品的生产，有人专门从事物资产品的生产，这种分工合作对增强知识产品生产者和物质产品生产者竞争力都是非常有益的，因此知识商品化已经成为一种迅速发展的趋势。

再次，知识商品的买卖双方都是独立的商品生产者。在市场经济条件下，国家主要依靠经济政策、经济杠杆等间接调控手段，通过市场引导企业经营活动，不能直接干涉企业的生产经营活动。因此知识经济时代的企业，具有独立的利益和权力，具有改进经营管理，发展生产、提高技术、增加效益的动力。这无论对知识商品的买方和卖方都是必需的。就接受知识商品的一方来说，他如果不是一个独立的商品生产者，他就不可能感受到市场经济给他的强大竞争压力，不会产生对知识商品的强烈需求，更不愿意去花钱买知识商品。就出让知识商品的一方来说，如果他不是一个独立的商品生产者，而是一个依靠国家无偿调拨来补偿科研经费的科研单位，他就不需要通过出卖知识商品或技术成果来维持自己的生存和发展。只有双方都是具有独立的经济利益的商品生产者，他们才懂得知识、技术成果是一种财富，供方才愿意通过转让获取利润，受方才愿意花钱去买。这样知识产品才能成为市场上交易的商品。

最后，有相应的市场发达程度。市场状况会直接影响企业在发展和采用知识产品方面的行为。一个企业决定发展和采用某种先进技术，最重要的是通过这种技术所生产的产品在市场上有销路，能使企业盈利。在市场上，哪些产品畅销，哪些产品滞销，市场前景如何，这是企业最关心的，因为它对企业的前途命运影响极大。知识商品与市场需求息息相关，市场越发达，提供、反馈信息越迅速，企业和生产单位就越有积极性吸收和使用高新技术知识产品。所以，只有当知识市场以及服务市场广泛发展起来之后，只有在供需双方的联系大大增强之后，生产企业和有关单位才会更及时地获取自己需要的知识产品，把它应用到生产过程中。

二、知识商品的价值构成

商品的价值是由劳动创造的，是凝结在知识商品中的劳动。关于一般的实物商品的价值构成，马克思的研究和分析最为精辟透彻。马克思认为，对同一种实物商品来说，其社会生产的总价值量，等于其生产过程中消耗的物质资料的转移价值总量加上劳动力价值再加上剩余价值。这个思想用公式来表示，即 $W=C+V+m$。而每一单位的该商品的价值，等于社会生产该商品的价值总量除以商品总量的值。对某种实物商品来说，只要是社会需求量足够大，总会有许多家企业同时生产同一类商品。在一定时间内，任何一家企业都不可能独自垄断市场。在生产要素可以自由流动和均衡的前提下，由于社会平均利润率的作用，商品生产与需求会自动趋于平衡，该种商品的社会必要劳动时间，即价值量便于商品的价格相一致。因此，我们可以据此近似地计量任何一种实物商品的价值。但是知识商品的价值形成要比实物商品价值形成复杂得多。

第一，知识商品的社会必要劳动时间难以确定。知识商品生产绝大多数带有垄断性。任何一项新技术的研制都不是像实物商品生产那样，由许多企业同时重复同样的生产程序进行大量生产。知识商品的生产是由某一家科研机构，或技术开发机构，或大企业，或它们的联合体等独立进行的。这一生产特点决定了其产品无法计量社会平均劳动时间，即社会必要劳动时间，或者说这一生产所消耗的劳动量本身就是社会必要劳动时间。

第二，知识商品生产所消耗的劳动无法准确核算和预测。生产技术比较成熟的实物商品的生产，其成本可以比较准确地核算和预测。知识商品生产的劳动消耗带有极大的不确定性，无法预测核算产品的劳动消耗量。知识商品的生产过程就是创新的过程，生产过程中常常要经过许多次失败，而且失败的次数不可以预见。失败劳动是新知识研究过程中的必要消耗，这些劳动量是否也构成知识商品的价值，这个问题目前尚没有结论。更为重要的是，经过大量失败而获得的一种新的知识和新技术，有时其直接使用价值也许并不大，但是它可能在很长时间以后成为其他新知识和新技术研制的突破口。有的使用价值非常大的知识商品可能由于研究思路正确和技术路线选择准确，没有经过失败或经过很少的失败即被创造出来。因此，知识商品的生产要经过多少次失败，主要取决于研究思路、技术路线是否正确，而不是取决于付出劳动的多少。很多情况是，经过几次失败，偶然产生了新的思路或发现了新的规律，很快取得成功。也常有这种情况，即经过多次实验以后，才发现原来的研究路线是错误的，不得不重新设计研究与开发方案。

第三，知识商品生产过程中，不仅活劳动消耗远高于物化劳动消耗，而且在活劳动消耗中，高级复杂的脑力劳动占主导地位。这就使得知识商品中的 $V+W \gg C$，因此相对剩余价值率非常高。复杂的脑力劳动以什么样的比例划成简单劳动是一个极为困难的学术问题，到目前为止，这一问题还没有解决，因此确定知识商品的价值也就非常困难。例如，一个教授与一个清洁工在相同的劳动时间内创造的价值的比例是多少，这在理论上难以直接测算，只能靠市场来解决。

目前，人们对知识商品的价值形成及计算尚没有形成一致的看法，而且存在的一些误解和概念上的含混不清。例如，有的学者认为应该用技术成果应用后所节约的社会劳动来衡量它的价值。这种认识对唤醒社会对知识和技术的重视是有利的，但在理论上却是难以成立的。因为知识商品能够使应用者节约劳动投入（包括物化劳动），并不表明在生产这项知识商品过程中所消耗的劳动的多寡。如果上述观点能够成立，那么技术知识在使用过程中节约的劳动投入量越大，其价值量就越高，这样知识商品的价值就与其在生产过程中所投入的劳动无关了。如果上述观点能够成立，并按照此逻辑推论下去，用于环境保护，用于改善劳动者劳动条件，用于教育文化事业、国防军事、办公自动化等方面的知识商品，许多都不能直接节约社会劳动，而只是提高了人类在某些方面的工作与生活条件，或提高了国家防卫能力，那么这一类知识商品是否价值就很小或无价值呢？显然不是。人类社会生产目标并不只是物质方面的，也有精神方面的。许多技术的应用是人们为了获得精神上的解脱和享受，为了提高生活质量，减少环境变化给心理上、精神上、肌体上带来的消极影响。这样的技术应用也许没有经济上的直接意义，但它是人类价值观的体现，是人生根本目标的体现。这些知识产品的研究与开发都要消耗劳动，因而必定有价值，购买方要得到它，应支付与其价值量相当的货币，只不过这些价值支付取决于人类在不同的发展阶段的“价值取向”罢了。

人们对知识商品的价值和使用价值的混淆，正好反映了知识商品的特殊性。人们之所以愿意为购买经济效益高的知识商品而支付高价格，其根本原因在于使用它能够获得各种利益。人们必须对知识商品支付高价格，是因为大多数新的知识产品都是“独家”生产，带有市场的垄断性，购买者没有讨价还价的余地。人们必须对知识商品支付高价格的另外一个原因是，知识产品很容易被人“偷”走而无偿使用，这也使知识商品生产者为保护自己的利益而以高价出售自己的知识产品。

知识商品的使用价值，是指知识商品在人类的生产和生活中所发挥的作用。知识商品的使用价值与实物商品相比有明显的不同。①知识商品的使用价值是通过经济性和社会性表现的，而不是通过物理和化学属性表现的，即它的使用价值具有无形的特征。因此知识的使用价值往往容易被愚蠢的拜物主义者们所忽视。②在使用过程中,知识商品不被消耗掉,被消耗掉的只是知识商品的载体。因此,知识商品具有强烈的积累效应,即它永远不会因为不断使用而减少,反而会越来越完善,越积累越多,它是永恒的资源。只有在新的更高效率的知识被发现时,旧的知识才会因过时而失去使用价值,被更新的知识所代替。而一些基本原理理性的知识具有极强的生命力,几乎是永远不会过时的,这一类知识是知识经济社会中人们必须首先掌握的。③同一知识商品的所有权和使用权可被多人同时拥有,可在不同的地域同时被多个买者使用,不受地域和时空限制,即不具有排他性。这一特点意味着,知识商品生产出来以后,其生产成本是确定的,其社会价值与使用者数量成乘数关系,即社会价值具有不确定性。如果一项知识产品只有一个用户使用,该用户可获得垄断利益。其以后的用户继续使用,对于社会来说,只需要支付知识学习成本,而不需要支付研究成本。显然,知识商品使用的社会成本随着用户的增多,边际社会成本是递减的,它所对应的边际社会效益是递增的。知识的不断进步,打破了马克思所说的利润递减规律,使得厂商的投资利率可以保持长期均衡,使得商品价格不断变得相对便宜,消费者不断获益。这是在自然资源不断减少、人口不断增加的情况下,人类生活水平却日益提高的根本原因。如果没有知识产权的保护,知识商品使用的非排他性意味着,后来者可以免费跟进,这会损害知识商品生产者的利益。因此,在知识经济社会,需要有完善的保护知识产权的法律体系。只有这样,才能保证知识生产、分配、交换和使用的正常秩序。④知识商品的寿命不受物质磨损影响,而受技术创新的周期、知识商品的保护状况的影响。只有当一种更新更好的知识诞生以后,原来的知识或知识体系才会被淘汰。知识商品被淘汰以后并不成为垃圾,而是成为免费资源和后来者创新的基础。它可以无偿地向落后地区自动扩展。例如,当专利保护期过后,任何人都可以免费使用专利技术。⑤知识商品的使用价值与物质所具有的物理的或化学的属性无关,与知识商品的经济性和社会性有关。如原子能发电技术知识与火力发电技术知识,其使用价值取决于哪一项技术的投入产出比更高、社会安全性更大、应用这两项技术的条件和资金可供给性等等,而不取决于这两项知识商品自身的简单与复杂。因此,在商品经济社会中,一项知识商品的使用价值主要表现在其经济性和社会性上。所谓知识商品的经济性主要体现在 3 个方面。一是可以提高生产率,降低物质产品生产成本;二是在成本不变的情况下,可以大幅度提高产品的质量和可靠性;三是可以创造新产品、新产业,开发新资源、新市场。所谓知识商品的社会性,是指知识商品的应用以后所产生的后果是否符合社会发展的目标、是否符合社会道德标准,是否有利于环境,是否有利于社会安全等等。⑥知识商品的使用价值更新速度更快。一般来说，在充分竞争的情况下，每种新技术并不是被所有企业应用后才被新的技术所取代，而是当一些企业采用以后，其他企业会开发出更加高效率的新技术，实现跳跃式的“互相超越”，从而使得新技术加速更新和应用。这个过程表现为，一个或几个企业领衔推进新的技术开发，而后来者有可能在前者创新的基础上实现跳跃式追赶，超过原来的领头企业。总之，知识商品领域的竞争总是表现为一种知识商品并没有完全扩散就过时了。这就是高新知识产品更新节奏快的原因。

三、知识商品的价值实现

市场流通是知识商品价值实现的途径，因此研究知识商品的价值实现，就必须研究知识商品的市场流通。

1. 知识商品流通的含义

商品流通，是指商品生产出来之后，通过买卖来实现从生产领域到消费领域的转移过程。商品持有者让出商品的所有权，货币持有者让出货币的所有权，完全的所有权的转移是传统的商品流通的重要特征。

知识商品的流通与一般商品的流通不同，知识商品的所有权的转移是不完全的。例如，你卖掉桌子，桌子就不再属于你，桌子的使用价值由别人来消费，你所得到的是相当于桌子价格的货币；而你卖掉知识商品比如技术，在某种情况下只是技术载体所有权的转移，但你仍然保留技术的专利权。可见在大多数情况下，知识商品的所有权并不转移，转移的只是知识商品的使用权。例如，一套计算机程序，可以储存在磁带中，通过复制来出售，这样，编制程序者对所创造的知识仍然保持所有权。从流通形式来看，一般物质商品的生产、流通、消费的过程是顺序进行的，并且在时空上是分离的，但很多技术的生产、流通、消费是同时进行的，不分先后，例如技术服务就是这样。此外，一般物质商品的流通，商品在空间位置上会有移动；而知识商品，如信息商品传输和流通则可以通过电波、微波、光等无形载体来进行。

2. 知识商品流通的一般规律

市场对企业和消费者的刺激与约束，是按流通规律进行的。高新技术部门的知识商品，要能在市场上打开销路，必须遵循知识商品流通的一般规律。这些规律是：

(1)梯度最小律。企业的社会功能在于以自己的产品满足市场需求，企业经济利益的实现有赖于其产品和服务满足市场需求的程度。因此，市场需求成为拉动技术创新的重要力量，也是技术成果获得价值实现的必须条件。高新技术成果等知识商品要实现其价值并不断创新，首要的是在市场流通中要向知识梯度最小的方向供给。所谓梯度，是指物资的空间分布在一定方向有规律的递增或递减的现象。实物和能量是沿梯度最大的方向移动：水向落差最大的方向奔腾；电向电位差最大的方向流动；热量向温差最大的方向传递；一般商品向最稀缺的地方流通。知识商品是一种特殊商品，如果接受一方没有相应的技术水平，高新技术就很难转移过去。也就是说，谁最能掌握这种技术，技术就向谁转移。因此与物质转移的方向相反，知识商品是向知识梯度最小的方向流通的。

(2)引力放大律。静态经济是在“循环流转”中均衡运动的。这种静态均衡状态的打破，很大程度上依赖于引入新技术。新的技术发明这样的知识商品，是推动企业通过商业应用获得利润的基本驱动力。但对高新技术，地区、部门、企业都既有吸引力又有排斥力。吸引力主要来自市场竞争，它驱动着企业不断地要获得信息，更新产品，更新技术。技术先进可以取得大的市场份额，获得较多的超额利润；技术落后在竞争中就处于劣势，因此企业有吸引高新技术的动力。排斥力来自多方面：一是来自采用高新技术同原有的经济体制、管理体制发生冲突；二是来自采用一项高新技术的初次投资过大；三是高新技术的产品初始阶段价格往往比较高，会使采用高新技术遇到市场阻滞。吸引力大于排斥力时，就会发生高新技术类知识商品的流通，吸引力超过排斥力越多流通速度就越快；如果排斥力大于吸引力，知识商品的流通就难以进行。

(3)适应性改动律。一项技术必须经过适应性改动才能在新环境下发挥作用。高新技术原理的发现，还不等于一项技术能够真正形成并在生产上获得实际的应用。技术特别是高新技术的流通和在实践中应用，需要经过学习、改动、运用阶段。适应性的改动一般发生在以下几个方面：为适应接受方面的使用要求而进行的改动，为适应接受方面的原材料而进行的改动，为适应接受方面的管理水平而进行的改动，为适应接受方的气候等自然条件而进行的改动。通常所说的引进技术的消化吸收，最关键的就是对引进技术作适应性改动。我们所说的引进技术的国产化，也属于应用性改动的范畴。

(4)流通方式和生产力水平适应律。现代高科技的实施是一项复杂的系统工程，要使高科技这类知识商品在生产中得到有效的利用，创造出新的生产力，就必须正视知识商品与生产力水平适应的情况。一般来说，根据接受知识商品能力不同，购进技术也要分为不同情况：购进成套设备、购进关键设备、购进专利许可证及设计图纸、购进实验中的技术、对等技术交换等等。接受能力低的部门、企业、地区，可以适当购进一些成套设备；能制造大部分设备的，可买专利许可证和设计图纸；水平较高的企业、部门、地区，可以买进属于试验阶段的技术，自己想抢先生产；有条件的企业、部门、地区也可以和出卖技术方实行对等技术交换。

3.知识商品流通的保证条件

知识商品的流通必须具备一定的条件，才能协调好买卖双方关系，才能使知识商品的交易顺利进行。第一，交易双方的技术梯度不能太大。购买高新技术等知识商品，为的是使其变为现实的生产力，生产出新的产品，或解决大量的组织管理和技术工艺问题。所以知识商品的买卖双方是应该有技术梯度的。如果卖方技术水平不比买方高，知识商品的交易就没有意义。当然，技术梯度保持在一个合理的范围是十分重要的。这个范围必须保证，一方面买方通过技术交易能取得足够大的技术进步，另一方面买方能在短期内掌握并实现所买的新技术，这样知识商品流通才能顺利进行。第二，建立完善的法律保障。知识商品的流通，在很大程度上要依靠相应的法律、法规的制约和促进。比如，没有版权法等与知识商品生产、流通和消费有关的法律，人们就会缺少对知识劳动的正确评价的客观依据，知识工作者总是不能得到他的产品的大部分价值，人们甚至会误以为他本来就只创造了一点点价值或根本不创造价值。相反，一部高科技著作的作者获得丰厚的收入，会使人们用新的眼光去看待知识工作者的劳动，而这些收入，正是在很大程度上要依靠版权法来保护。为了促进知识商品的流通，明确知识产权、制定和完善有关法律是十分必要的。第三，在知识商品流通过程中实现多种形式的人才流动。无论是一般技术，还是高新技术，都需要靠人来掌握，靠人来应用，这是知识转化为生产力的重要一环。让人这一知识的载体实行多种形式的流动，对保证知识商品的有效流通是至关重要的。因此人事部门要提高对人才流动的认识，打破条条框框，积极组织好科技人员、科技辅助人员、管理人员的流动，支持知识商品的更大发展。第四，卖方的优良售后服务。卖方要主动地根据买方的使用条件，将出售的技术进行适应性改动，使它便于消化、吸收。对实施过程中的问题，卖方要主动派技术人员上门服务，及时解决。当然，买方也要组织科技人员，提高吸收、消化高新技术的能力。

第三节　知识经济社会

一、知识经济

知识经济是当前世界经济的最新特点和发展趋势，被认为是在21世纪的世界经济中占主导地位的经济形式。它是建筑在知识和信息基础上的经济，是通过以知识、智力为核心的信息技术和其他高新技术的研究、开发、生产推动劳动生产率提高，再经过产业化和市场化的过程，使经济迅速增长的一种崭新的经济形态。

(一)知识经济的提出

知识经济这个概念的形成经历了一个过程。第二次世界大战以来，技术和知识在经济发展中的作用越来越大，人们对技术和知识在经济发展中的作用有了深刻的认识,同时许多专家学者根据技术和知识在经济发展中的作用来构建自己的经济理论体系,推测未来经济的发展走向。20 世纪 70 年代初,美国安全助理布热津斯基在《两个时代之间——美国在线电子技术时代的任务》中提出我们面临一个"电子技术时代"。美国社会学家丹尼尔·贝尔把它称之为"后工业社会"。他说:"前工业社会依靠原始的劳动力并从自然界提取初级资源,后工业社会是围绕着知识组织起来,其目的在于进行社会管理和知识革新与变革,这反过来又产生新的社会关系和新的结构。"1980 年,未来学家阿尔温·托夫勒发表《第三次浪潮》,在书中他明确地提出人类已经经历了农业化、工业化两次浪潮,而第三次浪潮——信息化浪潮即将到来。1982 年,未来学家约翰·奈斯比特发表《大趋势》一书,书中提出了信息经济的概念。

在众多专家学者阐述的基础上,1990 年,联合国有关研究机构第一次提出了"知识经济"的概念,并明确了这种新型经济的性质。1996 年经济合作与发展组织在其发表的题目为《1996 年科学、技术和产业展望》的报告中,全面系统地阐述了知识经济,并做出了比较明确的定义:知识经济是指以知识(智力)资源的占有、配置、生产和使用(消费)为重要因素的经济。1997 年 2 月,美国总统克林顿在公开演讲中采用"知识经济"的说法。他认为,21 世纪的经济是知识经济,这种新的经济需要一种新的经济战略,即在知识经济中实现教育领先将比以往任何时候都更为重要。

总之,尽管知识经济的理论还在探索中,还存在着许多分歧,但是"知识经济"这个概念已经被越来越多的人所接受,人类的经济和社会正在经历着由工业经济向知识经济的转变,知识经济时代即将到来已成为人们的共识。

(二)知识经济的含义

知识经济是与农业经济、工业经济相对应的概念,是指当今世界一种新型的、富有生命力的经济。经合组织在《以知识为基础的经济》的报告中,对知识经济的内涵作了界定:知识经济是建立在知识和信息的生产、分配和使用之上的经济,通俗地说就是"以知识为基础的经济"。这是目前能被人们广泛接受的关于知识经济的比较权威的定义。

与农业经济、工业经济比较起来,它们之间最大的不同就在于,知识经济的繁荣不是直接取决于资源、资本、硬件技术的数量和规模,而是直接依赖于知识和有效信息的积累、使用。它要改变和超越现在这种以技术为驱动的发展模式,而且要把知识作为主要的内驱动力。它建立在日益发达的、成为未来经济主流的信息产业之上,强调产品和服务的数字化、网络化、智能化,是能够按用户需要进行有效生产和服务的经济。所以知识经济是更个性化、更需要创新、更能体现价值规律的经济。

知识经济是信息化的经济。今天的信息化形式是电子化、数字化和网络化。这些信息化的形式将使经济系统在产品、服务、效率、企业形象、生产、流通等方面面临深刻的变革。知识经济也将改变传统经济的特征,如知识经济使经济的全球化市场规模达到一个前所未有的水平;知识经济使企业间的竞争方式、联合方式、市场结构发生变化;完备的知识、信息和网络手段,使供需双方的联系及交易方式、交易渠道发生新的变革。知识经济是以创新的速度、方向决定成败的经济,它改变了过去那种资源、资本的总量和增量的决定模式,使创新优势弥补资源、资本上的劣势。因此在这种新的经济形式中,即是资源、资本处于劣势,也可以通过加强创新在市场竞争中占据主动。

和平与发展仍然是时代的主题。和平的实现需要以和平为导向的应用科学技术,唯有对知识的有效利用,方能促进人们之间的互相了解,并在此基础上消除贫困和不平等。在发展方面,不论发达国家还是发展中国家,除需要进一步发展生产力之外,还面临着如何实现"可持续发展"的重大课题。可持续发展的关键,就是要用新的科学技术来解决由于过去对资源技术的滥用、误用所带来的问题。未来的知识经济必须建立在对科学技术的自觉使用上,必须真正按照自然规律和人类合理的目的来生产和消费。当然,发展中国家和地区面临的优先课题是加快发展和消除贫困。加快发展就必须借鉴前人的成就,选择正确的技术路线和发展战略;消除贫困,关键是解决资源的有效利用和人的素质提高。这一切都离不开科学知识。因此引入知识经济的做法,可以使人们更有效、更快捷地解决上述问题,也可以使人们在数字化、网络化的基础上,更充分、更有效地利用科学知识改造自然、改造社会,推动人类社会不断进步。

知识经济的出现,标志着人类社会正步入以知识资源为依托的新经济时代。在这个新时代,知识将成为最重要的经济因素,由此引发的经济革命将重塑全球经济的新格局,并将引起政治、社会的全面变革。知识经济的出现,预示着社会生产领域的一场革命,无论从理论还是现实来说都有非常重要而深远的意义。随着知识经济的逐步兴起和迅速发展,社会经济发展已呈现出一系列新的特点。从历史发展来讲,它是区别于以前的以传统工业为产业支柱、以稀缺自然资源为主要依托经济的新型经济,它是相对于依靠土地和种植业的农业经济和大量消耗能源和原材料的工业经济而产生的新的经济概念和经济形态。这种经济形态的最大优势在于它的繁荣不是直接取决于资源、资本、硬件技术的数量、质量,而是直接依赖于知识。这一优势将把人类的经济发展带入到一个新的阶段,也将给人类的生活、工作和思维方式带来一场革命。怎样迎接知识经济的到来,现在全世界已经达成共识,即实施科教兴国战略，大力培养创新型人才。

伴随着知识经济的来临，产业结构的智能化、高级化成为社会发展的大趋势。在生产和经营中，研究开发、战略分析、决策、管理、企业策划、形象设计等软组织功能的作用越来越显著，只有具备更多知识的企业才能成为市场上的优胜者，只有具备更多知识的国家才能拥有较高的生产率。伴随着知识经济的来临，另一个更显著的特点是，知识型劳动者从后台走向前台，成为决定生产和管理运作的主体，人力资源或知识积累成为改变经济系统产出的显著变量。这主要表现在：白领人员的数量早已超过蓝领人员的数量，并且在白领阶层内正在产生更复杂的分工；对产业主体的素质要求越来越高，个人的知识水平决定着就业方向和收入；高附加值向高新技术产业和智力密集型产业转移。所以，知识不仅仅是力量，更是新财富的源泉。

知识经济的兴起，是人类物质财富尤其是精神财富长期积累的产物，是当代科学技术对社会的作用日益深化，科技与经济发展关系日益紧密的结果。人类社会的发展史就是社会生产力的演化史，就是走向知识经济的演化史。社会生产力每一次划时代的进步，都是人类知识、特别是科学技术的重大飞跃的产物。社会生产力的发展，主要经历了 4 个时代，即石器时代、铜器时代、铁器时代、机器时代。其中机器时代又可以分为动力机、自动机、智能机 3 个阶段，并对应着 3 次大的科技革命和产业革命。每次革命都表现为智力的重大飞跃，都是知识和智力向生产工具和产品中的进一步凝结。而在智能机阶段，知识和智力已经成为生产力发展的根本推动力量。人类社会发展的历史反复证明，政治及军事力量取决于经济、产业的发展，而经济、产业的发展又取决于科技的进步特别是科技的重大突破。20 世纪以来，世界科技和经济中心从欧洲转移到北美，这在科技层面上就表现为欧洲与北美洲在知识创新和技术创新能力方面的变化与接替。“知识就是力量”，并且是可以创造和改变历史的力量，这一观念不断被历史所证明。

二、知识经济的特征

对知识经济的认识正在探索当中，有关知识经济的特征在专家学者中有不同的认识，因为对知识经济的特征可以从不同的角度进行研究和概括，每个人概括的角度不同，也就难免会发生分歧。关于知识经济的特征，一般认为有以下几方面。

(一)知识经济是由信息技术和其他高科技带动的新的经济形式

人类社会已经进入信息时代，在以信息技术为中心的新技术革命的推动下，世界经济正在经受信息化的巨大冲击。信息技术和其他高科技的普及与广泛应用是知识经济最突出的现象。20 世纪末，世界信息产业发展很快，2005 年全球电脑总数已经达到15亿台,互联网用户也超过了9 000万户,而且这个数字还在不断地增长。在一些发达国家的带动下,全球信息高速公路建设已经起步,在全球的生产总值中,有2/3以上的产业与信息行业有关。

知识经济出现是以信息产业和知识产业的形成和发展为前提的,这也是工业化经济向知识经济转变的核心内容。知识经济是以知识和智力为基础,通过信息技术和其他高科技广泛渗透到生产的各个环节来推动经济增长的。新兴的信息产业是一种知识和技术密集型的低耗高效产业。在工业经济中,劳动密集型产业是主导产业,资金、原材料和能源是主要战略资源;在知识经济时代,起主导作用的产业是信息产业,知识、智力、信息是战略资源。此外信息产业还是促进其他高速技术产业形成和发展的基础。任何高技术功能的实现都不同程度地需要信息技术的应用,任何其他高技术产品也必然以相应的信息技术设备作为其功能的一部分。所以它对国民经济的带动作用比其他高科技产业要大。而且,信息产业的发展正逐渐改造和取代传统产业部门,导致一系列新兴产业部门蓬勃兴起,信息及其相关产业将是世界财富的主要创造者。因此,信息产业的运行将大大带动整个国民经济乃至世界经济的增长。

以美国为首的西方国家在由工业经济向知识经济的过渡中处于领先地位。近年来,美国政府十分重视发展新兴产业,不惜斥巨资优先发展以微电子、数字技术为核心的高科技信息产业。自1993年起,美国企业在计算机、电信和其他高科技方面的投资,每年以25%的速度增长。20世纪90年代以后,美国电脑软件业已成为仅次于汽车和电子业的美国第三大产业。信息技术在5年中为美国创造了1 500万个新的就业机会,对美国GDP的贡献率为30%左右。信息技术的发展还带动了传统产业信息化和高技术化,大大提高劳动生产率。据估计,现在科技进步对世界经济增长的贡献率已高达70%～80%,其中信息技术和其他高科技产业占有相当大的比例。

(二)知识经济是一种可持续发展的全球化经济

这是由信息技术自身的特征和经济全球化的趋势决定的。信息产业作为一种不同于传统产业的高科技产业,经济学中边际效应递减规律和通货膨胀规律都不能有效地解释它的发展过程。任何信息技术的初期开发研制都需要数额巨大的投资,但一旦研制取得突破性的进展,这种技术或产品的需求就极其广泛。随着需求的不断扩大、产量的不断提高、生产成本的不断下降,价格就会下降;而价格下降反过来又刺激了需求增加,这就使企业能够获得较大的利润,并推动企业投入更多的资金用来从事新技术新产品的开发,并最终形成消费需求的良性循环。世界著名的英特尔公司研制一个新的芯片需要投入10亿美元以上,但实际销售中的芯片价格并不高，这主要是因为它的销售量大。当前，随着各国信息高速公路的建设和多媒体技术的飞速发展，加上信息产品本身的不断改进，它将会持续不断地创造出巨大的消费需求，持续不断地降低产品的成本和价格，进而推动经济的持续发展。

经济全球化是当代世界经济的最根本特征，而信息技术革命为经济全球化提供了必不可少的技术条件。信息技术的特征决定了以信息产业为核心的知识经济一开始就是世界性的产业经济。信息技术革命的不断深入，使不同社会制度和发展水平的国家都不可避免地要被纳入一体化的全球经济体系之中，国际贸易、金融和投资的全球化趋势已经相当明显。信息技术发展使国际交易变得更加简单快捷。在国际金融市场上，几秒钟往往意味着几百万美元交易的完成或失败。经济全球化同时也意味着国际竞争空前激烈，任何缺乏信息技术竞争力的产业都有最终被淘汰的可能。

现在，信息产业自身全球贸易、合资合作、跨国联营都取得了长足进步。到2000年，全球信息产业销售额达到了18 000亿美元，成为全球最大的产业。经合组织国家、新兴工业国家和一些发展中国家都展开激烈竞争，力争在信息市场占有一席之地。美国等西方发达国家在国内建设信息工程的同时，已经开始将目光投向海外。发达国家以及各大公司之间信息产业的跨国兼并或联营愈演愈烈，美国国际开发署1996年投资1 500亿美元帮助非洲国家建设信息高速公路，日本也力图在亚洲建立以日本为中心的信息高速公路。1997年3月26日，世界39个WTO成员国在日内瓦达成协议，取消包括计算机软硬件、通信设备在内的200种信息技术产品的关税，这对促进全球范围内的信息技术产品的交流起了很大的推动作用。

(三)知识经济是以无形资产投入为主和决策管理知识化的经济

人类社会的任何一种经济形态，要想促使经济得以发展，都离不开资产投入。资产投入的数量和质量，直接影响经济发展的速度。传统工业经济是资金、设备、有形资产对其发展起决定性作用，而知识经济则是知识、智力等无形资产的投入对其发展起决定性作用。所以，知识经济的特征之一是资产投入无形化。但也不能对无形化做绝对的解释。虽然知识、智力、信息是无形的，但对它们的获取仍需要利用一定的物质手段，它们也总是或多或少的需要通过一定的物质载体表现出。知识经济不是不要物质资源，而是利用物质资源生产和自造物质产品的方式发生了重大的、革命性的变化，即自动化生产、信息化管理以及企业组织形式、生产方式等智力资源或知识因素在生产中发挥着决定性的作用。智力资源的投入其影响超过了物质资源的投入，从而使无形资产的投入变得更为重要。目前，美国许多高新技术企业的无形资产已经超过了总资产的60%，正是在这个意义上，我们说资产投入无形化是知识经济的一个基本特征。

在知识经济形态下，决策具有以下几个特点：一是决策以市场为导向，即非常重视对国内外市场的变化及趋势的把握，强调所作出的决策必须尽可能与市场的变化趋势一致，利用机遇，避开危险；二是决策特别关注经济的总体方向，如经济需求的增长点是什么，在该增长点期望取得怎样的优势，必须采取哪些措施等；三是决策是面向未来的决策，关注的是宏观与微观的长远利益；四是决策关注并寻求知识资源及其他资源与所处环境相协调，即通过对所处环境因素进行分析和对环境变化进行预测，明辨环境带来的机遇和威胁，通过对资源的调整、优化来寻求在未来时期经济发展与环境相协调；五是决策的目的是寻求经济的长期稳定发展，所以在决策过程中，要根据外部环境和主客观条件的变化来调整决策，同时某个决策目标实现以后，要尽快实现决策目标的转移。科学决策在经济宏观调控方面越来越显示出巨大的作用。例如，美国政府自1992年以来接连提出加强全国信息基础设施（信息高速公路）等一系列高科技经济导向政策，这些科学决策的提出对美国经济的持续增长起了巨大的作用。如汽车产业不是在世界市场的价格竞争中消极等待，而是由政府引导大公司向传统汽车注入高技术，从而使美国汽车业重新振兴。

三、知识经济的灵魂

创新是知识经济的灵魂。“知识经济”是以知识为基础的新型经济形态，它直接依靠知识和信息的生产、分配、使用。在知识经济中，创新，特别是技术创新起着核心的或最重要的作用。因为创新是提高国家整体经济水平和产品综合竞争能力的决定性因素，它已成为当今社会生产力解放与发展的重要标志与推动力。创新与知识经济密切相关，因此引起了人们对创新体系的广泛而热切的关注，人们都在积极探索创新体系建立广泛知识，以迎接知识经济的挑战。虽然创新与知识经济备受人们注目，但由于在这两方面的研究时间还很短，积累的资料还不够丰富，因此有关创新和知识经济的理论还很不成熟，知识界对科技创新、知识经济的认识还有很多分歧，还有待进一步的完善。但是对创新和知识经济的认识在以下方面达成了共识：

(1)知识将成为发展经济的最重要的直接资源。所谓知识，包括人类发明和发现的所有知识，其中最重要的是科学技术知识、管理和行为科学知识。需要特别强调的是，在知识经济时代不是不要“物质”，而是取得物质的方式发生了根本的变化，由于知识的巨大作用，人类获得物质更容易、更方便、更便宜、更科学。

(2)创新是知识经济的核心。在知识经济时代，知识生产率将日益成为一个国家、一个行业及一个公司竞争的决定因素，而知识生产率的提高主要取决于知识和技术的创新。知识和技术的创新，其目的就是要先于其他竞争者取得市场的承认，并进而占领市场，取得效益。

(3)信息已成为重要的商品和竞争要素。在未来的知识经济中，信息将是国家生存和发展的关键，掌握信息，特别是高科技信息，将成为取得经济发展主动权和国家竞争优先权的重要保证。

(4)知识经济的主要资源依托是智力。知识经济的发展是建立在工业经济充分发展的基础上的，发展知识经济必须以较高的知识水平为基础，必须具备相对强大的知识和技术创新能力，必须有可产业化的自主知识产权的技术。

贯穿这四方面共识的核心是知识、信息、创新，而主要是创新，创新是知识经济的灵魂。

目前，我国的改革进入了攻坚阶段，社会主义现代化建设正处于一个重要历史时期。面对知识经济的兴起，我们感到有一种巨大的紧迫感，面临着一系列相当棘手的问题和深层次的矛盾需要解决。比如，我们的农业要在人均耕地面积大量减少的情况下，保证十几亿人口的吃饭问题；我们要在不断提高生产力的同时，解决好前所未有的大量劳动力的就业问题；我们要在经济发展的过程中，处理好经济建设同节约资源、保护环境、生态平衡的关系；我们要在快速发展的同时，实现可持续发展。我们靠什么来解决上述各种问题？作为一个发展中国家，我们应当根据国民经济的需要和所具备的条件，认真规划，脚踏实地地依靠技术创新和科技进步，要从实际出发，加强应用研究和开发创新，将取得的科技成果应用于生产，要依靠技术创新，加快产业和结构的调整和重组，特别是支柱产业和基础产业结构升级。要依靠创新加速资本积累，为我国今后知识经济的发展打下雄厚的物质基础，要克服教育、科技与经济脱节的现象，克服分散、低水平重复建设的现象，从创新体制和机构的建立出发开展工作，为迎接知识经济时代的到来，创造知识和智力条件。

创新是知识经济的核心，如何提高国家的技术创新能力，是我国迎接知识经济时代到来的最重要、最现实的工作。随着科技发展高新化、信息传递高速化和经济竞争全球化的进程，以高技术为先导的知识经济时代将迅速到来。从上的世纪末开始，关于知识经济的议论沸沸扬扬，而如何迎接知识经济的挑战，更是人们关注的热门话题。据推测，21世纪二三十年代，知识经济时代将全面到来。知识经济虽然离我们还有一段时间，但我们决不能观望等待，必须未雨绸缪，否则将坐失发展良机。我国是一个发展中国家，发达国家走过的工业化进程我们还没有完成。我国人均国民生产总值在世界上排名处于中等偏下水平，劳动生产率还只有美国的1/36，日本的1/40。科技进步对经济增长的贡献率，远逊色于发达国家。实现工业现代化和农业现代化，任务依然十分艰巨。教育和科学技术发展水平严重滞后于经济发展的需要。在这种情况下,要提高我国的科技和技术创新能力,要使我国的经济迅速赶上中等发达资本主义国家,必须坚持教育优先发展战略。通过优先发展教育提高人的科技和技术创新能力,为经济发展提供智力方面的支持。

创新是知识经济的灵魂。联合国教科文组织在《世界科学报》中指出,当今世界上发达国家和发展中国家的差距是知识的差距,没有科学知识的传播与创新就不会有经济的持续发展。从这个意义上来说,创新不仅是企业生存发展的重要手段,也是一个国家的经济持续快速发展的重要保证,是各国迎接知识经济挑战的必然选择。技术创新能对各国经济带来巨大的发展,同时也推动了人类社会的进步;技术创新是知识经济的最基本和内在的动力。加强技术创新研究,对加快技术进步、提高社会经济效益具有重要现实意义。

总之,知识创新、技术创新是知识经济的关键因素。知识经济的产生和发展,始终是以知识的产生、传播、转化和应用为基础的,这是知识经济的重要特征,没有知识的创新和技术创新,就不可能有知识经济,谁在知识创新和技术创新中领先,谁就能知识经济中占优势。

案例

诺基亚创新

诺基亚公司的前身是一个小作坊,于 1865 年在芬兰的一个小镇成立,主要加工纸浆和纸。但经过一个多世纪之后,诺基亚不仅成为本国工业的先锋,而且它的发展对整个国家工业的发展都产生了重大的影响。诺基亚公司成功的根本原因,是它不断地进行一系列的知识创新。

为了改变产品单一的现象,提高企业的效益,诺基亚参与高科技经营活动。20 世纪六七十年代,诺基亚首先对产品进行创新,淘汰了知识含量低的产品,完全转变为生产知识含量高的通讯产品。技术创新是创新理论的核心,诺基亚能够在产品创新方面独树一帜,鹤立鸡群,其根本在于它敢于技术创新。为了在技术领域超越同类企业,诺基亚公司重视知识、重视教育。无绳电话技术 20 世纪 70 年代就已经开发出来了,并且作为军方使用的一种通讯工具一直在使用。为了把它投入到商业领域,诺基亚加大了技术开发的力度,大量吸收人才,组织专家不断研究创新。1997 年,终于研制出商业通讯产品——9000 型通讯器。这项技术创新预示着诺基亚的智能电话、中文手机等一系列产品的诞生。在技术创新的同时,诺基亚公司还不断进行市场创新。众所周知,诺基亚在全世界各地都有办事处,诺基亚公司发展成为世界移动电话技术的先导企业,这不但得益于其技术创新,还得益于它不断开拓新的市场,是市场创新的结果。创新是企业发展的动力,它包括产品创新、技术创新、市场创新、文化重新、生产要素创新等等，诺基亚公司在上述诸方面创新业绩突出，它能够成为世界著名的大企业，取决于企业全体职工对创新思维的追求和运用，特别是取决于一些大学教授与研究人员在实现科研成果与市场连接过程中所发挥的重要作用。

科学技术的发展和知识信息的广泛传播应用所产生的巨大影响，已经引起了科学界和企业界的广泛关注。知识创新是竞争力的核心，随着科学技术知识信息对经济发展的作用越来越大，全世界都在努力致力于高新技术领域的知识创新，以此推动高新技术的不断发展。诺基亚公司的成功，仅仅是知识创新推动企业发展、推动经济增长的一个成功范例。

第二章　创新的本质与方法

第一节　创新的本质

创新作为一种能力，它的特性包括敏锐性、变通性、原则性。创新能力的发展依托于个性的充分发展。个性即个体的整个精神世界，其核心是主体性与创造性。创新作为一种人格特征的表现是：具有开放性、好奇心和挑战性、自信心，不满已有结论，不相信唯一正确解释，不迷信权威的独裁，不屈服于任何外在压力而放弃自己的主张。

创新作为一种精神则包括创新意识、创新态度、创新情感、创新意志等。张武升教授在《教育创新论》中指出：创新精神是学生创新素质的重要组成部分，它包括7种要素。

(1)创新意识。指学生对创新活动的一种理性的认识，反映了学生对创新的认识水平和自觉主动水平，它是创新行为的动力。

(2)创新情意。指创新的情感和意志。创新情感反映一个人不仅想创新而且乐于创新，并从中能获得乐趣。创新意志是指一个人在创新活动中不怕非议，百折不挠。创新的情感和意志是创新行为的保障机制。

(3)创新思维。指具有流畅性、创新性、变通性、独创性、精密性等5种特质的思维能力。

(4)创新个性。指好奇心、想象性、挑战性、冒险性等个性特质。

(5)创新品德。主要包括勤奋好学、团结合作等美德和崇高的责任感、使命感以及理想、信念等。

(6)创新美感。包括对对象美的敏感性、鉴赏性、追求性，以及把这种追求化为创新活动和取得创新成果的能力。

(7)创新技法。指创新主体为达到创新目的而采用的激发创造灵感，控制和使用创新手法的各种手段和方法。

创新是知识经济时代的主题。目前，世界正面临着知识经济的挑战。知识经济是指直接依靠知识和信息进行生产、分配和使用的经济。知识经济有3个显著特征:一是经济发展可持续化,二是资产投入无形化,三是世界经济一体化。在这种新型的经济形式中,生产要素最重要的组成部分是知识,而不是资本或劳力。当今世界,国家与国家之间、地区与地区之间、企业与企业之间的各种竞争,归根结底就是知识创新能力的竞争。这无论是对于国家、民族,还是对于集体、个人,都是一种强有力的挑战。如何面对这种挑战已成为时代的主旋律。英国历史学家汤图比曾对人类历史上若干强盛文化的兴衰作过深刻的考察。他发现,文化发展的过程,乃是对环境的挑战作出应答的过程。凡是依赖以往的成功经验面对新的挑战的文化都一一被淘汰,只有不断更新自身文化,对新的挑战作出创造性应答的文化才能保持旺盛的生命力。创新能力就是对新的挑战作出创造性应答的能力。历史发展到今天,世界呈现出超常型、超经验型、信息型、智力型、全球型、复杂系统和知识经济型的格局。发展,将是这个时代最富魅力的主题之一。发展,将引起各种社会变革,以面对时代挑战。在知识经济时代,创新是一切发展的先导,是衡量发展水平的根本指标,也是一个民族、一个社会具有生机和活力的前提条件。创新,是知识经济的特征,是知识经济时代的主题。

创新是中华民族进步的灵魂。为了迎接知识经济的到来,中国将国门大开。我们参与世界大舞台竞争,使中华民族强盛起来的道路只有一条,那就是提高全民族的素质,尤其是民族的创新能力。中国古代科学文化曾长期稳居世界领先地位。以科学为例,明朝以前,世界300项重大科技成果中,中国有175项,占59%。但是,令人痛心疾首的是,中国封建社会末期的殖民地和半殖民地的奴化教育,以及“独尊儒术”和“中庸之道”的思想道德规范,窒息了中华民族的创造思想,压抑了中国国民的创造潜力。这导致中华民族曾经一度走到了濒临灭绝的地步。如今,世界各国再一次吹响了创新的号角。这对于中华民族来说,是又一次危机的到来。面对新的危机,中华民族应该怎么办?对于这个问题,我们应该毫不含糊而又铿锵有力地回答:创新!为什么?因为“创新是一个民族进步的灵魂,是国家兴旺发达的不竭动力。”江泽民同志站在时代和未来发展的角度,指明了创新是中华民族生死存亡的关键。此外,他还强调了增强民族创新能力的紧迫性。他在接见两院院士时说:“迎接未来科学技术的挑战最重要的是坚持创新,勇于创新”;“事实越来越证明我们的劳动者素质和科技创新能力不高,已经成为制约我国经济发展和国家竞争能力增强的一个主要因素”;“我们必须把增强民族的创新能力提到关系民族兴衰存亡的高度来认识。”江泽民同志的论述高屋建瓴,他向我们道出了一个颠扑不破的真理:知识经济时代,如果离开了创新,民族和国家的经济发展将失去动力之源;创新是中华民族进步的灵魂,中国要在国际舞台获得一席之位,要实现民族的伟大复兴，就必须创新。

一、创新的内涵

关于创新的定义，目前也说法不一，教育界有时当作创造来理解。下面略举几家关于创新与创造的定义，以求从宏观上有个整体把握。

表 2-1 创新(Innovation)的定义

定义来源	定义
新加坡国家创新计划	创新是将工作中的创意用新方法透过新产品、新流程、新服务、新事业来创造价值的过程
熊彼特	创新是将已发明的事物发展为社会可以接受并具商业价值之活动
K. Holt	创新为一种创造和采用新知识的过程
F. Damanpour 与 W. M. Evan	创新是响应环境改变或在组织中带来新的手段
吴思华	创新可以是新产品、新服务、新的材料、新的制程，创新基本的表征有三：(1)新颖；(2)有价值；(3)贴心、令人惊奇
Webster Dictionary	介绍新的东西；新的想法、方法、装置

就一般意义来说，创新就是抛开旧的，创造新的，是指能为人类社会的文明与进步创造出有价值的、前所未有的全新物质产品或精神产品。比如人类要生存、要发展，就必须创造生产工具，使人类脱离动物界；创造语言文字使人类脱离原始人的蒙昧状态，逐渐发展成为有高度智慧的现代人。人类与自然作斗争的每一次胜利都离不开创新。人类历史就是一部创新活动史。从本质上说，“旧”往往是落后的，失去生命力的，既定的，腐朽的；“新”往往是先进的，富有生命力的，未定的，正在成长壮大的。要创新，首先就要抛弃或超越旧事物、旧思想、旧观念，因为如果不抛弃或超越这些旧事物、旧思想、旧观念，就意味着符合这些旧事物、旧思想、旧观念，这就不是创新，或不是真正的创新。在不同的领域和不同的行业、学科对创新有不同的理解。如在科研工作中有新的发现、新的探索，取得新的成绩和突破性的成果，是科学家讲的创新和科学院讲的知识创新。把土地、劳动、资本、技术等生产要素优化组合，使用代表先进生产力的各式各样的科学技术和管理方法去生产新的产品、开拓新的市场，是从经济学方面理解的创新。对客观事物的发展规律深入研究，使对客观事物发展规律的认识跃到一个新境界，是理论创新。“创新是一个民族进步的灵魂，是一个国家兴旺发达的不竭动力，也是一个政党永葆生机的源泉”，说明了创新对民族、国家、政党生命的发展所具有的重要意义，也就是政治家讲的创新。

国际上对创新的研究起源于美籍奥地利经济学家熊彼特(J. Schumpeter)提出的创新理论,他于1912年在其著作《经济发展理论》中首次提出"创新"概念。按照熊彼特的定义,创新就是建立一种新的生产函数,在经济活动中引入新的思想、方法以实现生产要素新的组合,它主要包括以下5个方面:①引入一种新的产品,或者赋予产品一种新的特性;②引入一种新的生产方法,主要体现为生产过程中采用新的工艺或新的生产组织方式;③开辟一个新的市场;④获得原材料或半成品新的供应来源;⑤实现一种新的工业组织。可见,熊彼特的创新概念包含的范围很广,既涉及技术型变化的创新,又涉及非技术型变化的创新。后来人们又把创新划分为技术创新和制度创新两大类型,即从熊彼特提出创新的本意来看,创新指的是一种经济活动,技术创新和制度创新都是从创新概念演化而来的,它们都是创新的一个重要组成部分。

要进行创新,必须要具备创造力。创造力的内涵是十分丰富的,对此我们可以从不同的角度作出不同的概括。心理学家布莱安·马提曼指出:"创造力最简单的表现形式就是在两个或两个以上看上去毫不相关的事务或概念之间建立起某种联系。"

著名心理学家吉尔福德从创造过程的主体意义上总结说:"从狭义上说,创造力是指创造者最富有特色的能力。"

美国心理学家沃拉斯等人强调创造活动的过程性,他们认为,创造力是一种特殊的解题能力,在提出问题和界定问题上,在解题的方法和思路上,在解题成果等方面均有独到之处。

美国心理学家巴伦、布鲁纳等人则突出创造成果的重要性,认为活动创造性成果才是创造力的明显标志,而且创造性成果必须具备新颖性、独创性与价值性。或许可以说,创造力就是看到的是每个人都看到的,想到的却是别人没有想到的。

德国的德雷福达尔从"目的性"出发认为,创造力是人产生任何一种形式思维结果的能力,而这些思维结果在本质上是新颖的,是产生他们的人事先所不知道的。

美国心理学家罗波、史登堡和特德、鲁巴特在《不同凡响的创造力》中强调说:"所谓创造力是带来更新更好的改变。"他们分析说,当一个产品很新颖、很适宜时,我们说这是一个有创意的产品。新颖(novel)和适宜(appropriate)是创意或创造性设想的两个必要条件。所谓新颖,从创意上说是不寻常的,不同于一般人所制造出来的东西。一个新颖的东西一定要有原创性。所以,创造力是产生有创意的产品的能力。具有创造力的人,是指那些能够把想法落实,用富有想象力的技巧和方式创造出新东西的人,或能够赋予现有的东西一种新的价值和意义的人。

根据众多已有的研究成果，我们对创造力的理解可以概述如下：

(1)创造力是人们根据已有的经验和知识创造性解决问题的能力。

所谓创造性的解决问题是指对旧有知识和经验有所突破和超越，以新的方式、观念和思维解决问题。创造性的解决问题与一般性的解决问题存在着十分重要的区别。一般性的解决问题，无论是解决知识性的问题，还是解决日常生活的问题，均可依赖已有的知识经验、现成的方案，按照已有的解决程序进行；而创造性的解决问题却没有现成的解决方案，它要求对现有的信息进行创造性的思维加工和整合，进而超越常规，找到解决问题的新思路和新答案。

(2)创造力是人的思维活动能力，特别是人的原创性思维和特异性思维能力。

这种思维活动表现为大脑活动的有意识的探索和无意识的思考的结合，它一方面需要借助现有的知识和理性，另一方面更需要依仗独特的想象和直觉，即非理性思维；一方面需要发散思维来不断伸展自己的活动触觉，另一方面又需要收敛思维来逐渐聚集自己的活动能量，渐渐逼近求解问题的方法和观念，最终通过这种思维活动的张力来实现问题的独特新颖和出乎意料的解决。

创造力是人的自我完善的结果，也是人自我实现的基本素质。

创造力是个体的创造潜能，那种把创造看作是某种特殊的智力活动，是发生在某些特别人物头脑里的创见的说法具有误导性，它会让人觉得创造力是个别成功人士的专利品，从而看轻自己的创造发明潜能，失去积极进取的自信和动力。任何人都有创造潜能，但一个人要发现和开发自己的创造潜能，必须通过自我完善和自我教育来完善其个性和人格。

二、创新:时代精神

创新已是世界教改的主流，是一种新的时代精神。回顾人类经济发展的3个阶段，如果说劳力经济是以占有强壮劳动力为发展手段，资源经济是以占有丰富的自然资源为基础，那么知识经济则是以领先占有创造性的人类智慧为竞争砝码。面对汹涌而至的知识经济浪潮，世界各国，尤其是发达国家，都在做出积极的应答准备，都在不断更新自身文化，都在为建设未来社会而准备人才。这就是教育的创新。在这创新的大潮中，各国首先对教育目标提出了新要求。日本提出："面向21世纪，能够适应社会的变化的必备的素质和能力就是创新性和独立的思考能力，表达能力和活动能力"；"独创是国家兴亡的关键，开发国民的创造力是走向21世纪的道路"。法国政府在关于教育目标的文件中提出："要使受教育者最大地发挥本身的潜在能力并创造出来。"韩国出台了"面向21世纪的教育改革方案"，提出要"减少必修课程，增加选修课程，着重培养学生的创造性。"美国1989年发表了一份培养和造就未来创造性人才的宣言——《美国人应有的科学素质》报告。面对诸多国家教育创新的浪潮，国际21世纪教育委员会1996年向联合国教科文组织提交了《教育——财富蕴藏其中》的报告。该报告郑重地提出：教育的任务是毫无例外地使所有的人的创造才能和创造潜力都能结出丰硕的果实，这一目标比其他的所有目标都重要。由此可见，以开发人的创新能力为首要目标的创新教育，已经成为世界教改的主流。

中国的未来离不开创新，创新才能创造中国的光明的未来。建立中国的科技创新体制是发展21世纪中国经济的需要，是中国在新世纪内强国战略的重要组成部分，是使5 000年中华文明再现辉煌的动力。

(一)创新是经济优势替代战略

许多人都说，21世纪是中国人的世纪。原因就是，人们普遍相信，中国的经济在21世纪仍然将会快速稳步地向前发展。经济发展了中国才有光明的未来。但是，中国在未来的几十年内将逐步面临优势流失的问题，因此需要有一个长远的替代优势战略，这个战略就是科技创新。

中国在过去的20多年中，英明的改革开放战略造就了奇迹，经济获得了举世瞩目的快速发展。外贸快速成长，人民生活水平也获得了提高。其中成功的一个秘诀就是充分发挥了中国的人口优势。中国人力资源充沛，劳动力素质好，工资水平低，因此吸引全球的厂商把劳动力密集型的产业转移到中国，在中国建立生产基地，使得中国有成为全球制造基地的趋势。目前，在美国的百货公司里随处可见都是中国制造的产品。

但是，随着中国经济的发展，中国人民的生活水平必然也会快速提高。因此，劳动力的成本也必然会增加。如此一来，中国的劳动力成本优势必然会逐渐消失，其他一些比较落后的国家的廉价劳动力就会表现出对外国厂商的吸引力。因此，中国就必须要找到继续吸引外商的新优势和在生产成本提高的情况下能够继续扩大中国产品竞争力的新动力。也就是说，中国必须要为将来的可持续发展找到动力。（中国的13亿人口的市场和快速增长的购买力当然也是一个优势，但这是中国经济发展的老本，现在讨论的是如何谋取未来的利益——全球市场。）

要达到这样的目标，加强科技创新几乎就是唯一的选择。

加强科技创新可以使得中国摆脱对劳动力密集产品的依赖，因而防止成本增加带来的消极影响。

加强科技创新可以使得中国企业生产更多的高科技产品，这样的产品有非常高的附加价值，可以增加获利。

加强科技创新可以使得中国的企业摆脱外国企业对技术的控制和垄断，从而可以走自己发展的道路。

加强科技创新可以使得中国能够领导世界经济生产和消费的潮流。

加强科技创新可以快速地提高中国人民的生活水平，缩小同发达国家的差距。

加强科技创新也可以提高中国劳动力的技术水平，使得他们的价值得以提升，他们的收入也会增加，但是不会对经济带来消极影响。

(二)创新是建立强大国防的需要

经济发展将会增加国防实力。但是，科技创新将能够直接地缩小中国国防科技同发达国家的差距。

由于中国的科技实力落后于发达国家，中国的国防实力也就同世界发达国家相比存在一定的差距。这表现在中国的武器水平在战术指标性能上还落后于世界先进水平，而且由于现代武器集中体现了高科技水平，因此价格昂贵。由于发达国家垄断了高科技技术发明和生产，其中产生的利润和高税收会体现在军费上，因此发达国家的军队买得起高科技武器。由于中国的经济是由低附加值的劳动力密集型产业支持，其产生的利润和税收也就不如高科技产业那样的丰厚，因此就出现军费支持不起高科技武器，军队买不起、用不起高科技武器的现象。

建立中国的创新体系，快速发展中国的高科技产业，将能够有效地解决上面这两个国防难题。高科技产业的壮大和发展，将能够快速提高中国武器的研发水平，提高中国的兵器工艺制造水平，从而快速地缩小同发达国家的差距。

同时，高科技产业的壮大，将提高国家税收中的含金成分，因而使得军费对高科技产品的购买力增加。那就会让军队对高科技武器“看得中意买不起”的现象成为历史。所以，成功地建立中国创新体系后，中国的国防何愁不强？

(三)创新体系将使得中华文明再现辉煌

中国有 5 000 年文明，这令炎黄子孙为之自豪。然而，历史越久，包袱就越沉重。就是因为历史包袱负担太重，近代的中国就失去了开拓进取精神，使得西方后来者居上，中国成为外国的半殖民地，海外华人也备受欺凌。在当时国弱民穷的状态下，中华民族虽然曾创造了古代辉煌文明，非但没有获得外国人的尊敬，反而被诬蔑为“不能超越过去的低劣民族”。

因此，21 世纪的中国人一定要放下历史包袱，不要沉迷于往日的辉煌，不要再信什么“祖宗之法不可变”，而是要面向未来，大胆开拓，奋勇进取，不断创新。要成为新潮流的推动者，新趋势的引导者，新文化的创造者，新经济的领导者，这样，中华文明才能再现辉煌，中华民族才能再次扬眉吐气。

三、创新:人的最高本质

首先,创新是脑系统稳定和发展的必然要求。人的大脑是一个系统,根据熵增理论,系统如果不和外界进行能量和信息的交换,不断引进和输出能量和信息,就会走向无序,导致混乱。因此,引进和输出信息是脑系统稳定和发展的需要。而各种信息在人脑中的交流和碰撞必然导致新思想的产生。这也就是说每个人都有创新的潜力。输入和输出的信息越多、越快,就越有利于信息在脑系统中交流和碰撞,产生的新思想就越丰富,人的创新能力就越强。

其次,创新是人生意义的最佳显现。每个人都在寻找人生的意义,追问人生的价值,都想在有限的生命中追求永恒。无限性是自然界的本质,但每一代人"总是在客观上被历史状况所限制,在主观上被得出该思想印象的人的肉体状况和精神状况所限制"。创新为人突破有限和无限的矛盾,实现人生价值提供了一条最佳途径。创新和创造性是两个不同概念。"创造性这个术语通常指发展新思想的才能和能力。创新通常指这些新思想的运用。在一个组织里,创新的意思可以指一种新的产品,一项新的服务,或是制作东西的一种新方法。"创造性偏重于新思想,而创新则偏重于运用。创新是通过物质产品或精神产品显现出来的新思想。它的最重要特征在于一个"新"字,它是对前人思想的超越,也是对自身能力的一种突破。单纯的新思想也许具有不可估量的价值,但在有限的生命中很难被人认同。只有当自己的新思想在生命旅程内通过物质产品或精神产品显现出来,成为人类文化的一部分时,才能得到最大程度的满足。

第二节 创新学的形成

一、古代创造思想

创新思想源远流长,纵观人类进步的历史,处处充满着科学技术创新。在古代,人类科技创新活动贯穿了原始社会以及奴隶社会和中世纪的漫长的历史时期。人类科技创新的活动范围主要存在于人类的生存斗争和生产实践的各种领域中。科技创新活动比较活跃的地区包括古代的两河流域,古埃及、古印度、古罗马、古希腊、古代的阿拉伯地区和古代的中国等地域和国家。尽管当时科技创新的水平还比较低下和零散,但却范围广泛,思想精辟。科学知识的创新面涉及到数学、天文学、力学、物理学、化学、生物学、医学、地学等学科领域;而在技术层面上,涉及到打磨石器、人工取火、建筑、制陶、冶金、兴修水利、农业生产,以及酿造、制笔、榨油、纺织、造纸、印刷、火药、造船和医疗灯多种生产领域，对当时的生产力发展和社会进步起着极其重要的作用和影响。据不完全统计，古代科学创造的主要成果大致如表 2-2 所示。

表 2-2　古代科学创造主要成果数量统计

年　代	科学发现	技术发明
公元前	14	56
公元 1—1 500 年	28	78

中国古代文明中的科技创新可上溯到公元前 9 000—前 7 000 年以前。像陕西西安半坡遗址就是灿烂的仰韶文化早期遗址。在那里，考古挖掘出了上万件的文化遗存，充满智慧和创新精神的尖底汲水瓶仅是其中的一件。在半坡遗址出土的彩陶上，不仅有几何图形，还有 22 种文字符号，那是中国方块汉字的雏形。从公元前 5 世纪开始的战国时代，中国就开始进入发达的农业社会，从公元前 3 世纪直到公元 10 世纪，也就是跨越了公元第 1 个千年的汉唐时期，中国国力强盛，文化灿烂，科技进步，数学、天文、化学、历法等学科和丝绸、陶瓷、铸铁、造纸等技术水平均雄踞世界之首。公元第 2 个千年的前 500 年，从宋元至明初，中国人创造的重大科技成就占世界的 58%，当时中国科学技术曾一度领先欧洲。12 世纪中国的造纸术传到了欧洲，13～14 世纪中国的火药、指南针相继传入欧洲，15 世纪印刷术也传入欧洲。先进的技术对欧洲的科学文化和社会发展曾起到过巨大的推动作用，催生了欧洲的文艺复兴运动。正如马克思所说，火药、指南针、印刷术是预告资产阶级社会到来的三大发明。从 13～16 世纪，世界的科学技术中心才逐渐由东方转向欧洲。

古代创造思想有 2 个明显特点：①古代自然科学尚未从哲学的母体中最后分化出来，它建立在直观的、猜测的基础上。例如，古希腊思想家留基伯和德谟克利特创立了古代原子论，也可以说是一种科学创造，不过它是那个时代对世界统一性的一种猜测，是没有经过科学实验确证的。又如，古代哲学家阿那克西曼德说过，原来在水中披着鳞甲的动物，到陆地上来之后变成陆生动物，最后变成人。但这种古代科学思想与达尔文的进化论却不可同日而语，后者建立在大量的观察、实验基础上。②古代科学除了思辨的一面之外，大多数是一些零散的经验知识的总结，尚未形成统一的、系统的理论体系。例如，无论古代东方世界还是古代西方世界都发现了许多力学上的经验事实和规律，如建筑力学知识、机械的装置以及杠杆定律、浮体定律等等，但那时还没有形成一个统一的力学理论体系，没有采取科学方法将它们分门别类地、系统地整理起来。

总之，一部人类自己的文明史，实际上就是一部创造史，就是一部不停顿地改造世界同时也改造自身，从而不断地获得进步和自由的历史。回顾人类的历史，我们可以发现，人类总是在不断地追求新的理想，开拓新的生活，实现新的价值。人类生活的本质就是创造。创造力的萌发、成熟和迸越，正是现代文明的基础和不断发展的动力。

二、创造论

对人的创造力从理论上进行正规研究并取得突飞猛进的发展，是在20世纪50年代以后。1950年，吉尔福特在美国心理学会上发表了题为“创造力”的著名演讲，他根据因素分析提出了“智力三维结构”的理论。他认为创造性思维的核心是发散思维，其特点是流畅性、灵活性、独到性和精细性，并对此作了详细的阐述。

（一）创造力六因素

近年来，以美国斯腾伯格为代表的学者，于1993年与洛巴特在分析以往关于创造力构成的各种理论和实验研究基础上，提出了“创造力多因素理论”，试图对创造力做出较完整、较全面的解释。

他们认为，个体的创造力能否充分发挥，主要受到6个因素的影响，并且可以从资源、能力、观念、评价4种水平上理解创造力。具体说来，影响创造力的因素包括：

(1)智力。它是创造力充分发挥的必要条件，将影响个体对问题情景的感知、表征、定义和再定义，以及选择问题解决的策略等过程，即影响信息的输入、转译、加工和输出过程。

(2)知识。即有关的经验体验、知识结构，给创造性思维提供加工的信息，帮助创造者了解其在某个领域中所处的位置。个体的知识背景可能会约束其创造力的发挥，使人循规蹈矩。

(3)认知风格。即认知活动过程的风格或倾向性。斯腾伯格和克登(Kirton，1976)认为认知风格有3种类型：立法式认知风格(即乐于建立自己规格和善于解决非预制的问题)、执行式认知风格(偏向于用现成的规则解决具有现成结构的问题)和司法式认知风格(用判断、分析和批判倾向看待事物，他们乐于对规则和程序做出评价，对现有的结构做出判断，从而来检查自己和他人的行为)。富有创造力的个体具有立法式认知风格。

(4)人格特征。个体人格特征对创造力的发挥有着重要影响，其中对模糊的容忍力、冒险性毅力和坚持性以及成长的愿望和自责至关重要。

(5)动机。这是驱使个体从事创造性活动的动力。

(6)环境。环境可以激发一个人的创造力,也可以抑制创造力的发挥。

上述6种因素对创造力的作用,不是孤立的,而是互相影响,以综合效果发挥作用。

斯腾伯格和洛巴特根据这一理论特别指出,创造力充分发挥的关键是创造力6种因素的投入和它们之间的凝聚方式。在一定程度上,创造力低的原因在于人们没有投入足够并且合适的成分,这6种因素须有效聚合后才能产生出高创造力来。

(二)创造力的架构

(1)发现问题的能力。创造就是发现问题和解决问题的过程。发现问题的能力是指从外界众多的信息源中,发现自己所需要的、有价值的问题的能力。

在客观世界中,存在着大量的信息,人们总是排除与自己需要无关的问题。由于以往的知识、经验、习惯、立场、评价、情感以及流行的观念与见解,深刻地影响着人们的认识与活动,因此,人们获取的问题往往只是局限于自己已有的知识和观念的范围之内,重视常规性问题,而忽视对创造性问题的探索。然而,与创造性问题有关的信息恰恰就隐藏在这些貌似平常的信息之中,其信息能否被发现,完全取决于个体超乎寻常的敏锐的洞察力。

历史和实践一再表明,科学上的突破,技术上的革新,艺术上的杰作,无一不是从发现问题、提出问题开始的。英菲尔德认为发现问题要比解答问题更重要。解答问题仅仅是数学或实验技能问题,而发现并提出问题,则是从新的可能性、新的角度去考虑问题,这需要有创造性的想象,这标志着科学真正的进展。

(2)明确问题的能力。所谓明确问题,是将获取的新问题纳入主体已有的知识经验之中储存起来。对所获取的问题的储存质量,决定着能否产生创造性思考。问题信息编码质量高,储存合理,在进行思考时就容易被激活、被提取,容易产生联想,思路也较为灵活,有助于产生创造性的意识及成果。研究发现,富有创造力的个体比较注重对所发现问题的种种信息的融会贯通,理清它们的来龙去脉,弄清其中的逻辑、原理及相关联系,而不是堆砌知识和问题信息。这其中所体现的就是明确问题的能力。

(3)阐述问题的能力。任何创造性思想的产生都需要从储存在头脑中的知识经验中提取有关的信息,这种指向性极强的提取过程在信息加工理论中称为激活。激活是集中抓住问题、明确目标的重要途径。一般人往往只对准了问题的答案,而忽略了问题本身的内在机制。由于一个人知识经验中包括的信息繁多而杂陈,如欲全部将其激活既不可能也没必要。因此,只有在解决问题这一机制的推动和刺激下,才能在繁杂的信息库中,迅速理清、选择到有针对性的信息,连带相关的信息一起被激活。西蒙认为这是一个“熟悉化”的过程。熟悉化指的是一个缓慢地在长时间记忆中建立问题聚合和相关资料的过程。搜集、激活信息受短时记忆中目标系统的影响，信息进入长时记忆后，又反过来影响目标系统。这样，短时目标信息和长时记忆中的问题信息就不断相互作用着，只有在一定条件下，所需信息才能在瞬间被激活，这是一个明确问题基础上的阐述过程。同时，激活的程序也应随问题和要求的不同而作相应变化。如果一个人激活问题信息的能力太差，那么，他要么不能激活那些有关的十分重要的信息，要么问题信息激活的程度不够，就像燃起的火花很微弱一样，不能形成熊熊烈焰，这必然会影响并阻碍创造性思想的形成。可见，阐述问题的能力也是创造力不可缺少的。

(4)组织问题的能力。问题被发现以后就进入了加工阶段。创造性思想往往是通过对问题的整理、研究、揭示其奥秘，摸清其规律后形成的。因此，在创造力中，组织问题的能力最为关键和重要。对问题的探索和理解一般包括心理积淀和实际操作实验两种方式。前者指心理水平上的综合与凝聚，如联想、类比、灵感、直觉等，其他人通常观察不到，但主体可借助内省体验到。后者指操作即物化推演实证过程，如实际比较、操作演算、合成尝试、行为探索等。由于这种实验通常是借助一定的外在实物和行动来进行的，所以别人一般可以观察到。在创造活动中，两种实验方式互相补充、相互配合，以促进创造新思想的产生。例如，要证明“哥德巴赫猜想”，陈景润首先要在头脑中形成这一公式的表象，然后用笔把它写在纸上进行演算推论，如发现有错误、不合理，还要进行反复修改。在当时还没计算机的条件下，靠手工推演，可见其劳动强度之艰巨。靠着惊人的毅力，陈景润终于证明了“1＋2”，离证明“1＋1”只有一步之遥了。然而，要再摘取这颗数学顶峰上的皇冠谈何容易？即使如此，也已是人类数学史上的伟大创举，轰动了全世界。

(5)输出问题解决方案的能力。进入组织实验阶段以后，问题的解决方案基本上已经产生，接下来的工作便是如何输出这些信息，也就是以何种创造性成果输出。一般地，新方案的输出方式可分为 2 种，即书面输出和非书面输出。前面讲到的陈景润证明“1＋2”即属于书面输出。非书面输出指将创造出的新思想、新信息用非文字材料的形式输出呈现，如新产品、新工具、新技术等。采用哪种输出方式要具体考虑到创造者本人的素质和输出的新方案和性质、特点及社会文化等多种因素。不论是书面输出还是非书面输出，输出方案的能力都关系到创造性成果的最终形成。合理而有效的输出，可以更好地反映创造性的新思想，是创造成果固态化或客观化。因此，它是创造力的重要方面，尤其是书面输出能力是创造者综合素质的反映。那种“哑巴吃饺子心里有数”的创造者是创造力不全的表现，最终不能成就大“气候”。

三、创新学

(一)创新学理论的特点

创造学是研究人类的创造能力、创造发明过程及其规律的一门新兴科学。创造学理论具有新鲜、广阔、灵活、深刻等特点。

说它新鲜,是因为尽管人类的创造活动古已有之,人类的创造实践大量存在,但把它上升为系统的理论还是最近几十年的事。这就意味着创造学理论还很年轻,还需要不断地充实完善,与许多古老的学科比,它特别新,也正因为这一点,它才格外富有朝气。

说它广阔,是因为创造学涉及教育学、人才学、哲学、心理学、美学、管理学、思维科学、人际关系学等众多学科的知识,它以创造发明为研究对象,其主要任务是揭示人类创造发明活动的规律,总结创造能力的培养途径,探索创造发明的方法,研究创造活动的组织形式和创造发明的环境,不断开发新的创造功能。创造学理论是多种学科、多种理论、多种方法的综合,而且,它与哲学上的综合不完全一样,它是多种思维形式的综合。

说它灵活,是因为它开发的乃是人的诸多能力中的最活泼、最引人关注的能力——创造发明的能力,这种能力最富有积极主动地进取性与开拓性。创造学理论是基础理论与应用理论结合的最为密切、最为完美的理论,其强大的生命力不是体现在书斋里,而是体现在生动活泼的具体运用中,它不像某些理论那样远离实践,常被束之高阁,而是把自己的根深深地扎在活生生的实践中,因此,它最富有活力。

说它深刻,是因为它对人的能力的开发具有彻底性,它开发的绝不仅仅是关于如何记忆知识和运用知识的能力,而且要开发那种如何把知识重新组合成新的思路、新的设想的带有突破性、开拓性、变异性、创新性的关于创造发明的能力,从而能使人的主观能动性得到最大限度的发挥;它不仅要从正面启发人如何不断地开发自己的创造力,还要从反面探讨创造力受阻的种种原因,这就可以全方位地领导人们走向完善。

创造与创造力是创造学理论的两个核心概念。

所谓创造,是指人类的一种特殊的实践活动,这种活动的要义在于:实践主体已不满足于原事物的形态、内容或性质,进而要求对其实行革新,以满足实践主体的某种需要。为此,创造学理论分别探讨构成创造的3个主要因素:①创造的指导因素——世界观、道德、胆识等,该因素在整个实践过程中具有决定性的、方向性的作用;②创造的智能因素——自学能力、观察能力、想象能力、分析综合能力、发现问题和提出问题的能力，该因素回答了靠什么和依靠什么具体途径去进行创造；③创造的动力因素——理想、信念、欲望、热情等，该因素是推动人们运用智力因素作用于创造对象时的心理上的保障因素。

所谓创造力，即实践主体从事创造活动的能力。具体地说，就是按照一定的目标，运用已有的经验，对原有事物进行加工改造，从而产生具有社会价值的新概念、新知识、新思想等新成果及新产品的能力。

此外，创造学还分别探讨创造过程、创造型人才、创造方法等。总之，创造学理论的最大特色就是以思维科学的研究作为基础，以创造史作为自己的主要内容，探讨创造的特色和规律，具有很强的综合性、实践性和针对性。

(二)创新性突变机理

人类社会的发展乃是自我突破的必然结果。人类从不满足已有的成就，总是向更高的层次、更宏伟的目标前进，而且每一次前进都是对已有成就的一次更新、一次变革、一次否定。人类社会创造的每一件物质产品和精神产品，都是自我突破的结晶，也正是由于人类在社会实践中不断地进行自我突破，才开创了人类社会的高度文明。

换言之，人类的历史乃是一个不断突破自我、不断创造发明的过程。由此，我们引出了一个新的概念：突变机理。

在谈及做诗和做学问的三种境界时，王国维曾说过："古今之成大事业、大学问者，必经过三种之境界：'昨夜西风凋碧树。独上高楼，望尽天涯路。'此第一境也。'衣带渐宽终不悔，为伊消得人憔悴。'此第二境也。'众里寻他千百度，回头蓦见(当作'蓦然回首')，那人正(当作'却')在灯火阑珊处。'此第三境也。"很显然，王国维巧妙地借用了宋代词人晏殊、柳永、辛弃疾的这三句词，意在表明创造的过程——首先要放眼四望，永不满足，进行广泛的涉猎积累，并且希望找到解决问题的途径；然后，为了找到答案而上下求索，废寝忘食，即便因此而日渐消瘦也决不止步；最后，经过长期思索和不断追求，突然出现了认识的飞跃，获得顿悟，产生了灵感，一个新的构想、新的思路、新的创造也就随之出现了，这个突然闪光的时刻，就是我们所说的"突变"。

所谓"突变"，从哲学的角度看，就是人的认识在某种外力的强烈作用下，突然间发生了质的飞跃。当然，这个因灵感突至而恍然大悟的人，必定是一个为了某种神圣的目标而孜孜不倦地追求和奋斗着的人。也正是这种不断的追求才为"突变"的到来准备了足够的"势能"，所谓"灵感不理睬懒汉"，指的就是这个意思。

从苦苦寻觅到不达目的决不罢休的努力拼博，从苦苦探索到不达目的决不止步的长途跋涉，追求者离目标越来越近，其思路越来越合理，于是，终于到了那么一个关键的时刻，随着灵感的突然闪现，追求者恍然大悟、豁然开朗。

看似神秘，其实正常；看似偶然，其实必然。这就是对“突变”的一个最通俗也是最深刻的解释。

“突变”一词，在不同的国家有不同的提法。如美国心理学家格雷厄姆·华莱士认为，无论科学的或艺术的创造，一般都要经过4个阶段，即准备期—酝酿期—明朗期—验证期。法国数学家丁阿达玛的四阶段模式是：准备—酝酿—豁朗—完成。原苏联学者戈加内夫提出的五阶段模式是：提出问题—努力解决—潜伏—顿悟—验证。原苏联创造心理学家A·H·卢克提出的五阶段模式是：明确地提出问题—搜索相关信息—酝酿—顿悟—检验。

细细品味这些提法，不难发现上述“明朗”、“豁朗”、“顿悟”等都与我们所说的“突变”大同小异。这也意味着，世界各国的研究者们，都认定在创造过程中存在着突变现象与突变机理。

这种突变现象与突变机理，也的确是创造发明过程中的常见现象。

单独看，创造发明的成功是刹那间的事，然而这个刹那间的辉煌绝不是唾手可得的，而是经过了长期的积累、奋斗、求索及拼搏才能得到的，这偶然得到的灵感与创造，乃是长期求索的必然结果。

因此，创造过程中的“突变”绝不意味着突然之间的成功，而应该理解为苦苦求索后的那种“豁然开朗”与“柳暗花明”——这种突然，看似偶然，其实必然。正如烧开水，当水温达到100℃时，水突然开了，这个100℃是不断加热的必然结果。因此，当我们对创造过程中的突然成功悠然神往时，应该意识到，为了这片刻的辉煌应付出巨大的努力。

（三）创新学对创造教育的关键作用

把创造学的知识用于教育，就是要用创造学的思维方式、思维结构、思维技巧突破传统教育中的因循守旧的古板模式，使之更富有朝气，更富有实践性。而这样做的结果，必然是按照创造学的要求从新设计教育的目标、内容、结构、方法等，从根本上改革教育，从而使教育更好地适应改革开放的时代，更好地为社会主义现代化建设服务。

总之，创造学是创造教育的核心部分，只有充分理解创造学，才可能把创造教育分析清楚，分析明白，因此，创新学对创造教育有着举足轻重的重要作用。

第三节 创新学研究的对象和方法

一、创新学课程的意义

创新学是属于大学生通识教育类的一门基础课程。开设创新学课程的根本目的在于提高大学生运用专业基础知识的能力,培养大学生健全的人格品质,帮助大学生应对知识经济社会可能出现的种种挑战。

我们正在进入以知识为基础的知识经济时代。在知识经济时代,整个社会活动的重心或主轴是知识的创造性应用,而不仅仅是知识的供给,即使知识的供给也要借助于富有创造力的人来实现。创造学家奥斯本曾在《创造性想象》一书中指出,在现代社会发展中,我们的前途和命运很可能主要取决于教育和用创造性的概念观察一切的能力之间的竞争。未来的时代必将是“整个人类”进行“自觉创造的时代”!

知识经济时代需要有高创造力的公民。任何一个国家、一个民族都不可能通过复制和模仿来获得成功。这一点,既可以通过美国和日本的例子加以说明,也可以通过我国目前实施的科教兴国战略、技术创新工程来感受。美国是当今世界科学研究和技术创新方面的“领头羊”,是知识经济的“领头羊”,同时也是创造力和发明学研究和推广的“领头羊”。日本之所以能够在第二次世界大战的废墟上缔造一个经济强国,很大程度上是得益于日本公民旺盛的创造力和发明精神。我国推行和实施的科教兴国战略、技术创新工程,一个共同的目标就是通过科学知识的创造性应用来促进我国社会经济的繁荣和民族的振兴。

然而,我国现行的大学教育基本上是智力教育,目标是培养具有高智商和高知识的社会人才。由于我们在专业教育中忽视创造力教育,我们培养出来的众多科技专家和社会公民的创新潜力没有得到应有的发挥,我们既没有在自己的本土上培养出诺贝尔科学奖和文学奖的得主,也很少获得有自主知识产权的重大技术发明成果,我国企业的技术竞争和市场创新能力十分有限。我们社会的各个领域目前都需要创造性的解决各类技术问题和社会问题的一流人才。不管我们的学生毕业以后是从事科学研究活动还是从事社会管理工作和高科技创业,加强对自身创造潜能的开发都十分重要。

在过去的一个世纪,科学革命、技术革命以及由此而引起的产业革命,不仅奠定了知识经济社会的成长基石,而且也催生了创造发明的全面繁荣。

江泽民总书记多次强调创新对于国家和民族的重要意义。他说:“创新是一个民族进步的灵魂，是国家兴旺发达的不竭动力。”我国“面向21世纪教育振兴行动计划”及“跨世纪素质教育工程”的一个重要任务就是“整体推进素质教育，全面提高国民素质和民族创新能力”。

要激发创新精神，培养创造能力，就必须实施创造教育。创造教育的诞生，是社会发展的需要，时代发展的必然，也是人类有意识开发自己潜能的必然。当今世界上一些发达国家把实施创造教育，培养高素质的创造性人才作为综合国力竞争的一个重要手段，已经为我们提供了一定的经验。我国创造教育源远流长，尤其是十一届三中全会以后，创造教育方兴未艾，已取得了令人瞩目的成绩，及时总结我国创造教育的成果，广泛借鉴发达国家的创造教育经验，融会创新，构建具有我国社会主义特色的创造教育论，并用之指导我国创造教育实践，具有十分重要的理论价值和实践意义。

(一)适应知识经济时代对人才的需要，使我国社会可持续发展

人类在建成当代高度文明的同时，也为此付出了巨大的代价——自然资源过量消耗和生态严重失衡。如今，地球已不堪重负，发展出现深刻危机。人类正在探索可持续发展之路，并开始构造新文明——知识经济。

在知识经济时代，常规的生产要素，如土地、资源、劳动等重要性日渐下降，取而代之的符号化知识的重要性却在与日俱增。知识经济采用高科技和先进技术，发展低能耗、低成本、无污染、高价值的密集技术生产行业，以减少对厂房、大型设备、交通运输和燃料、原料、材料的依赖，使社会可持续发展。知识不仅作为一种生产投入，而且其本身也是一种主要的产品，信息科学技术、生命科学技术等高科技在迅速产业化，知识经济时代具有较强的创新性、变化性、竞争性和合作性等时代特征，其中，较强的创新性是核心，所以知识经济时代对人才的要求越来越高，不仅要求人才掌握知识，运用知识，捕捉信息，处理信息，而且还要他们注重知识的生产和创新。因此，在世纪之交，世界上出现了一股以国家创新体系作为政府制定经济和科技政策依据的潮流，而在国家创新体系中又把创造教育作为科技创新的中心环节。

我国目前尚处于工业化快速发展阶段，处于传统农业向现代农业产业化过渡阶段。我国的科技创新能力与国家的发展需求极不适应，和国际先进水平差距较大，这种差距近年来还有继续拉大的迹象。为了提高我国综合国力，适应知识经济时代的要求，仅仅依靠技术引进自然而然地推进生产力进步，在许多关键的科学技术领域耐心地等待别人发明或创造成功了再买来显然也是行不通的，何况“世界上有些最先进的技术是买不来的。当代世界科技进步日新月异，技术更替不断加速。今天称得上先进的技术，不久就有可能变为落后”。“如果自主创新能力上不去，一味靠技术引进，就永远难以摆脱技术落后的局面，一个没有创新能力的民族，难以屹立于世界先进民族之林”。相对于发达国家而言我们缺乏的不仅仅是知识和信息，而更重要的是能将知识和信息转化为生产力的具有创新精神和创造能力的人才。初见端倪的知识经济对我国而言是机遇与挑战并存，如何造就大量具有创新精神和创造能力的人才，使我国的经济发展不再依赖于有限的资源，而代之以高新技术？这就需要广泛地开展创造教育，深入地研究创作教育，可以说，创造教育论的研究和探讨是国家创新体系中的重中之重，是使我国在知识经济时代能够可持续发展的可靠保证。

(二)适应和推进我国社会主义市场经济发展的需要

我国过去长期的计划经济模式，没有商品经济成分，没有市场流通，没有竞争，没有压力，管理上政企不分，用工制度、工资制度、干部任用等一系列重大问题上都没有自主权，工厂、企业只要完成上级部门的指令性计划，无需开拓，不需创新。反映在教育上，教育经费、校舍、设备、招生、分配等都由国家统一配备和规定，这在一定程度上限制了学校的自主性。各行各业对建设者的要求，侧重于服从，即服从统一计划，听从和等待上级的安排及组织的调配，计划经济条件下教育培养的人一般来说缺乏主动性、自主性和创造性。

社会主义市场经济是大生产的市场经济，要有大生产和大市场的观念，对各行各业建设者的要求，侧重于竞争和创造。它虽然也要求建设者要服从统一计划，听从安排，但是更强调建设者的创新精神和创造能力。市场经济把人放在主动进取的地位，放在竞争中求生存的地位，放在发明创造的地位，市场经济的发展要求教育培养出来的人应具有创新精神和创造能力。创作教育的目标就是要把新一代培养成为具有创新精神和创造能力的建设者。换言之，创造教育能适应和推进我国社会主义市场经济的发展，研究和探讨创造教育论具有重要的现实意义。

(三)适应和促进我国改革开放的需要

我国当前所进行的改革开放是一项伟大的创造工程，它要求从体制到观念全方位多层次地除旧布新、兴利除弊。在改革开放过程中，必然会遇到借鉴与创新、守旧与创造、继承与批判、坚持与发展、局部与整体、当前与长远等等一系列的复杂矛盾，如何卓有成效地处理好这些矛盾尚无前例可循。但有一点可以肯定，如果没有千百万具有创新精神和创造能力的人民大众的自觉投入和热情参与，改革开放则举步维艰。因为参加改革开放的主体如果因循守旧，见风使舵，随波逐流，不敢越雷池半步，那么改革开放就很可能会夭折和失败。

邓小平同志曾指出：“在党内和人民群众中，肯动脑筋、肯想问题的人愈多，对我们的事业就愈有利。干革命、搞建设，都要有一批勇于思考、敢于探索、敢于创新的闯将。”改革开放作为一项伟大的创造工程，更需要一大批勇于思考、勇于探索、勇于创新的“闯将”来参与和推进，而培养这一大批闯将的重要途径则是创作教育，研究和探讨创造教育是适应和促进我国改革开放的需要。

（四）促进人的全面发展、实现人的价值的需要

马克思主义关于人的全面发展的学说是制定我国社会主义教育方针的理论基础之一。人的全面发展，人的智能的彻底开发，有赖于教育，尤其是创造教育。只有通过深刻的创造教育，才能最大限度地提高人的整体素质，才能使人能够有较为充分的时间和空间、独立地、自由地、创造性地发展自己的兴趣、爱好和特长，从而成为全面发展的人。

马克思认为：“通过实践创造对象世界，即改造无机界，证明了人是有意识的类存在物，也就是这样一种存在物，它把类看作自己的本质，或者说把自身看作类存在物。”这里的“创造”二字有着无比深刻的意义，“创造”是区别人与其他动物的最本质的标尺。回顾一下人类发展史可发现，人类的祖先类人猿的形态、外貌、生活习性和行为能力等等与猩猩相差无几。在整个动物界，类人猿的体质和力量是赶不上其他众多动物的，根据自然界物竞天择、适者生存的进化规律，类人猿是很容易被淘汰的。然而，人却征服了其他动物，成为自然界的主宰。究其原因，便是“创造”发展了人的大脑，发明工具延长了人的器官并弥补了体质和力量的不足。人在发明创造过程中也发展和完善了自身，逐渐从动物进化到人。

同时，“创造”也推动了人类社会长足进步。人类创造发明了更完善的工具，认识发现了自然界的许多客观规律，就更加展现了自己的本质力量，更加延展了自己的自然器官的功能，使之替代了更多的体力和脑力，增强了改造和征服自然的能力，推动了人类社会物质文明和精神文明的进步，可以说人类的发展史就是一部创造发明史。

综上所述，人类的活动，从来就不是一种消极的适应自然环境的本能活动，而是一种有意识的、能动的、消极的创造活动。人不仅创造了世界，也创造了自己。为了彻底地实现人的价值，全面的发挥人的创造精神，充分地体现人的自由，使人类在朝气蓬勃的创造活动中观照到自己的本质力量，我们必须研究创造教育，构建创造教育论。

（五）推动教育改革、实现教育现代化的需要

我国的现代化建设需要大批具有创新精神和创造能力的人才。“为创造性而教”是世界发达国家教育的主要目标之一，因为人的创造力的开发程度，直接关系到国家和民族在未来国际社会中的竞争力和生存基础。开展创造教育，研究创造教育，大力开发人的创造力是贯彻教育要“三个面向”的有效途径和重要课题。

教育改革，首先是教育思路的改革；教育现代化，首先要有现代化的教育理念。具有开拓创新精神和创造能力是现代化人才的本质特征，而培养这样的人才是创造教育也是教育改革和教育现代化的目标。当前，我国正在改革"应试教育"习惯于用划一的内容和固定的模式来培养循规蹈矩、听话顺从的所谓好学生，它缺乏有效的创造性的评价标准，缺乏尊重、保护、鼓励和发展学生创造性的教育氛围，"应试教育"培养出来的人是难以适应未来知识经济时代瞬息万变的复杂局面的，要想步出"应试教育"的误区，就必须实施创造教育，创造教育既是冲出"应试教育"怪圈的突破口，又是实施素质教育的切入点。可以说，创造教育是素质教育的核心，创造教育能激发受教育者的创新精神，培养受教育者的创造能力，发掘受教育者的潜在能力，弘扬受教育者的主体精神，提高受教育者的创新素质，促进受教育者的个性健康全面的发展。总而言之，创造教育是推进教育改革和实现教育现代化的重要途径。

（六）有助于形成正确的创造教育观，更好地进行创造教育实践，提高创造教育质量

创造教育观是人们对创造教育的根本看法，创造教育论的研究和学科体系的形成，给人们从事创造教育实践提供了正确的教育观和行动指南。

创造教育是一项十分复杂的创造性活动。做好创造教育工作，提高创造教育质量，需要正确的理论指导。创造教育论是研究创造教育现象揭示创造教育规律的科学。研究和构建创造教育论，其宗旨就是为了指导创造教育实践，随着创造教育实践的不断深入和发展，创造教育论的理论指导作用便越来越显示出它的重要性。唯有掌握创造教育规律，运用创造教育原理，才能提高创造教育质量，更多更好地培养出大批具有创新精神和创造能力的人才。

二、创新学的研究内容

哈佛大学校长陆登廷认为，"一个人是否具有创造力是一流人才和三流人才的分水岭"。美国著名学者道格拉斯·洛动曾经预言说："孕育着创造发明能力的中小学毕业生，远远比被扼杀了创造发明能力的哈佛大学毕业生有更多的成功机会。"大量的事实表明高智商和丰富的知识仅仅是一个人成功的必要条件，而不是充分条件。国外的一些研究者提供的统计数字显示，智商对人的成功只能起到20%的作用。智力是创造力的基本要素和条件，但只是必要条件，要使包含智力成分的创造力得以最大的开发和充分释放，产生出助人成功的冲击波，掌握必要的创造力开发与发明的方法与知识必不可少。联合国教科文组织在《学会生存——教育世界的今天和明天》的研究报告中指出："人们不断要求教育把所有人类意识的一切创造潜能都解放出来。”

日本著名的发明家田卓尔针对日本的情况分析说:“在这个世界上有许多科技人员,他们只懂得前人曾经做过的事情,他们的知识和智力只被用来解决前人已经解决过的问题,他们的工作对于后人并未提供比前人提供给他们的基础更高的起点。这是令人诧异和叹息的。”“按上级和书本的‘指示’循规蹈矩地进行工作,拘泥于先例与指示,不敢有所发明,有所创新,这样的人委实太多了。这些人受过专门教育,从事着专业技术工作,应当是专家,却不能称他们为名副其实的专家。说的不恭一些,他们只是‘技术的寄生虫’。”这种说法或许是片面的。因为技术发明中,确有一些事情是完全套用前人经验就可以解决的,参加这样的工作的人,其实对技术的发展做出了贡献。再者,他们虽然没有直接推动科技进步,却在别的方面起着作用,例如保证与促进生产、经济发展等。但是,既然知道片面,却又要用这样不恭的称谓,是由于这些人才,如果受到刺激能够激起发明的大欲,一定会对他自己、对社会和人类有更大的贡献。他强调说:“目前,在各技术部门从事技术工作的人员,大多缺乏高超的发明创造能力的情况应当得到重视。加强创造发明教育,开展创造发明活动是很好的办法。”显然,仅仅认识到创造力潜能开发的意义还不够,重要的是提供开发和利用自身创造潜能的途径和方法。概括起来,开发和利用自身创造力潜能的途径主要有两种:一种是利用若干的途径和方法进行有意识的开发;一种是自己在实践中慢慢地探索和觉悟。很显然,有意识的自觉活动更可能使我们成功,而无意识的探索有可能埋没我们的天才和创造潜能。从这个意义上讲,重视大学生的创造发明教育具有十分重要的意义。

为了更好地向在校大学生传播创造发明教育的新理念,在本课程教学中,我们将反复强调这样一些思想:

(1)接受创造发明教育,开发自己的创造潜能和发明技能,既是知识经济时代社会发展的必然要求,又是应付未来社会挑战的基本战略。

(2)创造发明本身就是生活的一部分,是一种享受,是如游戏般的大脑训练。哈佛大学的帕金斯教授说得好:“创造是心智的最佳活动。”

(3)你和我,每一个人,都是潜在的创造者和发明家,都具有创造力和创新冲动,我们的宗旨是通过一种教育将这种潜在可能性转化为现实性。

(4)真正具有创造性的成就从来就不是一阵突发奇想的结果,不是黑暗中一阵闪亮的灯光,它要通过有意识的努力和好多年的艰苦的工作才会出现的。

(5)一个可以被称为“有创造性的”观点或工作要通过多方面的协同作用才会产生,并非仅仅来自于一个热闹的头脑。环境和个人的心里品质对个人的创造潜能的开发具有十分重要的意义。

本着上述思想，本课程教学的主要内容和基本框架是：

1. 创新学形成的社会基础

首先探讨知识的内涵和价值，在此基础上对知识的经济化趋势和知识经济社会的特征进行总结和反思，并结合我国大学现行教育的实际，对智力、知识和创造力之间的关系提出一些思考。

2. 创新的本质与方法

主要讨论创新的本质和内涵，概括总结创新、创造和创造力的相互关系，在此基础上，深入研究创新学的形成和创新学的研究对象和方法。

3. 创新主体

概括介绍创新主体的结构，总结创新主体的要素，提出创新主体及其特征，研究创新主体的功能。

4. 创新思维训练

主要讨论创新思维的特征及其基本模式，研究创新思维的品质与功能，概括总结了创新思维的 6 种基本类型。

5. 创新心理

具体介绍创新人格的基本特征，概括地描述创新者内在的精神境界和心理感受及其心理机制。

6. 创新动力

提出创新的动力来自创新者的内在需求，并在此基础上进一步探讨需求的内涵、层次和作用。

7. 创新环境优化

揭示创新过程的本质和过程的环节，讨论创新过程的环境要素及其影响创新环境的因素，探索创新环境的解决办法和优化措施。

8. 创新技法

具体介绍创新的基本技法，分析创新过程中的重要环节，着重介绍和田创新法。

三、创新学的研究方法

在方法研究和应用上，创新学和创造学是基本一样的。我国创造教育的先驱、著名教育家陶行知先生在 1943 年发表的《创造宣言》中指出："处处是创造之地，天天是创造之时，人人是创造之人，让我们至少走两步，向着创造之路迈进吧。"劳动使几百万年前的古猿变成了人，而劳动工具的产生是创造发明的具体体现。创造是人类区别于动物的一个重要特征，是人类生存和发展的动力，因此，人类的文明史也可以说是创造发明史。

创造，按字义就是破旧立新，打破世界上已有的，创立世界上尚未有的精神和物质。换言之，创造就是一切具有独创性、新颖性、实用性、时间性的人类活动，它的意义就在于造就一代新人、新事物为人类的生存和发展服务，以便人类主宰世界，获得更美好的生活。而创造学简要表述就是研究主体的创造能力，创造发明过程及其发展规律的科学，就是教人们如何进行创造。创造学与传统科学之间的关系，用通俗的话说，就是刀刃与刀体的关系。如果刀体没有刀刃，当然就不锋利，但是没有刀体的刀刃显然不能使用。因此创造学可以使传统科学更多、更快地产生有利于社会进步的成果，但创造学不能离开传统科学，更不能代替传统科学。

长期以来，提起创造，人们只想到许多伟大人物的名字：爱迪生、爱因斯坦、牛顿、瓦特、居里夫人……很少考虑到普通人的创造。人们赞美创造：创造是伟大的，它是人类历史前进的火车头；创造是崇高的，它凝聚无私的智慧和汗水；创造又是神秘的，似乎含着“神的旨意”。因此，创造常常被蒙上一层神秘的色彩，创造能力总被看成是极少数天才人物所独有的才能，是天生的学不会的能力。尽管古代希腊的亚里士多德研究了科学创造的程序和方法，也没有打破对创造能力神秘的看法。直到1953年，美国人奥斯本提出“智力激励法”才开始打破创造能力是先天的、经过训练也不能提高的观点。其实每个人都有创造的潜能，问题的关键在于能否把这种潜能发挥出来，这就需要通过后天的家庭教育、学校教育或社会教育，经过自己的学习和训练，经过创造性活动的锻炼。如何提高和训练人们的创造能力成为近几十年来各国密切关注的重大课题，进行了这方面的研究和应用。事实证明，创造教育发展的好，科技发展就快，国力就强大，民族就昌盛。所以，创造也是国力强大和民族昌盛的源泉。

无论从事什么工作研究，都需要有一定的方法和技巧，从事创造活动自然也不例外。人们通过对科技史上许多发明创造过程的研究，寻找发明和发现的方法，用以提高人们创造能力和创造活动的效率。创造方法可以指导人们克服思维定势，促进想象、联想、直觉和灵感等非逻辑思维的形成。但是，它不能代替智力因素（观察力、记忆力、思维能力、想象力和操作能力）和非智力因素（情绪、意志、兴趣与性格等），只有具备了上述因素，再运用创造方法，才能产生良好效果。这就是说，创造方法的掌握不能只靠别人讲授和自己读书、听课，而必须靠自己和群体的多次练习和体验才能牢固掌握。在练习时要注意不是某一种方法可用于某事物，也不是某种事物可以利用各种技法，具体问题具体分析才能有效。为此，介绍几种重要方法：

(一)智力激励法

又称“头脑风暴法”。这种方法是美国人A·F·奥斯本发明的。该法的诞生被称为是创造技法发展史上的里程碑。智力激励法是通过会议形成以激励人们智力的一种方法。它能在较短的时间里发挥集体的创造力,从而获得较多的创造设想。当一个与会者提出一种设想的时候,就在这一瞬间,这种设想会激发组内其他成员的联想能力。当人们卷入“头脑风暴”的洪流之后,就会引起一系列的设想。这就像放一串鞭炮一样,点燃一个爆竹,就会引爆一连串的爆竹。

智力激励法的若干原则根据情况不同有所变化和发展,但却都是以两项最基本的原则为基础的:第一条基本原则是推迟判断,即不要过早地下结论,以避免束缚人们的聪明才智和想象能力,甚至熄灭创造性思维的火花。因为人们的潜意识有时深藏在头脑中,需要等到一定的时间和触媒的作用才能闪现出来,所以推迟判断才能使出奇的创造性思维火花点燃和闪现。第二条基本原则是“数量提供质量”,人们提出的设想越多,走上解决问题的轨道越可能实现。

综上所述,“推迟判断”和“数量提供质量”这两条原则的作用是,想方设法去创造一种气氛,使研究者发挥最大能力,提出最大设想,最大限度地发挥想象力和联想力。20世纪50年代以来,这种方法受到了人们的重视,得到普遍推广和应用。在应用时,为了克服由于条件不同而产生的局限性,又改进和发展了这种方法,出现了默写式智力激励法和卡片式智力激励法。

(二)变换合成法

变换合成法是把已有产品进行功能分解,然后进行合成,再构思进行设计(即质的合成),最后进行量的合成或设计,达到事先的要求。此法的核心就是“合成”,也就是按着科学的变换规律进行合成,即变换合成法,早在1940年德国就有关于这一设计方法的专著,但真正重视和应用是70年代开始的。以亚深工业大学教授柯勒为代表,其功能合成是以物理算法为主,建立了一套设计方法,给企业带来巨大经济效益。1983年,德国专家盖斯柏特和莱德底勒在上海机械学院介绍了这种方法。它的具体实施原则,是以下几种变换规律:①目的与总功能变换规律;②总功能与子功能的变换规律;③功能与作用交换规律;④作用与作用件交换规律;⑤作用件与原理解法交换规律;⑥原理解法合成系统规律;⑦形状变换规律;⑧位置变换规律;⑨数目变换规律;⑩尺寸变换规律;⑪结合变换规律;⑫运动形式变换规律;⑬运动方式变换规律;⑭传动变换规律。

变换合成法在德国已普遍应用,而且已经标准化。该法首先在机械行业中推广使用,并进而扩展到电子、航空、航天等不少行业,取得巨大成功和丰厚的效益,并在世界各国都产生了一定影响,已经成为技术创造和发明中一种很实用的方法。

(三)物场分析法原理与方法

前苏联发明家T·C·阿里特舒列尔分析研究了近百年来大量科技资料和专利,于1979年发表了名为《创造是一门精密的科学》的专著,书中论述了物场分析法原理。该法主要是以解决课题中的各种矛盾为中心,提出一些变换原理、方法和工具,并制定程序,使发明按有序方式进行。它把复杂的技法系统分解为最小的技术系统——物场。通过补建或改善物场,能产生解决问题、提高效率的新方案。

此外还有自由联想法、形态分析法、等价变换法、类比法、设问法、列举法等许许多多创造技法与方法。

创造学是一门新兴的社会科学,它是推动一切大小事物向前发展的动力,它是做好一切工作的科学方法。创造学存在于方法。创造学存在于人类社会一切大小事物发展过程中,从一个社会到一个民族,一个国家,一个政党,一个工厂,一个学校,一个家庭……及至这些大大小小的聚合体的组成细胞——人,都无不在各自前进或发展道路上运用创造学原理,来战胜或解决各种困难、矛盾和问题,更好地推动每一事物的发展。在人类社会,凡是有人群的地方,都有人或集团运用创造学的原理。可以说人类的本质就是创造,没有创造就没有人类的生存;没有创造就没有人类生存条件和环境的改善;没有创造,就没有人类丰富多彩的文化生活;没有创造,就没有人类的进步与发展。所以,创造对人类社会的方方面面都产生重大影响。随着科学技术的发展,人类的创造视野已获得极大的发展,创造的领域从宏观世界到微观世界无所不包,特别是以电子信息,生物技术和新材料技术为支柱的一系列高新科技取得了重大突破和飞速发展。在宏观领域,人类在思考120亿年前宇宙的资源,探索太阳系外生命的存在;在微观领域,人们研究物质结构以由原子,电子深入到基本粒子,如强子及组成强子的夸克,轻子如中微子等。在遗传领域,我们人类自身的基因组测序工作已经完成……。

具体地说,创造有物质的创造和非物质的创造两大类。物质的创造包括科学发现、技术发明和技术创新三大类。科学发现是指对前人没有觉察到的客观世界存在的事物、现象和规律的揭示,它包括新的科学事实的发现和新的科学理论的发现两类,其目的侧重于"探索未知",要解决"是什么"、"为什么"的问题。技术发明是利用自然科学法则,创造前所未有的人工事物的创造活动。它包括新产品的发明和新的制造方法的发明两大类,其目的侧重于运用科学原理去改造世界,其基本任务是解决"做什么"和"怎么做"的问题。技术创新是对已有技术的改进、完善和应用,是建立在已有技术基础上的再创造。中共中央《关于加强技术创新,发展高科技,实现产业化的决定》中,把"技术创新"定义为:"应用创新的知识和新技术、新工艺,采用新的生产方式和经营管理模式,提高产品质量,开发生产新的产品,提供新的服务,占据市场并实现市场价值。”非物质的创造包括文学艺术的创作、理论研究的突破、战略战术的策划和制定、社会制度的创新、工作方法的改进等等。与物质的创造一样,非物质的创造同样可以推动人类社会的进步,同样可以产生巨大的社会效益和经济效益。依据创造的事物所产生的社会意义的大小程度,我们还可以把创造分成突破型创造、开发型创造和改进型创造三大类。其中,突破型创造从历史的角度看是划时代的,它对人类的发展产生巨大的影响,持续的时间长,开发型创造是指将突破型创造的原理、方法、成果向深度和广度推进,产生新的价值,在开发型创造的基础上进行改进、完善、优化、拓展就是改进型创造。显然,突破型创造是有相当难度的,一般人难以实现,但是也并非不可能,至于开发型特别是改进型创造,任何人都可以参与,并可以取得成功。

创造是提高企业生产效率和经济效益的有效手段。企业生产效率的提高,不能单靠拼人力、拼设备,提高效率的有效途径应当是技术创新,即靠抓管理、抓技术革新、抓新产品开发、抓人员素质的提高。创造,能促进企业开发新产品,提升经济效益,使企业充满活力。如果说职工是企业的主人,那么技术创新则可以说是企业的生命。科学技术是第一生产力,这已经成为共识,而科学技术是人类创造活动的结晶。经济的发展,社会的进步,国家的富强,人民生活水平的提高,都与创造活动息息相关。创造是人类文明的源泉,是历史前进的动力,也是中国振兴的希望。历史提供给当代中国人的,既是一次严峻的挑战,也是一次成功的契机。要实现我国的四个现代化,希望在于中华民族的奋发创新的大无畏精神和创造力的充分展现。中华民族已经卷进了世界各国的激烈竞争之中,在涉及到政治、经济、军事、文化、教育乃至体育等各个方面的全面较量中,我们最大优势除了社会主义制度和共产党领导之外,就是蕴藏在13亿人头脑中等待开发的取之不尽、用之不竭的创造力!13亿人口的创造力若能得到充分开发,中华民族必定会立于不败之地!

第三章　创新主体及其特性、功能

创新主体及其特性、功能是整个创新学课程体系的基础理论部分之一。创新主体是创新活动的承担者、执行者。创新主体是从认识主体中分化和独立出来的，是认识主体的逻辑发展。创新主体是以自我意识为根基，由诸多要素组成的意识结构体。这种意识结构体具有特殊的性质和功能。创新活动得以进行，从根本上讲，在于这种意识结构体的能动活动。主体创新内在机制就是这种意识结构体及其特性、功能的有效发挥。主体创新过程具体表现为，在需要的驱使下，创新主体对自身各个方面、层次、要素的整合。

第一节　创新主体

创新主体是从认识主体分化出来的，作为创新活动的承担者、执行者而出现的一种主体。创新如同认识一样，都是作为主体的人的能动活动。所不同的是，认识活动是主体在实践的基础上能动地反映；而创新活动则是主体在实践的基础上能动地建构。因此，要想了解创新主体，必须先了解认识主体；了解认识主体，必须先了解主体。

一、主体

主体是相对于客体而言的。主体与客体是矛盾的双方，各自以对方的存在为前提条件。没有主体，也就无所谓客体。同样，没有客体，也就无所谓主体。因而，要认识主体，不能不涉及到客体，而且，应当在二者的相互联系中加以把握。

(一)什么是主体

一般来讲，主体主要包含 3 层含义，也就是说，它可以在 3 种意义上使用。一是本体论意义上的主体。它指的是世界的本原和基础，表征的是自然界事物的客观性质、属性，是联系、运动、变化的载体或承担者。因此，唯物主义认为，事物发生、发展、变化的主体是具有客观实在性的物质实体本身，马克思说："物体是一切变化的主体。”[①]这里必须明白，本体论意义上的主体并不是与客体相对应的主体，它回答的是世界的统一性问题，具有本原的独立自存的性质。二是认识论意义上的主体。认识论意义上的主体，是相对于客体而言的。马克思说：“主体是人，客体是自然。”[②]因为，人是有意识、有目的的存在物。人和动物虽然具有共同的特征，都是通过自己的活动从自然界获取需要的物质资料。但是人的活动和动物的活动是有本质区别的，动物的活动是本能的，无意识的，而人的活动是有意识的，有目的的。动物只能消极地适应自然，不能能动地改造自然，而人则能根据自己的意识和目的去能动地改造自然，使自然界适应自己的需要。人的这种有意识有目的地、能动地改造自然的活动就是创造，马克思称之为劳动。正是由于人的这种有意识有目的地、能动地改造自然的活动，促使人类一步步从动物界分化出来，使人具备了对象意识和自我意识，只有在这个时候，人才成为认识自然、改造自然、创造历史等活动的主体，即认识的主体，实践的主体。自然界、社会等就成为认识的对象、改造的对象，即与主体相对应的客体。认识论意义上的主体，必须与相应的客体相比较、相联系而存在，必须与相应的客体相对立、相斗争而发展。也就是说，一方的存在必须以另一方的存在为前提和条件，每一方都必须从自己的对立面获得规定。当然，主体与客体的规定也不是绝对的。在实践活动中，主体可以使客体对象化，发生主客体关系，同样，主体也可以把自我对象化，区分出主体的自我与客体的自我，形成特殊的主客体关系；此外，主体还可以将其他(人)主体对象化，区分出主体(自我)和客体(他人)，形成另一种特殊主客体关系。三是历史观领域中的主体。人类社会的发展，人作为主体是在社会实践的基础上，不断由低级社会向高级社会发展的自主运动。马克思说：“任何人类历史的第一个前提无疑是有生命的个人的存在。”[③]而“创造这一切并为这一切而斗争的，不是历史，而是人，现实的人，活生生的人”，历史行动中的人，而“历史不过是追求着自己目的的人的活动而已。”[④]也就是说，人始终是主体。人类社会的发展，是人在社会实践的基础上，不断追求和实现自己目的的自主活动的过程。

在以上关于主体的3种含义中，第二、三种与我们的研究关系最密切。据此，我们就可以将主体定义为：处于一定社会历史发展阶段中的有意识、有目的地从事认识和创造活动的主人之体。简言之，就是指作为认识和实践的主体的人。当然，

①《马克思恩格斯全集》第2卷第164页。

②《马克思恩格斯全集》第2卷第88页。

③《马克思恩格斯全集》第3卷第23页。

④《马克思恩格斯全集》第2卷第118～119页。

在本体论意义上的主体，也包含了我们所研究的内容，那就是作为自然存在物的人。虽然人并不具有世界本原和基础的性质，但却表征了它自身是性质、属性、联系、运动、变化的载体或承担者。作为自然存在物的人不仅是自然界的一部分，而且是自然界最优化的一部分。它本身就是具有客观实在性的物质实体。正因为这一知识前提，我们在为主体下定义时，就不必将这一本体论意义上的含义表述出来。

(二)什么是客体

客体是相对于主体而言的。一般讲来，客体是主体活动所指向的对象，亦即进入主体认识范围的对象。作为现实的客体，它只是整个客观世界的一部分，只有进入主体认识的范围内，与主体发生联系的客观实在，才是客体。客体是个动态的概念。随着人类认识范围的不断扩展，将会有愈来愈多的客观事物进入主体的认识范围内，成为客体。由此可见，主体和客体是同时产生的。在人类出现以前，自然界早就存在了四五十亿年，但那时的自然界万物还不能称为客体。只有当人类出现，准确地说，只有当人类意识到自己和他物的区别，意识到自己的生命活动，进而产生对象意识和自我意识的时候，才会出现主体和客体。主体与客体是矛盾的双方，每一方都是以对方的存在为前提和条件的。没有主体就没有客体，同样没有客体也就没有主体，二者是对立的统一。客体的类型是多种多样的，概括起来，主要有4类：自然客体、社会客体、精神客体、人自身客体。

自然客体就是主体活动所指向的自然事物和现象。自然客体包括2部分，一部分是天然存在的并进入人的认识范围的自然物。未进入人的认识范围的自然物体，还不能算是自然客体。另一部分是“人化自然”物体。即经过人类改造过的自然物或人类创造出来的物体。

社会客体是主体活动所指向的社会存在，包括社会的生产方式和生产关系等。

精神客体是主体活动指向的精神类或意识类对象物。精神客体又可分为主观精神客体或客观精神客体。所谓主观精神客体主要是指人的感觉、知觉、意识、心理活动、思维过程等，它们都是现实的人的认识对象，都与人的生产、生活密切相关。所谓客观精神客体主要是指主观精神活动的物化结果，如以书籍、光碟、多媒体、网络等物质形式为载体，用文字、语言、数字、信息等反映和表达出来的科学理论、知识体系、艺术作品等精神客体。

人自身客体即对象化的主体自身。人作为主体具有两重性，即是主体又是客体，即有主体性又有客体性，作为主体前面已经讲的比较多了，但作为客体，就是说主体将人自身作为活动的对象，即对人自身的认识和改造。主体将人自身作为对象加以认识、研究和改造，包括2层含义：一是主体对自我的认识，这是一种内向型的观察、体验、反省或反思，特别是对主体自我的认识活动、创造活动、心理活动、思维活动等规律性的研究，如我们常说的自我修养，改造主观世界等等。二是对作为主体的他人的认识。认识的对象本身也是主体，只不过是相对于主体自我来讲，它成为客体。与上述我们所研究的主体相对应的客体，应当包括上述全部客体的内容，因为，无论哪一种客体，都是主体活动所指向的对象。

（三）主体性理论

关于主体或主体性的理论，我们称为主体论或主体性理论。自 20 世纪 20 年代以来，关于主体性的理论一直是哲学界争论的焦点。近 30 年来，在我国也是人们关注的热点问题。主体性理论有 2 种基本类型，一种是唯心主义的主体性理论，一种是唯物主义的主体性理论。

唯心主义的主体性理论，自 20 世纪 20 年代就已存在，其基本特征有三：

(1)片面夸大认识主体的地位和作用。如持“实践本体论”、“实践一元论”观点的学者认为，实践是世界的本源，人类实践这种感性物质活动，既是客体，又是主体；既是客观的创造性活动，又是主观的创造性活动。他们的目的是想在实践的基础上建立人与自然、主体与客体、思维与存在的“实践一元论”哲学，过分夸大了主体的作用。

(2)否定作为认识对象的物质世界的客观实在性。唯心主义的主体论者强调，“一切自然存在”都是社会实践的结果，都是社会历史的产物。整个宇宙就是社会宇宙，不存在独立于历史之外的自然。世界上一切物质的或精神的存在，只有通过实践才可获得现实存在的权利。只有实践本体论，才能体现主体性原则，否则就是消极反映论。这种主体论哲学的实质，在于否定作为认识对象的物质世界的客观性，其结果是使认识论丧失唯物主义的客观基础和前提。而客观的逻辑表明：在坚持唯物主义客观性前提下，强调和突出主体的能动性和主体性原则，是正确的；但如果否定和丢弃唯物主义的客观性原则，而只是片面强调一个主体性原则，就会使理论陷入绝境。

(3)贬低物质客体的地位和作用。这种观点具体表现在一些西方马克思主义者关于世界统一性问题的看法上。一方面，他们把世界的统一性问题当作唯心主义的抽象命题加以排斥。另一方面，则强调以实践而不是以物质作为世界的最终本源，他们认为，自然和人、主体和客体、物质和精神是实践活动的要素，双方具有“对立统一性”，都统一于实践。

在我国，20 世纪 80 年代也曾有过类似实践一元论的观点。他们否定世界统一于物质，认为现行的辩证唯物主义体系，原则上也以说明世界为其宗旨，也仅仅从客体的方面去理解对象、现实、感性，而不是把他们当作感性的人的活动去理解，不是从主体方面去理解，其实质是一种“自然本体论”，是“客观的唯物主义”，如此等等。这种看法显然不合乎实际，因为辩证唯物主义哲学从来不仅仅从客体方面去把握世界，而是从主客体两个方面的统一中去把握世界的。在此，它既坚持唯物主义的基本前提，又坚持了实践唯物主义的主体性原则。只是由于我们在长期的哲学研究中，没有将唯物主义的客观性和辩证唯物主义的主体性原则很好地弘扬罢了，但绝不能因此就否定唯物主义的客观性原则。

马克思主义哲学在主体性理论问题上与唯心主义的区别，不在于承认不承认人的主体性，而在于如何科学地看待人的本质，如何正确地理解人的主体性，如何才能合理地实现人的主体性和人的解放。

第一，马克思主义关于人的主体性理论是包含着本体论前提的，是一种客观性的原则。尽管人本身既是主体又是客体，既有主体性又有客体性，既有物质性又有意识性，但归根结底是物质的。马克思主义与唯心主义的区别，不在于讲不讲人的主体性，而在于承认不承认客观物质世界的本原性和第一性的原则。在马克思主义看来，主体要在一切对象性活动中，发挥自己的本质力量，必须要认识到客观事物（客体）的物质性，必须遵循客观事物本身具有的规律，这一个基础性的条件。

第二，马克思主义关于人的主体性理论是在实践的基础上充分展现人的主体性效应的理论。旧唯物主义排斥人的主体性，认为事物总是“厚着脸皮”尽力“自荐于人”，而人也总是消极被动地反映外界事物。而唯心主义则相反，把人的主体性归结为神和意识的创造，无视人的社会活动的客观制约性。马克思在批判了旧唯物主义缺乏主体性和唯心主义歪曲主体性的基础上，把人的主体性原则奠定在实践唯物主义的基石上，认为人的主体性在本质上和发生上都是实践的，认为社会实践是人的主体性的成长及其发挥和实现的基础、源泉、动力和检验标准。

第三，马克思主义关于人的主体性理论是一种不断运动、发展的理论。人的主体性不是一成不变的常量，因为主、客体及其相互关系始终处于不断的运动、发展、变化的过程之中。人的主体性按其本质来说，其发展前景是无限的，但是，由于受社会实践的制约，在特定的历史条件下，在具体的主体身上，他的主体性的发挥和实现是有限的、相对的，是与环境的客观性和自身的状况相适应的。

第四，马克思主义关于人的主体性理论的崇高目标是实现共产主义社会，使人的主体性获得彻底的解放。马克思主义认为，迄今为止的一切社会，对人的主体性的发挥和实现都设置了不少障碍。人的主体性发展得相当不充分，甚至产生了异化现象。因此，必须充分发挥作为先进生产力代表的无产阶级的主体意识和主观能动性，动员社会力量，通过社会革命的方式，推翻压抑人性的不合理的现存世界，建立符合人性的共产主义社会制度。在那里，人的自由自主的劳动和个性的自由而全面的发展是根本特征。

二、认识主体

认识主体是构成正确认识的重要因素，由于主体能动地反映客观世界，才有可能形成正确的真理性的认识。弄清什么是认识主体存在形式及其功能，对于正确认识的形成至关重要。认识主体是主体内涵中的认识论意义上的主体。关于认识论意义上的主体在前面已经作了较全面地介绍，在这里，我们将进一步对其深层的本质、特性及其功能作一介绍。

(一)认识主体的内涵

认识主体的质的规定性，集中表现在它所回答的一个根本问题上，那就是：谁在认识？对此，我们在前面已经明确给予回答，是人在认识，不是动物；人是认识主体，自然是认识客体。这样的回答，主要是从认识主体与客体、人与动物的联系与区别两个方面作出的。下面我们从认识的历史过程中就主体自身的作用，对认识主体做进一步深入的探讨。

列宁将认识的历史进程概括为 3 个阶段，即“从生动的直观到抽象的思维，并从抽象的思维到实践”。在认识的第一阶段“生动的直观”阶段，作为认识主体，人的大脑具有直观的作用。直观就是外界客观事物作用于人的感官，而对人产生的感觉、知觉，或在大脑中产生的映像，引起的模写。人的这些感觉、知觉、映像、模写等都是客观世界在人们头脑中的直接反映，是指感性认识的过程。在认识的第二阶段“抽象的思维”阶段，作为认识主体，人的大脑具有思维的作用。思维即思想、思考，是人脑对客观事物间接的反映，如概念、判断、推理等，是指理性认识的过程。在认识的第三阶段“实践”阶段，作为认识主体，人的大脑具有指导的作用。

认识主体在认识中所表现的作用，认识论上统称为“反映”。那些感觉、知觉、映像、模写、概念、判断、推理等等都是客观世界在人们头脑中的反映形式。这些反映形式是人所特有的，在人以外的其他生物中，虽然也存在着一些反映形式，但都是比较低级形式或萌芽形式。对于认识主体的反映，有 3 种不同的观点，一种是唯心主义的观点，一种是形而上学唯物主义的观点，一种是辩证唯物主义的观点。

唯心主义从根本上否认认识是人脑对客观世界的反映，否认物质世界的客观实在。有的认为，认识是主体对某种神秘的理念的回忆，如柏拉图；有的认为，认识是主体对绝对观念的自觉，如黑格尔；有的则认为，认识是主体主观自生的经验，如贝克莱、马赫等。

形而上学唯物主义承认物质世界的客观实在，承认认识是人脑对客观世界的反映，它坚持的是从物质到意识的认识路线，但是，他们认为，人脑对客观世界的反映是消极的，被动的，就好像人们照相一样，是直观的，机械的。他们离开了人的社会性，离开了人的历史发展，去观察认识问题，不了解认识对社会实践的依赖关系。在他们看来，作为认识主体的人，是抽象的、孤立存在着的、生物学上的人。

辩证唯物主义不仅承认物质世界的客观实在，承认认识是人脑对客观世界的反映，坚持了从物质到意识的认识路线，而且它是能动的反映论。所谓能动的反映论，就是说它不仅把辩证法引入认识论，而且把实践的观点提到第一位的高度。认为实践是认识的基础，认识是从实践中产生的，随着实践的发展而发展，它又反过来为实践服务，并在实践中得到检验和证明。在辩证唯物主义看来，人类的认识不是对客观外界的直观的消极的反映，而是为了改造世界而进行的积极的能动的反映。作为认识主体的人，是有生命的，具有意识性、目的性、能动性的现实的人、社会的人。

（二）认识主体的特性

关于认识主体的特性，辩证唯物主义哲学认为，主体之所以为主体，其质的规定性，首先在于它能够进行认识和实践活动。实践是认识的基础，实践性是主体的根本属性。凡是主体，都具有认识能力。这种认识能力，从本质上讲，就是作为主体的人在与客体的交互作用中表现出来的一种功能和属性。因而，主体性就是指作为主体的人的本质属性。也就是说，主体性，就是从主体与客体的相互关系中，所揭示出的主体的基本属性。

“主体性是人性的进一步具体化。所以，主体性就是作为人的本质的一种进一步规定。”①正是这一规定性，使主体不仅与“动物主体”区分开来，而且也使主体与“非健全主体”划清了界限。所谓“非健全主体”，就是指那些不能作为真正认识主体出现的发育不成熟、不健全的人，如白痴、弱智、狼孩、幼婴、野蛮人等。主体性内涵丰富，其中最主要的有主体的自主性、能动性、创造性。它们都是在主体的认识和实践活动中、在主体与客体的对应关系中表现出来的。

第一，从认识主体的地位来说，它具有自主性和依存性。主体的自主性，是指主体对客体的主导性地位，是指主体对客体的支配、控制、改造或创造。这是主体使客体适应自己的过程，是主体的客体化。主体的自主性具体表现为主导性、主动性、自觉性。主体的依存性是指客体及其规律对主体的制约、限制，这是主体适应、服从客体及其规律的过程，是客体的主体化。主体的自主性和依存性，在实践过程中逐步达到统一。

第二，从认识主体的状态来说，它具有能动性和受动性。主体的能动性主要是

①崔自铎．认识论探索．北京：中共中央党校出版社，1997：16。

指主体意识的能动性。意识的能动性能够使人能动的认识世界、改造世界、创造世界和人类自身。创造世界就是指人类可以根据自身的需要,创造出自然界原本没有的东西。主体的受动性,是指主体在发挥能动性过程中表现出的对客体、客观环境条件以及事物发展的客观规律的依存性。主体的能动性和受动性,是主体活动过程中具有的两个相互依存、相互制约和相互促进的方面,主体能动性的发挥,离不开主体受动性的制约;主体在受各方面环境条件制约的情况下,又要充分发挥能动性。我们在承认主体能动性的同时,又承认其受动性,正是为了更好地发挥主体的能动性。

第三,从认识主体的价值来说,它具有创造性和重复性。创造性是主体的一个本质属性。人作为主体,从根本上来说,就是一个创造性的主体,是创造者。主体不但创造了"人化自然"、"人化自然物体",创造了人类社会历史,创造了人类的物质和精神文化,同时,它在实践中也创造了自身。与主体创造性相对应,主体还具有重复性的一面,即不断地进行着重复的实践活动,如日常生产劳动,以维持社会历史的和人类的生存。没有重复的实践活动,社会历史、人类主体自身便难以存在;没有主体的创新实践,社会历史、人类主体自身便难以发展。主体的创造性与重复性的统一,表现为社会历史、人类主体发展中的继承和发展、连续和间断相统一的辩证法。主体的创造性与重复性是辩证统一的。主体通过大量的、重复性的活动,走向创造性王国;同时,主体的创造性活动,经过推广、泛化,又使少数主体的创造性活动转化为多数主体的重复性活动,由此,不断地推动主客体的发展。

第四,从认识主体活动的范围来说,它具有社会性和个体性。任何主体都是处于一定的社会关系之中的,因此,它便具有了社会性。但是,具有社会性的主体,又都是作为社会主体的一员——个体而存在的,所以,它又具有个体性。主体的社会性表明,主体的属性、能力和功能的发挥,都离不开社会、集体,因此,主体要充分发挥自身的作用,必须注意调整好多方面的社会关系、人和人之间的关系。另外,由于任何主体都具有个体性,所以,要充分发挥个体的作用,还必须注意个体的个性特点,以便全面充分地调动主体的积极性。

(三)认识主体的功能

一般来说,认识主体的功能主要是从科学认识的层次上进行研究的,往往是以认识的历史进程即"从生动的直观到抽象的思维,并从抽象的思维到实践"作为分类的标准,并与认识阶段的划分相适应。与认识的第一阶段即认识的经验阶段相对应的功能,一是收集事实的功能,二是叙述实施的功能,三是系统分类的功能。与认识的第二阶段即思维的抽象化活动相对应的功能,一是分析、综合的功能,二是理解、解释的功能,三是预测、选择的功能。与认识的第三阶段即理论指向实践的阶段相对应的功能,一是指导实践的功能,即科学知识物化的功能。此外,认识主体的一般功能,一是世界观的功能;二是价值的功能,即意识形态的价值功能;三是方法论功能。

以上这种对认识主体功能的分类方法,首先,只是考虑了主—客体关系,而把认识主体的复杂的组织结构置于分析之外。它似乎认为,只有个人才是认识的主体,完全没有去考察在科学知识的生产者之间形成的主—主体关系。其次,对认识的历史进程本身的分析,也未能把认识主体活动的心理学特征同认识论的特征清楚地区分开来。第三,被区分出来的许多功能,对于认识的某一层次来说,并不是特有的东西,如分析、综合的功能,预测和选择的功能,仅仅被放在认识的理论层面上。虽然,这两种功能在认识的理论层面上很明显,但在经验层次上这些功能也同样会必然地表现出来。

实际上,科学的理论认识知识只是整个认识的一种最发达的形式,只是三大人类实践活动之一,我们关于认识主体功能的研究还应从各种类型和层次上去把握,将注意力主要集中在认识主体的活动特点上,集中在以对主—主体关系的分析为必要前提的、主体的复杂的等级结构上。由于在各层认识主体之间存在着各种各样的关系,因此,我们应当将认识现象放在大的文化背景之中去把握,即放在文化的普遍联系之中去把握。由于主体之间交换活动、交换知识存在着不同的类型和形式,由于这种交换有着不同的社会制度和机制,这样我们就能够勾画和说明科学同其他文化领域之间相互关系的模式,并揭示认识的集体特征。承认人类是完整的统一的认识主体,是我们有可能提出关于主体的认识能动性的抽象特征问题。这些特征对于整个认识现象本身的存在和发展来说,乃是必要的和充分的。

三、创新主体

创新主体是相对于认识主体而言的。准确地讲,创新主体是从认识主体中分化出来的。如同认识主体的质的规定性集中表现在它所回答的一个根本性问题上,即:究竟谁在认识?而创新主体的质的规定性集中表现在它所回答的一个根本性问题上,即:究竟谁在创造?但创新主体与认识主体不同,它是建立在认识主体基础之上的,是认识主体的逻辑发展。

(一)创新主体的内涵

创新主体就是创新活动的执行者,就是具有创新能力且正在从事着创造活动的人。

从人的本质上讲,创新能力是人人都具有的,是人区别于其他一切动物的最根本的能力。人和动物具有共同的特征,都是通过自己的活动从自然界获取所需要的物质资料。但是,人的活动和动物的活动是有本质区别的,动物的活动是本能的,无意识的,“动物不把自己同自己的生命活动区别开来”[①],而人的活动是有意识的、有目的的,人“使自己的生命活动本身变成自己意志和意识的对象”[①],“有意识的生命活动把人同动物的生命活动直接区别开来”[①],动物只能消极地适应自然,不能能动地改造自然,而人则能根据自己的意识和目的去能动地改造自然,使自然界适应自己的需要。人的这种有意识有目的地、能动地改造自然的活动就是创造。这种作为人的最高本质的创造,是现实社会一切创造的基础或前提。

创新是创造的泛化,是广义创造和狭义创造的辩证统一。无论是广义的创造,还是狭义的创造,都是人的这种有意识有目的地、能动地改造自然的活动的结果。正是由于人的这种有意识有目的地、能动地改造自然的活动,促使人类一步步从动物界分化出来,促使人类社会一步步由低级向高级不断发展。在漫长的人类社会发展过程中,由于社会生产力发展水平的局限,阶级存在的局限,科学、教育发展水平的局限以及人的认识差异的局限,创造,作为人的最高本质,并没有以类的存在形式在每一个个体的人身上得到充分地发挥和应有的体现。虽然,历史上各种创造、发明不断发生,推动着人类社会一步步向前发展,但是,作为创造的主体,仅仅是极少数的个体,绝大多数人的这一本质特征并没有发挥出来。而且,就创造活动过程而言,大都是以自发的朴素的形式进行着,还没有作为一种自觉、自为的方式体现出来。只有到了知识经济时代,科学技术飞速发展、社会公众受教育的程度普遍提高的今天,人的最高的本质——创造才能够得到最大限度的发挥。人类的创造本质才能够以自觉、自为的方式表现出来。

从作为人的最高的本质的创造,到作为一种时代精神、普遍理念的创新,有一个不断发展、精进和提升的过程。作为人的最高本质的创造,即有意识、有目的地改造世界的活动,是一种最普遍意义上的创造,是人人皆有的基本能力。而作为一种时代精神、普遍理念的创新,则是在这种最普遍意义基础上的创造逐步发展起来的一种自觉自为的能力,是人类自身发展的必然产物,是人的最高本质的升华。创造从作为人的最高的本质到作为一种自觉自为的能力,进而成为作为一种时代精神、普遍理念的创新,它表现为对人的重复性活动的不断扬弃,表现为以“知识创新”为特征的狭义创造的凸现和不断增进;它反映了知识经济时代高新技术飞速发展和广泛应用、智力因素和知识含量在经济增长和社会发展中的比重日益增大、知识创新在社会发展中的地位和作用日趋于轴心化的现实。这种从人的本质意义上

---

①《马克思恩格斯全集》第42卷第96页。

所讲的创造能力，是一种唯独人才具有的生存和发展的能力，是广义的创造能力，它仅仅是一种最基本、最普遍的潜在能力。我们这里所说的创新能力不仅仅是这种广义的创造能力，而是在这种广义的创造能力基础上发展起来的有着特定内涵的能力，这种能力并不是人人都具有，而是那些接受过一定的专业教育、专业训练的具有一定专业知识或有着丰富的实践经验的人才具有的能力。具体一点讲，就是这些人对所研究的对象及其本质规律有着较全面、深刻的认识和把握，完全可以根据需要运用已掌握的知识进行创造了。

(二)创新主体的类型

创新主体作为创新活动的执行者有类主体、群体主体和个体主体之分。类主体是就全人类而言的，是一个由无数个体主体、群体主体组成的集合概念。就创造活动而言，在历史上，它仅仅是对个体主体、群体主体的创造活动的概括和抽象，并没有具体的存在或代表形式，亦不可能有作为真正意义上的主体发挥其作用，即主动、自觉地进行创造。然而，在现实中，作为类主体的代表则有了其具体的存在形式，即以众多的最高群体形式出现的国家联合体——联合国，并在国家之间积极协调，建构组织，相互沟通，广泛交流，加强合作，在人类社会的各项活动中发挥着一定的带有主体性的创造作用。然而，由于受其组织自身性质及其他因素所制约，它还不是上述的严格意义上的能够自觉自为地、积极主动地从事创造活动的主体。因而，作为类主体的创新主体不在我们的研究范围之内。

群体主体介于个体主体与类主体之间，是一个非常宽泛的概念。一般讲来，介于个体主体和类主体之间的群体主体，从不同属性、地域、组织、分工、种族、信仰、利益等等，可以划分的种类太多太多，如国家、民族、企业、高校、研究所等等。在这些群体中，作为上述严格意义上的能够自觉自为、积极主动地从事创造活动的主体而存在的只能是这些群体中的一部分。他们是按照创新目标将那些具有专业知识和创新能力的人组织起来的群体主体。在创新活动中，虽然他们有着统一的创新目标、创新对象，有与目标、对象相关的专业知识和实践经验，他们分工合作、联合攻关，卓有成效地进行着创新活动。然而，对于群体主体的创造活动的特点、本质、规律的把握必须建立在个体主体的创新研究基础之上。

个体主体是指独立存在的具有创新能力的单个的人。个体主体是最基本的主体存在形式。类主体、群体主体都是由单个的个体主体组成的。就创新活动而言，个体主体的创新是一切创新活动的基础。群体主体的创新、进而类主体的创新研究都必须建立在对个体主体的创新活动研究的基础之上。只有将个体主体创新活动的本质规律把握之后，群体主体的创新、进而类主体的创新研究方可进行。可见,个体主体的创新是现实中最重要、最基本的内容,也是我们研究的重点。

(三)创新主体与认识主体的区别

创新主体不同于认识主体。认识主体就是具有认识能力且从事认识活动的人。人生在世,只要生理、智力没有缺陷,都具有认识能力。人活在世上,只要一息尚存,总是要不停地听、看,不停地学习、观察和思考,一句话,总是要认识外界事物和反思自身。因而,人人都是认识主体,人人都有认识能力。创新主体则不同。创新主体是具有创造能力且从事创造活动的人。创造能力并不是人人都具有的,它是一种建立在成熟的意识基础之上的,受过专门的教育,经过专业的训练,对自己所从事的工作或研究的对象有着长期的研究或深入的探索,且往往取得了一定的研究成果的人才具有的特殊的能力。创新主体就是指这种具有创造能力且积极主动地进行着创造活动的人。

创新主体是从认识主体中分化出来的。在人类思维发展进程中,由于社会历史等多方面因素的局限,长期以来,主体的认识和创新浑然交织在一起。虽然,也有不少人对于创新思维进行过研究,但就主体思维全过程而言,创新还没有从认识活动中分离出来,认识主体和创新主体也还没有进行过区别研究。将创新主体从认识主体之中分离出来专门进行研究,它反映了人类后认识阶段思维发展进程的深化和细化,可以将创新作为一个相对独立的思维阶段加以研究。它标志着人类对自然界、人类社会、人自身(包括人的思维)等作为对象的认知水平已经达到相当高的程度,能够开始进入自觉运用已掌握的认识成果按照自身的需求进行自主创新的时代。

但创新主体和认识主体是不能截然分开的。首先,创新主体是建立在认识主体基础之上的,没有认识主体也就没有创新主体。因为创造是主体在已有认识成果基础上进行的,没有主体的认识的积累,主体的创造是不可能的。认识主体是创新主体的逻辑前提,主体只有对事物的本质规律的先行认识和把握,才可能根据需要,按照或遵循事物的本质规律,进行创造。其次,主体的创造过程并不是单一的活动,而往往与认识活动相伴随。当创造活动超出主体已有的认识范围和认识成果,主体必须对新的事物进行认识,弄清新的事物的本质和规律。因为,创造本身就是对已有认识成果的综合,即对所涉及的各种事物的本质和规律的综合。当对创造过程中所遇到的尚未认识的事物的本质和规律没有把握之前,主体的综合是不可能的。因而,作为创新主体的人和作为认识主体的人是统一的。

第二节　创新主体的结构

一、创新主体的根基

无论是作为人的最高本质的创造，还是作为时代精神、普遍理念的创新，其根本在于作为创新主体的人具有目的性、能动性、统一性的意识。这种有目的性、能动性、统一性的意识就是创新主体的根基。

所谓“根基”，就是指创新主体活动的根源。人类社会的一切创新，无论是群体创新，还是个体创新，无论是原始性创新，还是组合式创新以及其他各种类型的创新，最初都是由作为主体的人的意识以观念的形式创造出来，即在头脑中先建构成理想的观念目标或影像目标，也就是人们常说的蓝图和模本，然后将其现实化。这里所说的“根基”，是相对于主体创造活动而言的，并不是就世界本源意义而言的。这里所说的“意识”是不同于一般意义上的意识的，但它又是以一般意义上的意识为基础发展起来的，是一个既成的意识。所谓既成的意识，就是说它是一个相对成熟、不断发展且日臻完善着的意识。“一般意义上的意识”，主要包括 3 层内涵：①意识是人脑的机能；②意识是客观外界在人脑中的反映；③意识是对主体自身的认识，亦即人们常说的“内省”或“反思”。所谓“不同于一般意义上的意识，但又以一般意义上的意识为基础”，就是说，创新主体的意识是在一般意识基础上经过主体自身的努力逐步建立、发展、完善起来的相对成熟的意识。所谓“相对成熟”，主要包括 4 个方面内容：①它既完成了相对于类主体的一般意识的发展的过程，同时也完成了相对于个体主体的自我意识的发展过程。相对于类主体的一般意识的发展过程，在马克思主义经典作家那里，在权威的辩证唯物主义原理教科书中，在现代脑科学、思维科学的研究发现中都从不同角度作了全面而详尽的论述。相对于个体主体的自我意识的发展过程，则是一个由多种不同的机能系统协同发展的同一过程。诸如生理性机能系统、认知性机能系统、心理性机能系统或非理性机能系统。这些机能系统协同发展并与一般意识的发展有机统一在一起形成创新主体的意识。②它已经对自身所研究的领域有着较深的造诣，也就是说，它对自身所研究的各种事物的本质规律有着较深刻的认识和较全面的把握，亦即创新主体不仅受过较系统的专业训练，有着较渊博的专业知识，而且还具有在科学理论指导下对相关事物较宽广和深入的实践探索，主体自身积累了较丰富的实践经验。③它已经对主体自身有着较深刻地认识，能够理性的处置自身的生理性机能、认知性机能、心理性机能或非理性机能等等。④它已经形成了相对成熟的认识构架、认识图示、思维模式、思维方法,而且能够根据自己实际需要灵活加以运用。这里的“相对成熟”只是相对于一般意识而言,它较一般意识有了较为明显的既成性和先验性。所谓“既成性”就是既有的认识成果,既有的知识积累和储备,既有的认识构架或认识图式,既有的思维模式和思维方法。所谓“先验性”,即是说,在某一具体的创造活动开始之前,它已经逻辑在先地存在于主体之中。创新主体意识的既成性、先验性的形成及其在创造活动中的作用是十分重要的,应当引起我们高度重视。

人们在创新活动中,对于理想的目标的建构,都是建立在既成性、先验性的基础之上的。理想的目标就是未来的、尚未实现的创新成果。对于理想的目标的建构不是主观杜撰,不是凭空想象,不是随便哪个人都可以完成的。建构需要创新主体具有一定的专业知识的积累和储备,具有一定的专业训练和实践经验的积累,也就是说,建构必须建立在已有的知识和认识成果基础之上。相对成熟的意识在创新活动中的自主建构作用应当充分予以肯定。

理想目标的建构起来之后,必须将其以观念的形式描述出来,在以观念的形式描述过程中,必须将理想的目标所涉及到的知识进行分解,分解后的知识有两种情况:一种是构成理想的目标的知识都是已经认知的,在以观念的形式描述过程中,可以直接将其描述出来。另一种是构成理想的目标的知识,有的是已经认知的,有的还是尚未认知的,已经认知的东西可以用观念直接将其描述出来,尚未认知的东西是无法描述的。因为,已经认知的东西主体已经掌握了其客观规律性,掌握了事物的规律性东西是可以用观念直接将其描述出来。尚未认知的东西之所以无法描述是因为主体还没有认识和把握其本质规律。完成这一任务必须对尚未认知的事物或该事物的某一方面的性质、属性等进行新的研究和探索,研究和探索必须经过主体根据既有的知识、既有的认识尺度对尚未认知的事物进行判定。这就是说,创新主体意识不仅在建构理想目标是具有成熟的意识,而且在进一步研究和探索尚未认识的事物时,他的头脑并不是白纸一张,而是有着一些既有的知识积累和储备,有着既有的认识尺度、认识构架或认识图式。这些既有的知识积累和储备、既有的认识尺度、认识构架和认识图式,在创造活动进行之前,已经逻辑在先地存在于创新主体之中。创新主体的意识与非创新主体的意识在认识的深度和广度上是存在着巨大差别的。

二、创新主体的要素

创新主体的意识不仅是一个相对成熟、不断发展且日臻完善着的意识,而且还是一个由诸多要素组成的意识结构体。这就是说,创新主体的意识,是一个由诸多要素组成的、多层次、立体化、开放性的系统结构。在这个系统结构中,主要有 3 个要素：一是人脑的机能；二是自我意识，即人脑对自身的认识或反思，或对自我的意识；三是对象意识，即人脑对外界的反应，或对对象的意识。这 3 个要素中的每一个要素又都是一个相对独立的子系统。

创新主体的第一个要素是人脑的机能，它也是一个有多种要素组成的物质性的生理机能系统。这个系统是创新主体意识活动的物质前提和基础，是区别于动物的最本质的特征。凡是正常的健康的人都具有物质性的生理机能。

显然，对人脑及其机能的研究不属于创新学的范围，而属于医学、脑科学的范围，虽然对人脑及其深层本质的研究有利于思维科学的发展，但它毕竟与创新主体的意识或非创新主体的意识的研究没有本质的联系，故而，我们在这里不做更深的探讨。

创新主体的第二个要素是自我意识。自我意识就是人脑凭借其机能对自身包括人脑及其机能在内的整个人体的认识，亦即人们常说的内省或反思。从最直观和最直接的意义来看，“自我意识是人对自身状况、特点、属性以及自身在客观世界中的地位、自己的内在需要、目的、态度、评价的认识，一句话，即对‘内在尺度’的认识，对主体自我的认识”。①

创新主体的第三个要素是对象意识。对象意识就是人脑凭借其机能对外界事物的反映，亦即对对象的意识。“从最直观和最直接的意义来看，对象意识是人对外界事物状态、属性、特点、结构、规律的认识，即对‘物的尺度’的认知性认识，对客体的反映 。”①

从构成意识的三要素来看，无论是人脑的机能，还是自我意识，或者是对象意识，其真正的本质内涵要比上述它们的直观意义复杂得多。从意识最初形成的时间性、逻辑性来说，人脑的机能是第一位的。人脑的这种机能在其反映的一开始就是双向的、二重化的。所谓“双向的”，就是说，它既指向对象又指向自身，既指向外部又指向内部。所谓“二重化”，就是说，其构成的性质或状态是二重的，即作为整体的意识包含着自我意识和对象意识两种元素或方面，或由它们构成的二重的性质或状态。对象意识离不开自我意识而独立存在，自我意识也离不开对象意识而独立形成，二者是一对矛盾的统一体，相互之间彼此渗透，相互促进，统一于主体意识的形成、发展的全过程，贯穿于人类认识的始终。譬如，人们对世界的认识总是从特定的角度，即人的角度出发的，这是人类认识的永恒的坐标系，另外，人类对世界的认识，总是和人的需要、目的、选择、态度相联系。“对象意识与自我意识都是意识的最初成分，没有自我意识到的对象意识总是不存在的。人一旦说他意识到

①陈志良．思维的建构和反思．北京：中国人民大学出版社，1989：150。

某一对象，总是包含着这些因素：一是对象的存在；二是我的存在；三是我不同于对象，知道我意识到对象。换句话说，人认识对象时，知道自己在认识对象。因此，对象意识总是自我意识到的对象意识，而自我意识又总是对对象意识反思的产物，二者联系起来，互为前提，互为补充。”①

创新主体的意识就是在以上3种要素的相互作用下，逐渐发展、成熟、完善起来的意识结构体。在这个意识结构体中，从其组成要素来看，有主观的，有客观的；有理性的，有非理性的；有生理的，有心理的等。具体讲来，有认识的成果——知识，有实践的积累——经验，有心理的体验——兴趣、激情、情绪等，有理性能力的运用——感性直观、理性分析与综合，有非理性因素的作用——意志、本能、直觉、情感、灵感等。从其结构的功能来看，有先天的机能，有后天的养成，有不同层次“需要”的驱动，有总体的整合特性等。在这个复杂的结构中，各个要素自身、要素与要素之间、不同层次的要素之间、要素与整体之间、层次与层次之间、层次与整体之间以及结构整体自身，都处在一种不断变化、发展、完善着的过程之中，都处在一种相互渗透、相互制约、相互促进的联系之中。

三、创新主体的特性

创新主体的特性主要是指创新主体的意识结构的特性。创新主体的意识结构在创造活动中，主要表现为3种特性，一是自主性，二是能动性，三是统一性。

(一)自主性

在创新主体的意识结构中，独立自主性是居于最核心地位的一种特性，它是自我意识的基本功能。自主性主要表现在两个方面，一是独立性，二是主动性。独立性主要是指创新主体及其意识结构，都是独立存在的单个的个体，每一个创新主体及其意识结构都具有不同于别的创新主体及其意识结构的特殊性，表现为创新主体的主动地参与和建构。自我意识是创新主体意识结构的根基，它在创新主体意识结构中，由于受现实需要的驱动，表现为一种永不满足现实状况、永无止境地追求理想境界的驱动力。虽然自我意识对现实的需求有外在的、有内在的，有物质的、精神的，有个体自身的、有群体社会的，有国家和民族的、有世界和人类的，对于具体的创新主体来说，其出发点或原动力可能有这样和那样的不同，但是，无论哪一种需要的满足，都需要创新主体积极主动地去参与和建构。主动参与就是有创新的兴趣、创新的热情、创新的勇气、创新的行动。主动建构是主动参与的第一步。主动建构就是创新主体根据需要通过联想将创造的目标以影像的形式在头脑中建

①陈志良．思维的建构和反思．北京：中国人民大学出版社，1989：111。

立起来。联想的作用是选择、判定、串联。联想不是无根据的想象,更不是幻想,而是根据需要对头脑中已有影像按照其现实可能性进行选择,然后再对选择后的影像依据主体自身既有地对该影像的内在规律性的把握进行判定,最后将那些符合理想目标的影像串联在一起,形成一个整体的完全可以满足主体需要的理想的影像目标。

这个理想的影像目标建构出来之后,主体必须再以观念的形式将其描述出来,这是主动参与的第二步。以观念的形式进行描述的过程就是揭示创造目标所隐含或包含着的知识的客观规律性的过程。德国著名的物理学家、科学哲学家M·波恩曾提出并解答这样一个问题:"怎样能够从主观经验中获得客观知识?"或"客观的外部世界的存在怎么能从主观的经验世界推论出来呢?"他提出了"可决定性"原则,作为科学思维的一个基本尺度。所谓"可决定性"原则,就是说,作为客观的知识,必须在经验上是可证的或可确定的,在表述上是可传达的或可向他人陈述的。M·波恩认为,所谓"精密科学"——指理论自然科学,尤其是理论物理学——研究的对象,科学家们是通过符号来描述的。因为,符号的特点在于它能显示关系和结构。例如,通过实验仪器获得的读书表指针和标尺上的某条线相合。又如,数学的主要特点在于它能显示一种协调关系。再如,说话也体现了语句同事物、人、行为、知觉之间的协调关系。

在以观念的形式描述的过程中,有的理想的影像目标所隐含或包含着的知识全部是已知的,有的理想的影像目标所隐含或包含着的知识部分是已知的,部分是未知的。对于前者,只要将其以观念的形式描述出来即可。对于后者,必须将其所涉及到的知识进行分解,分解后将已经认知的东西以观念的形式直接描述出来,对于尚未认知的东西是无法描述的。因为,已经认知的东西是具有客观实在性或必然性的东西,是可以直接将其描述出来的,而尚未认知的东西是无法描述的。完成这一任务必须对尚未认知的事物或该事物的某一方面的性质、属性等进行新的研究和探索,研究和探索必须经过主体根据既有的知识、既有的认识尺度对尚未认知的事物进行判定。这就是说,主体在研究和探索这一尚未认识的事物时,他的头脑并不是白纸一张,而是有着一些既有的知识积累和储备,有着既有的认识尺度、认识构架和认识图式。这些既有的知识积累和储备、既有的认识尺度、认识构架和认识图式,在创造活动进行之前,已经逻辑在先地存在于创新主体之中。创新主体与非创新主体或其他认识主体的差别在认识的深度和广度上有着巨大的差别。

(二)能动性

能动性是人脑这一特殊物质所特有的机能,它发自于内,即发自于作为主体自身的需要,包括生理的需要、精神的需要、社会需要以及它们内化为主体自身的心理、动机。人的一切活动都是受需要驱动的。需要是能动性生发之源。

能动性表现有三:一是能动地反映,即认识。人们在反映客观对象时,总是基于实践的需要而带有一定的主观倾向和要求,抱有一定的动机和目的。这种反映和认识,往往表现为一个主动的创造性过程,即人的意识不仅采取感觉、知觉、表象等形式反映事物的外部形态,而且能够运用概念、判断、推理等形式对感性材料积极主动地进行加工制作,特别是它还能够运用归纳和演绎、分析和综合等形式对理性材料进行抽象、概括,在思维中再现事物的本质和规律。

二是能动地综合,即创造。意识的反映不是刻板地模仿,不仅能够"复制"当前的对象,而且能够根据已知的关于客观事物本质规定和规律性认识,依照主观的动机和需要,重新综合(包括组合),形成新的思维具体,即在头脑中形成行动所要达到的预期目标,构造出准备加以实现的思想蓝图。

三是能动地改造世界,即"创造世界"。根据意识建构的蓝图,通过实践将其现实化。马克思说:人在"劳动过程结束时得到的结果,在这个过程开始时就已经在劳动者的表象中存在着,即已经观念地存在着"。[①] 意识的能动活动就是通过实践把"观念地存在"着的模型、蓝图实现出来,变成为客观现实。这就是列宁所说的,"世界不会满足人,人决心以自己的行动来改变世界"[②],"人的意识不仅反映客观世界,并且创造客观世界。"[②] 改造世界或"创造世界",不仅意味着由于人的积极活动而强化了客观世界的变化过程,而且能够创造出世界上所没有的东西,创造出没有人的参与永远也不可能出现的东西。

(三)统一性

统一性首先是人脑这一特殊物质所特有的机能。它来源于外,是人有生以来随着认识和实践的不断扩展和深化逐步形成并确立下来的。其根源有二,其一是外界具体的客观事物本身具有的统一性,即客观事物本身的多样性统一在人脑的反映;其二是客观世界具有统一性,即客观世界物质统一性在人脑的反映。这种统一性从其确立过程来说,一方面它始于感性观察,通过观察,从许多个别事实中归纳出客观事物都是多样性的统一,客观世界具有统一性;另一方面它是个体主体经过系统化、理论化思维训练,在头脑中牢固确定下来的。这种统一性一经形成,作为逻辑根据始终伴随着主体意识。当主体意识由于需要在能动性的驱使下,具体创造某一客观对象时,它已经先验地存在于主体意识之中,当创造活动开始时,这种统一性自发地演绎开来,发挥其作用。

①《马克思恩格斯全集》第23卷第202页。

②《列宁全集》第38卷第229、228页。

这种统一性有两种存在形式，其一是先验的统一性。它是客观世界的主观映像，是主体意识对客观世界统一性和具体事物多样性统一的抽象和反映。这是一种伴随着创新主体的且常驻不变的最高的、最后的统一性，自身不再伴有更高的形式，是主体意识认识和创造的最后根据。其二是经验的统一性。它是主体意识对已经认识或经验过的某一具体事物或某一类具体事物的多样性统一的抽象和反映。它是主体意识在认识和创造活动中首先发挥作用的具体的统一性，是一种伴随着主体意识、并根据不同创造对象需要而变化的统一性。它自身之上仍伴有更高的形式，即先验的统一性。前一种统一性是抽象的统一性，后一种统一性是具体的统一性。主体意识的创造就是以这两种统一性为逻辑前提和根据。

创新主体意识是一个复杂的系统结构，从其功能上来说，是能动性和统一性的有机统一。无论是能动性还是统一性，无论是具体的统一性，还是抽象的统一性，在创造活动中，作为主体意识结构的整体功能——都表现为意识的一种整合作用。主体意识的这种整合作用，人们看不见、摸不着，究竟是怎样进行活动的，其内在机制是什么呢？

第三节　创新主体的功能

创新主体的功能主要是指创新主体的意识结构的功能。创新主体的意识结构的功能在创造活动中的发挥主要表现为 3 种作用：一是对主体自身已有知识的整合；二是对主体自身各组成要素及其特性的协调和控制；三是对主体自身特别是大脑潜能的发掘。

一、对已有知识的整合

首先，我们来分析主体意识对自身已有知识的整合。这里的“已有知识”是对创新主体自身即头脑中以往认识成果和经验的总称，具体包括 2 个方面，一是关于客观事物的外在的知识，二是关于主体自身的内在的知识。

关于客观事物的外在的知识，就是主体通过认识、实践已经认知并存在于头脑中的知识，主要包括以下 4 个层次：①存在于人脑中的关于客观事物的丰富的感性材料，主要是指客观外界事物、现象在人脑中的映像，康德称其为“感性杂多”。在这些映像中，既有无意识的或不在主体关注和兴趣范围之内的关于事物和现象的映像，也有有意识的或在主体兴趣和关注范围之内但尚未整理过的关于事物和现象的映像，还有已经认识并经过整理且已深刻理解的关于事物和现象的映像，其特点是生动、具体、鲜活；②建立在感性直观基础之上的知性知识，主要是指经过人脑整理的知性概念，即关于客观事物的抽象的理性规定，其特点是抽象、具体、确定；③主体亲身经历过的关于客观事物内在的和相互之间联系的知识，即经验的知识，其特点是直接、有效、相对；④经过科学抽象并经过实践检验过的知识，具有客观现实性、严格逻辑性、普遍必然性的概念系列，如理性范畴、原理等。

关于主体自身的内在的知识，就是主体在认识和实践过程中对主体自身的生理性机能系统、认知性机能系统、心理性机能系统、非理性机能系统的认知和体验，特别是认知性机能系统中主体的意识结构、组成要素、思维机能、思维规律的认识和运用。

这些知识是主体意识进行综合的对象和基础。在创造活动中，有时已有的知识能够满足主体意识综合的需要，有时(在大多数情况下)不能满足主体意识综合的需要，因而需要不断地认识新的事物和现象，尽可能多地扩充和丰富知识，以满足主体意识综合的需要。可见，主体意识的创造和主体意识的认知是不能截然分开的。

主体意识的整合作用第一方面表现为对已有知识的综合。“综合”是相对于分析而言的。综合与分析相比较，二者的联系和区别在于，综合是主体意识的一种联结作用，分析是主体意识的一种分解作用，都是主体意识的能动活动本身具有的统一性的表现。在创造过程中，分析和综合的运用与其在认识活动中有着不尽相同的地方。

在认识过程中，分析就是将事物整体分解为各个部分和方面，通过现象深入本质，达到对事物的不同部分和方面的本质的认识。综合则是在分析的基础上，按照事物不同部分和方面的本质及其联系，把各种抽象的规定性连接在一起。其运行轨迹是：

$$\text{感性具体}\overset{\text{通过分析和综合}}{\rule{6em}{0.4pt}}\text{思维具体}$$

在创造活动过程中，人们总是基于实践的需要，带着一定的主观倾向和要求，根据已知的关于事物的本质和规律性的认识，首先在自己头脑中形成行动所要达到的目标，构建出准备加以实现的思想蓝图。在这一过程中，分析就是主体按照一定的动机和目的，将已知的诸多事物的合目的的规定性，从不同事物的整体——思维具体中分析出来。综合则是在分析的基础上，按照同样的动机和预期的目标，把各种合目的的规定性有机地连接在一起，形成一个新的事物整体，即一个新的思维具体。其运行轨迹是：

$$\text{思维具体}\overset{\text{通过分析和综合}}{\rule{8em}{0.4pt}}\text{新的思维具体}$$

在认识过程中，分析是将同质的规定分解开来，这里所说的“同质”是相对于事物的整体而言的。综合则是将异质的规定连接在一起，这里所说的“异质”是相对于组成事物整体的要素而言的。在创造过程中，分析是将异质的合目的的规定性分解开来，这里所说的“异质”是指已知的具有不同质的规定性的事物——不同质的思维具体。综合是将同质的合目的的规定性连接在一起，这里说的“同质”是相对于新的思维具体——即新的“观念地存在”着的模型、蓝图，新的即将被创造出来事物整体而言的。

分析的功能是分解，综合的功能是连接，分析必须以综合为前提，综合必须以统一性为前提。在认识活动中，凡是客观事物本身不曾具有的、主体预先不曾连接过的东西决不会有分析发生，只有客观事物本身存在着、且又经过主体连接过的，才允许分析活动的进行。在创造活动中，虽然分析和综合的功能没有变，但是分析和综合的依据却与认识活动不同，分析不一定必须以综合为前提，不论客观事物本身是否具有、不论主体预先是否连接过，只要是符合创造目标需求的，并存在于不同事物之中的合目的规定性，都允许分析的发生。合目的的规定性被主体分析得越多，综合的连接内容的作用就越丰富和广泛，创造目标就越理想化和现实化。在创造过程中，综合虽然同认识过程一样，必须以统一性为前提，但是在创造过程中的综合表现为两种情况：其一是以经验的或具体的统一性为前提，这种综合是经验的综合。经验的综合是主体对已经认识或经验过的某一具体事物或某一类具体事物的多样性本质规定的综合，这种综合的结果都是人们已知的、常用的范畴，虽没有新知识的产生，但却是主体创造赖以进行的基础。其二是以先验的或抽象的统一性为前提，这种综合是先验综合。先验综合是建立在经验综合基础上，而经验综合又不能完成，必须由主体赋予新的概念和范畴于其中，对客观事物多样性本质规定进行的综合。先验综合的结果，有新知识的产生。这种新知识又可分为 2 种情况，一是新概念——新的“思维具体”，亦即新的“观念存在着”的即将被创造出来的新事物；二是新范畴、新规律、新原理的产生。前者是具体的概念，后者是概念与概念之间的联系。

二、协调与控制

主体意识整合作用的第二方面表现为对主体意识自身各组成要素、功能及其特性的协调和控制。

（一）对理性能力的正确把握和运用

这里所说的理性能力主要是指创造活动中的理性能力。从其自身构成来看，可分为知性思维能力和辨证思维能力；从其运动过程来看，可分为建构思维能力和反思思维能力。知性思维能力和辨证思维能力反映的是思维运动中的静态性和动态性。知性思维能力主要偏重于从静止、间断、定量、形式和程序性的角度观察和解决问题;辨证思维则主要偏重于从运动、连续、发展、联系和整体性的角度观察和解决问题。二者各有各的用途,需要互相补充。建构思维能力和反思思维能力是随着思维网络化、巨系统化而逐步形成和发展起来的。建构思维能力就是从已知的概念和概念结构出发,依照一定的逻辑关系,进行分析综合,形成新的概念、判断和推理,达到"观念地存在着的"理性具体目标。反思思维能力就是以现有的、既定的思维、思维的逻辑前提和结构为对象,思考、批判思维的前提、关系和结构,否定现有的思维,并把它纳入到更大的思维系统中,形成新的概念和概念结构。没有反思思维能力,人们就不会打破固定、僵化的思维模式,为创造开辟道路。

(二)对非理性因素的控制和调节

所谓"非理性"是指理性、思维所不能理解的,逻辑概念所不能准确表达的一些主体范畴内的东西,主要有意志、本能、直觉、情感、灵感等5个方面,它们在主体创造活动中起着非常重要的作用,深入研究每个要素及其功能,对于全面了解和把握主体意识的整合活动的规律是非常必要的。这种作用具体表现为对创造活动的起动、维持、强化、引导和调节。这些非理性因素在创造活动中,虽不像理性因素那样直接参与对客观事物的认知和创造目标的分析、综合、建构、反思,但是,它们对创造活动所起的作用,在某种意义上较之理性因素更具决定性。比如,"情感"、"意志"等因素,对一个人创造动机的产生、创造欲望的维持、创造能力的发挥、创造目标的实现都具有决定性的意义。科学试验证明,普通人的智商差别是非常有限的,一个人能否成功地进行创造,往往情商起着决定性的作用。

上面所说的"理性、思维所不能理解的,逻辑概念所不能准确表达的",并非永远不能被理解,只是由于受当时人类科学发展的水平所限,尚未被理解,其本质尚未被揭示出来,因而不能用逻辑概念准确表达。随着科学的不断发展,许多未能被理性、思维所理解的东西,逐渐被人们认识了,并可以被逻辑概念准确表达出来了。如意志、本能、直觉、情感、灵感等非理性因素,随着科学研究的日益深入,逐渐被人们较清楚地认识了,长期被列为理性、思维的禁区的领地被开辟了。当然,人们对这种非理性的东西的认识和理解并非已达到极致。因为科学的发展是无止境的,人类的认识也是无止境的,这就是人类认识的辩证法。

(三)对主体生理和心理系统的的控制

意识对人体生理、心理具有重大影响,它不仅可以引起或抵制人体生理或心理的疾病,而且,对于人的认识和创造过程也起着非常重要的作用。特别是主体心理要素及其活动在人的认识和创造过程中的意义和作用尤为突出。深入研究主体心理的每个要素及其功能，对于全面了解和把握主体意识的整合活动的规律是非常必要的。现代科学研究证明，通过意识调节人体生理、心理过程，如人为地为意识设定一些条件和环境，可以酝酿和激发人体特异功能的产生，使人体生理和心理机能系统功能发挥到极致，收到其他主体要素难以达到的创造时效。主体生理和心理要素及其活动如同非理性要素及其活动一样，对一个人创造动机的产生、创造欲望的维持、创造能力的发挥、创造目标的实现也同样具有一定的决定性意义。

三、自身潜能的发掘

主体意识整合作用的第三方面表现为主体意识对主体自身潜能特别是大脑潜能的发掘。

当今科学研究表明，每一个正常人的大脑，在构造上并无多大差别，之所以有的人具有创造才能，而且能够成功，有的人则不能，其原因就在于能否最大限度地发挥人的潜能，将人的潜能主要是大脑的功能充分地运用或发掘出来。早在 20 世纪初，美国哲学家威廉·詹姆士就曾指出，一个正常健康的人只运用了其潜能的 10%，这一观点被称为 20 世纪最伟大的发现。心理学家赫伯特·奥托则认为，一个人所发挥出来的潜力只占他全部能力的 4%。可见，地球上取之不尽、用之不竭的资源就在人的头脑里。

对大脑潜能的开发和利用主要是对右脑的开发和利用。现代脑科学研究证明，人的左、右半脑是严格分工的，左半脑是抽象思维中枢，右半脑是形象思维中枢；左半脑思维材料侧重语言、逻辑推理、数学、符号等，右半脑思维材料侧重事物形象、音乐形象、空间位置。两个半脑有相对独立支配的能力。如果对两“半脑”中的“未开垦处”给予刺激，激发它积极配合另一“半脑”的作用，结果大脑的总能力和效率会成倍提高。

人类在脱离了一般动物界、尚未创造出语言之前的数十万年的历史中，都是利用形象材料进行形象思维的，运用概念进行抽象思维的历史充其量也只不过在产生音符语言后的几万年间，如果从有文字记载的历史算起，运用概念进行抽象思维的历史就更短了。此外，从幼儿思维发展的过程，到人们每天进行形象思维的时间，以及接受信息的容量大小和受刺激所持续的时间长短，都可以看出，右半脑的进化比左半脑完善得多。事实也证明了这一点，到目前为止，计算机能模拟人的逻辑思维，但还不能模拟人的形象思维，其原因是形象思维的机理及思维过程要比抽象思维来得复杂和全面。

然而，当代教育主要是以语言、逻辑、数字、符号为媒介，而具体形象思维却运用得既少又无系统。开发大脑的潜能，重点应当放在右半脑，放在形象思维上。开发大脑的潜能，主要是开发大脑固有的功能。心理学上通常认为，人的大脑有四大功能，即记忆、想象、理解、推理，而记忆和想象是最基本的功能，没有记忆和想象，就谈不上思维和创造。

记忆的功能在于记录和回忆。记录就是：①记录主体直接从实践中感受到的信息和间接从外部获得的信息。②记录主体在认识和实践活动过程中自身的活动过程，即处理信息的过程，主要是已有知识的运用、主体心理的体验、事物发展的“度”的把握等，这就是俗话所说的“诀窍”、“神助”等绝活。处理信息的过程就是主体意识自觉活动的过程，活动中主体意识不仅要记录，而且能够在记忆之后进行回忆。回忆就是将已经记录的信息、数据进行提取和读出。知识的创造不仅需要分析、综合，而且还需要归纳、推理。分析、综合、归纳、推理，无论哪一项都离不开记忆。通过记忆在大脑中建立起信息数据库，这种记忆不是常见的中学生式的机械记忆，而是业已成熟且日臻完善的主体意识的关联记忆，在关联记忆基础上主体意识才可能进行分析、综合、归纳、推理，才可能进行知识的重组或创造，重组也是一种创造。人脑和电脑的区别，在于电脑只能记录，不能回忆，更不要说分析、综合、归纳、推理了。也许有人说，电脑也有类似人脑的记忆、检索、统计等功能，但所有这些都是由人预先输入命令、程序，并严格按照人的指令和设定程序进行数据信息处理的。

想象力在知识创造过程中是至关重要的。想象力从其功能来讲，是主体综合过程中的一种联结作用。这种联结作用，由于人们很少能够意识到，很难把握住，因而，往往被神秘化，好像只为少数天才所专有，常人可望但难以企及。如有人称之为神秘知觉的贯通，有人说其是天才所具有的灵感所致，所有这些解释，都是囿于认识水平和条件的局限。其实，想象力是建立在渊博的知识层面、坚实的专业基础、丰富的实践经验这样一种主体意识结构之上，主体意识在整合各个层面的知识、集聚各个组成要素、功能以及自身的潜能并将其整体发挥时而呈现出来的个体主体的一种综合能力，是综合活动中主体意识的一种正确联结。常人或未成功者之所以很少能够意识到，很难能够把握住，不是自身没有这种能力，而是自己没有这种意识结构，或者虽有这种意识结构，但没能将其自身的各个组成要素、功能以及潜能最充分地发挥出来，因而没能实现主体综合的正确联结，与成功失之交臂。从想象力的本质来讲，它是主体意识整体结构所具有两种特性即能动性、统一性的有效发挥，是主体意识整合的三重作用的协同一致，特别是主体意识在综合过程中连接作用的辩证运用。从想象力的内在机制来讲，它既有天赋的品格，又有后验的成分，是二者的有机的统一和完美的结合。先天的禀赋是有限的条件，后天的努力是形成的关键。如太阳晒，石头热，简单的因果联结是这样，复杂的关系范畴更需要人们在实践中不断地去学习、积累、体悟。从外在的条件来讲，马克思主义认为，认识的基础是实践，离开实践，想象力就成了无源之水、无本之木。创造想象力联结事物不同方面质的规定性的过程，首先是在人类认识世界、改造世界的实践基础上进行的，其次是以个体认知主体的形式来实现的，第三是以个体认知主体自身具有的统一性为前提的。只有将其内在机制和外在的条件辩证地加以运用，才能将想象力这一关键环节和作用在创造活动中得以激活并形成思维的惯性。

案例

有同志可能说，智能机的出现，是认识主体发展中的突破性进展，并认为：智能机，特别是机器人，与人的关系“具有相对独立性”。智能机、机器人的出现，从根本上突破了人的反映机制的某些局限性，不像以往的工具那样，只是顺应人的反映机制所规定的范围和方向作简单的延伸，智能机、机器人已包含思维运动的高级形式。进而得出有“人工认识主体”“人机认识主体”的存在的结论。对此如何解释？

首先，我们先弄清楚什么是“人工认识主体”。所谓“人工认识主体”，就是将智能机、机器人等人工创造的认识工具机器作为认识主体。我们认为，不能因为“人工认识主体”与人之间具有某种相对独立性，就把它看作认识主体。因为，一切人类社会实践所使用的认识工具，从它们与人的相互关系来看，都具有某种相对性。据此，我们能否得出结论，以往一切认识工具都是认识主体呢？显然不能。

其次，也不能因为“人工认识主体”从根本上突破了人的反映机制的某些局限性，就把它看作认识主体。固然，从人工智能及其突出体现——机器人来说，它们在很多方面，如计算能力高速、精确，记忆能力巨量、持久等，都超过了人。另外，机器人在许多方面还具有人所不具有的特殊能力，如它可以在高温、高压、深水、火及充满毒气和放射性物质的极其恶劣的条件下进行作业等等。与人相比，它不仅突破了人的反映机制的某些局限性，而且，在实践能力上也是一种突破。但是，我们能否由此就说计算机、机器人就是“人工认识主体”呢？显然不能。因为，计算机、机器人的上述优势，只是局部的突破。对于人来讲，它的优势只是局部的优势，而从整体上看，人要比机器人高明得多，又何况机器人的突破能力，仍是人的智力和实践的产物；机器人在一切方面都是从属于人，受人支配、受人控制的。离开了人，机器人的能力就会丧失。

再次，也不能因为“机器人已包含思维运动的高级形式”，就把它看作认识主体。诚然，计算机、机器人确实模拟了人的部分思维，但不能由此就将它们的对人类思维的模拟等同于人类思维本身。人类的思维是一个复杂的有机的系统，它既包括生理的系统，也包括认识的系统，还包括心理的系统等等。而计算机、机器人的思维仅仅是人的思维的极小一部分以可编码的形式输入的结果。它们完全属于人,是人的创造的结果。

有人也可能问,将人和现代化机器如计算机、机器人等合在一起,能否构成认识的主体呢？这种说法就是人们常说的“人机认识主体”。对这个问题的回答也是否定的。因为,计算机、机器人,不管其作用多大,都不过是人的智能、经验的物化。在人和机器的关系中,通常人总是处于主导和支配方面的,而机器不管能量多大,智慧多高,毕竟是人的创造物,为人所操纵、指挥、控制、管理。因而,人机关系不是平等的联合关系,而是从属关系,人居主要的地位,计算机、机器人等是工具,是从属于人的,是人实现目的的手段。

第四章　创新思维训练

现代社会特别注重人的创新精神和创新能力，而人的创新精神和创新能力的塑造和培养，无不根源于人的创新思维。创新是对前人实践成果和认识成果的超越，是对前人实践成果和认识成果的深化。在创新主体的创新活动过程中，创新思维是贯穿始终的最重要因素，是主体创新能力的核心。

第一节　创新思维的特征及基本模式

一、创新思维的内涵

创新思维是一门古老而又新兴的不断探索中的边缘交叉学科。较早对创新思维进行研究的是哲学领域。古希腊哲学家亚里士多德的《工具论》是最早涉及创新思维的著作，后来，许多哲学家、科学家都不断研究创新思维并有过许多重要论述。在我国自20世纪80年代以来对创新思维的研究迅速发展，哲学、社会学、管理学、逻辑学、心理学、教育学、脑科学等不同学科都在各自领域研究创新思维，从而形成了多学科多领域分别从不同视角进行研究的良好局面。

如果说人类思维是地球上最美丽的花朵，那么，创新思维就是最美丽花朵中的奇葩。它既具有一般思维的品格，又具有独特的魅力，是人类思维中的精品。创新思维是一个相对性的概念，是相对于常规思维而言的一种思维方式。人们通常把从事创新活动时的思维称为创新思维。所谓创新思维是人类思维的综合形式或高级形态，是在旧的方法和途径不能有效解决问题的情况下，突破旧的思维模式，通过选择重组，以新的思维方式产生新颖思维成果的思维系统。

从思维特征的角度看，创新思维可以理解为能动的自主思维—开放的求异思维—新颖的独创思维3个不同层次。因此，不仅要从个体思维形式表现较为出众的方面，如可以从个体在某一领域中的某一问题上，能够率先提出独具一格的见解，敢于对众所周知的理论提出异议，能够发现不相干事物间的内在联系，包括不受外来干扰、不易受他人暗示的思维品质等等方面，肯定其思维的创新性质，而且要肯定其初级的形式,就是个体在日常思考和处理问题过程中,所显示的思维方面的个性特征。当然,这种思维个性首先立足于群体思维发展的共性之基础,诸如知识的增长、经验的积累、信息的贮存等等,后者是任何个体进行有成效思维活动的共同前提,思维共性与个性之间构成了对立统一的矛盾运动。

因此,创新思维是一种个体的综合性思维能力,它是多种思维方式平衡发展、复合作用的结果,并不是什么无缘无故、无规律可循的思维类型。

从创新成果的角度看,创新思维可以理解为狭义的创新思维和广义的创新思维两个层次。狭义的创新思维是指在人类认识史上第一次产生的、前所未有的、以富有创见的方式对事物间的联系、事物的属性及其本质进行思考的具有一定社会意义和社会价值的思维活动。例如曹操的儿子曹冲称大象的方法。"田忌赛马"的故事中,田忌的手下孙膑用改变马的出场次序使田忌最终赢得了马赛的冠军的方法,是人类认识史上第一次产生的、前所未有的,因此这种思维属于狭义的创新思维。再如,电脑的发明,在人类科学史和文明史上第一次出现、前所未有,对人类的文明和进步产生了巨大的推动作用,因此发明电脑的思维属于狭义的创新思维。

广义的创新思维是指对具体的个人是新颖独到的思维活动。相对于思维者个人是新思路、新方法、新窍门等的思维活动,对于社会来说虽然未必获得有直接价值的东西,但对于思维者本人来讲则确实创造了有价值的新东西。此即广义的创新思维。每个正常的人都有广义的创新思维能力。广义的创新思维是一种"自我实现的创新",有助于开发人们的创造力,实现人们内在的创造潜能。

创新思维既是一种高于其他思维之上的独立思维,又包括对一切旧思维进行革命性的改造和更新。创新思维与常规思维的显著差异在于:①思维起点不同。创新思维在思维的起点上,更多的不是看过去而是看现在,不是想昨天而是思未来,不是一切往后看而是向前看。②思维结果不同。创新思维的结果具有新颖性、独特性,而常规思维不具有,常规思维的实质是"同义反复"的过程,两者之间有着本质的差别。创新思维是一种具有开创性意义的思维活动,它创建的新理论、形成的新观念、提出的新举措、发明的新技术等,不断开辟人类认识的新领域。

二、创新思维的主要特征

创新思维具有如下主要特征。

1. 新颖性

新颖性是创新思维的基本特征和主要标志。无论是在思维路径的选择上,还是在思维的技巧和思维的结论上,具有"前无古人"的独到之处,具有一定范围内的首创性、开拓性。创新思维的首创性有两种情形:一种是指人类前所未有的,称为

"人类首创性";另一种是相对个人而言是前所未有的,称为"个人首创性"。

对于具有创新思维的人,一定是善于超越常规思维,以独特的视角,采用不同于他人的方法,选择独特的切入点,沿着独特的路径,对研究对象进行思维,从而得到新颖独特的有价值的思维成果,或形成新的设想,或解决新的问题,或创立新的学说与理论。

2. 灵活性

创新思维要使思维成果具有新颖性,其思维活动必须冲破常识、常规、常理、常法等习惯思维的束缚,摆脱常规思维模式和程序的限制,使思维活动具有充分的灵活性。创新思维没有现成的思维方法和程序可循,它的方式、方法、程序、路径等都没有固定的框架。创新思维活动是动态思维,动中思动,以变应变,具有极大的随机性和灵活性,因人而异、因事而异、因地而异、因时而异。

创新思维的灵活性是指创新主体在遇到疑难问题而又一时无法解决时,能迅速地从一个思路跃迁到另一个思路,从一种意境转入到另一种意境,及时地转变思维的方式和方法,交替运用不同的思维方式和方法,多方位地试探解决问题的办法,以求得问题的解决。

3. 能动性

创新思维的能动性是指创新主体在创新过程中突破思维定式的冲击力和强烈的创新意识。由于习惯思维定式禁锢着人们的头脑,极大地抑制了人们心智的开发,因此,创新主体只有具备强烈的能动性才能突破思维定式的束缚,从而开启心智,洞穿本质,茅塞顿开,幡然醒悟。如果缺乏突破思维定式的能动性,没有勇于进取的创新意识和顽强执著的无畏精神,只能是因循守旧、墨守成规,也就不可能产生创新思维了。

4. 多向性

创新思维的多向性是指创新主体在创新活动中能从多个角度、多个方位、多个层面思考分析问题。由于创新思维不因循常规思维程序,不受逻辑规则制约,因而其思维方向具有不确定性或多向性。当一个思考方向受阻时,立即转移到另一方向,以便寻求解决问题的最佳方案。创新思维的目标是确定的,但达到目标的方法和途径却是多样而不是唯一的。因此不能拘泥于某种固有的公式,而应不断变换思维的视角,跨学科、跨领域、全方位地思考问题,方可找到走向目标的正确路径。

多向性是创新思维的重要机制和特征。传统的常规思维模式习惯于以单向思维为主要特征,是只有单一性而没有多向性的思维方式,思维难以深入,因而是不可能产生最有价值的创新思维成果的。

5.综合性

创新思维的综合性是指创新主体在思维活动中能够综合地运用各种思维形式全面地考察问题。创新主体的思维活动贯穿于创新活动始终,创新主体的思维视角正确与否,直接关系到创新结果的成败。因此,创新思维必须坚持综合性原则,才能掌握创新活动的主动权。

从某种意义上说,综合就是创新。无论是发现问题,收集信息,分析整理信息,还是运用新的思维方法解决问题,都是一个多元的综合系统。从创新主体考察,创新思维就是创新主体运用知识、记忆、经验、智力、想象及思维环境等因素的综合系统,是各种思维形式交互作用的结果。

6.流畅性

创新思维的流畅性是指思维活动的敏捷性和思路的连贯性。流畅性主要包含两个方面的内容:一是观念的流畅性,指观念丰富、自然通顺、运用自如;二是联想的流畅性,指在思考问题时能够由此及彼、由表及里、举一反三、牵一挂十。

7.对象的潜在性

创新思维的成果在一定范围内具有首创性、开拓性,是前所未有的。尽管创新思维活动是从现实的活动和客体出发的,但它的指向不是现存的客体,而是一个潜在的、尚未被认识和实践的对象。创新思维的对象或者是刚刚进入人类的实践活动范围尚未被人类所认识的客体,人们只能猜测它的存在状态;或者是人们虽然有了一定的认识,但还非常肤浅,有待于从深度和广度上进一步认识的客体,这两类客体都带有潜在性。

8.不确定性

由于创新思维活动是一种探索未知的活动,受着多种因素的限制和影响,如事物的发展及其本质暴露的程度、创新主体的认识水平与能力、实践条件与水平等。因而不能确保创新思维一定能取得成功。就创新思维活动本身而言,出于探索未知的需要,创新思维敢于开拓创新,摆脱思维定式的束缚,用新思路、新方法去解决问题。然而,在探索前人尚未涉足的领域时,试探性的思路和方法是无法确保思维成果一定正确的。试探性的探索未知的创新思维活动往往失败多于成功,风险大于机遇,因此,就创新思维成果而言,具有明显的不确定性特征。不过,即使失败也是值得的,因为不经历失败就不能通向成功,失败能给人以启示和借鉴,“此路不通”才会另寻新路。

三、创新思维的基本模式

创新思维是在不断解决矛盾和问题的过程中被激活的,应在不稳定中求稳定,不平静中求平静，在无序中求有序。人们通过对创新思维实践的研究，从中找到它运行的基本模式。

历史上许多学者对创新思维提出过不同的模式，具有代表性的有以下3种：

一是美国创造学奠基人奥斯本提出的“寻找事实—寻找构想—寻找解答”的三阶段模式。

二是英国心理学家华莱士提出的“准备—孕育—明朗—验证”的四阶段模式。1945年华莱士曾对历史上一些杰出的创造性人物如何从事创造进行了考察，提出问题解决的4个步骤模式：①准备。问题解决者认识问题的特点，试图用一些适当的术语来进行界定，并由刺激模式引起多方面的联想，这是一个搜集信息的时期。②孕育。这个阶段在性质和持续时间上变化很大，可能是几分钟，也可能是几年，表面上看，好像问题解决者没有做什么有意识的工作，但尔后对问题重新予以注意，却能很快解决问题。③明朗。发现解决问题的办法，产生类似顿悟一样的感觉。④验证。提出的解决问题的办法必须详细地具体地叙述出来，并加以运用和验证，如果证明是成功的，问题就解决了；如果不成功，则必须部分或全部重复前面的过程。以上4个步骤既是问题解决的过程，同时也是创新思维产生的过程。

三是美国实用主义哲学家杜威提出的思维五阶段模式。这5个步骤是：“感觉到的困难；困难的所在或定义；对可能的解决办法的设想；运用推理对设想的意义所作的发挥；进一步的观察和实验，它引导到肯定或否定，就是说得出是可信还是不可信的结论。”①

各种创新思维模式所划分的阶段及强调的重点尽管有所不同，但都包括提出问题—酝酿解决问题的新方案—验证结果3个基本阶段。

根据创新思维突破旧的常规思维定式和成功实施后的社会价值标准，创新思维的基本模式包括以下5个阶段。

(一)发现问题阶段

人类要生存和发展，就离不开对物质生产和精神生产的需要，人们不断产生的需要与现实之间的矛盾推动人们不断提出要解决的各种问题。因此，发现或提出问题以及由此而产生的解决问题的欲望成为创新思维的起点。爱因斯坦曾说过：“提出一个问题往往比解决一个问题更重要。”因为提出一个新的问题、新的可能性、从新的角度去看旧的问题，需要有创造性的想象力，并且发现或提出问题本身也具有独立的价值，尽管提出问题的人并不一定能完全解决他所提出的问题。例如，著名数学家希尔伯特在1900年向全世界提出的23个著名数学问题，对20世

---

①转引自：全增嘏主编. 西方哲学史. 上海：上海人民出版社，1985：570-571。

纪数学的发展起了巨大的推动作用。

发现或提出问题,需要认真总结过去已有的成绩和经验,找出问题之所在。创新主体必须激发自身的创新意识,培养自己善于发现问题的能力,才能开启自己创新思维。人们发现问题的途径是多样的,有的是在观察实验中发现了问题;有的是在生产或销售中发现了问题;有的是在资料收集中发现了问题;有的是在研究以往的或现实的理论学说时发现了问题。总之,发现问题是开启创新思维的起点。

(二)发散酝酿阶段

这一阶段是寻求解决问题的思路和方法的阶段。在这一思索阶段,虽然创新主体还未确定解决问题的思路与方案,但问题解决的思路与方案正处在酝酿之中,亦即创新思维正处在酝酿阶段。在酝酿阶段,创新主体要运用分析、比较,充分发挥想象力独立的进行思考,以探求有关问题的解决方案。为了解决问题,要求创新主体要开拓新思路、寻找新办法。要从多层面、多角度、多途径进行思考。围绕解决问题的目标,既要运用传统的方法,也要有足够的突破力以摆脱传统思维定式的束缚。

在具体操作上,一是聚焦目标,分解问题;二是把握要点,拓展重点;三是运用创新思维的具体形式如发散思维、收敛思维、逆向思维、联想思维等分解、组合、简化和归纳问题,从而形成解决问题的思路与方案。

(三)顿悟创新阶段

创新主体经过长期酝酿探索,灵感突然出现,立即茅塞顿开,进入到顿悟阶段。在瞬间获得意想不到的解决问题的办法,为百思不得其解的问题的解决提供了可能。

顿悟是极其复杂的,在通常情况下,顿悟是多种思维活动相互作用的产物。顿悟出现的方式、程度是多种多样的,有的是在潜意识中出现,有的是因受某种外界事物或现象而被激发,如观察事物、意外事件、辩论、谈话、散步、做梦、晨醒等。

顿悟是创新思维过程的飞跃,顿悟的结果就是提出解决问题的新方案,使需要解决的问题找到初步的答案。尽管这时的答案还是假说,尚需经过多次验证才能成为科学的方法和理论,但在顿悟中所获得的惊喜仍然是难以言状的。据说阿基米德为解决国王提出的金冠之谜,在百思不得其解的境况下,在洗澡时突然顿悟到了解决难题的办法,竟欣喜若狂地忘记穿衣服就在大街上狂奔高呼道:“我发现了!我发现了!”正是:众里寻他千百度,蓦然回首,那人却在灯火阑珊处。顿悟的结果并不是创新思维的终结,而必须继续下去直到问题的解决。

(四)验证假说阶段

在顿悟阶段由灵感触发所形成的新设想、新观点、新见解、新方法、新理论、新方案等是否反映了对象的本质和规律，是否有效可行，还需经过一个以理论知识为依据，并遵循合理的逻辑规则，对其进行实践检验的阶段。

在这一阶段，操作能力与评价能力起着特别重要的作用。一般来说，验证假说的方式视具体情况而定，或展开集体讨论，或个人进行实验，等等，以便作出最后评价。在评价过程中，必须考虑新方案的经济价值和社会价值，必须考虑新方案是否符合时代的道德规范和法律规范。通过验证阶段，对顿悟结果进行确认，或否定、或扬弃，或补充、或修改，对不正确的创新结果就淘汰掉；对比较正确的创新思维的产物就保存下来；对不完善的创新结果经过创新思维的进一步加工使其日臻完善。

（五）成功实施阶段

成功实施阶段是创新思维的质量、水平及价值的最终体现。只有获得更高价值的成功实施，才是真正意义上的创新思维。所谓创新思维的成功实施阶段，就是创新思维的外化过程，是创新决策付诸实施的阶段。在实施过程中，要保证新设想、新方案的成功，就必须使制定的最佳决策得到落实。在实施过程中，不可能不遇到意想不到的新情况、新问题，以及来自外界的干扰和阻碍，因此要求创新主体还要付出坚毅的、顽强的、精细的、艰苦的劳动，排除一切干扰，使创新举措获得成功。只有不畏劳苦沿着陡峭山路攀登的人，才有希望到达光辉的顶点。

综上所述，创新思维的基本模式是一个由现实需要而发现问题，经发散酝酿、顿悟创新、验证假说，而最终成功实施的五段论多元综合系统。

第二节　创新思维的品质与功能

一、创新思维的品质

思维品质又称智慧品质，是指思维的品性与素质。思维品质是思维能力的主要反映形式。所谓创新思维品质是指创新思维的广阔性、深刻性、变通性、敏捷性、批判性、独创性品性与素质。

创新思维品质与传统思维品质有着根本不同，因此，创新思维主体要有善于广泛联想的品质，要有发掘事物腠理的品质，要有善于变通的品质，要有敏捷思索的品质，要有勇于批判现状的品质，要有敢创奇异的品质。

（一）创新思维的广阔性品质

创新思维的广阔性品质即思维的广度，是指创新思维主体在思考时最大限度地荡开思绪，在尽可能大的范围内联想起别的事物、观念和问题，以期产生各种不同的新的思想或观念。

当针对确定的思考对象进行思考时，要破除各种思维定式，要扩大思维的视野、范围和领域，把对象放在更广阔的背景里加以考察，注重思维的发散和辐射。时不分古今，地不分南北，类不分彼此。以广为务，以量取胜，量中求质。这样，思维就变得宽广起来了。

人们可以变换不同的视角来审视问题：求同、求异；有序、无序；自我、非我；肯定、否定；来日、往日的思维，都是一种有效地拓展解决问题的思路的办法。只有使自己的思维纵横驰骋，才能从容地应对各种矛盾，才能克服思维的片面性和局限性，洞察到事物的奥秘。牛津大学的欧文教授所著《牛津个人生涯设计》一书中提到用中国古代的八卦法来拓展视野。举凡一个问题，设法想出与它有关的 8 个相关问题，8 种解决方式，思维就会开阔起来，活跃起来，创新就蕴涵其中。比如说一个人的性格就可以从责任心、自信心、判断力、创造力、目标感、幽默感、正气、衣着等方面来认识。

对于那些平常见惯不惊的事物，不妨换一个视角重新审视一番，往往可以发现许多奇妙的东西。比如说，有的企业家就把气象预测也纳入企业经营的范围。一位企业家说过："靠气象发财也是一门学问，市场的经营者应该掌握温度的上升下降和产品销量增减之间的函数关系。"据德国的一些啤酒公司分析，当气温高于 24℃时，啤酒开始销动；在盛夏季节，气温每上升 1℃，啤酒将增加 230 万瓶的销售量。

由于思维对象的属性多种多样，因而思维的广度可以无穷拓展，可以是对象功能的拓展，也可以是方法途径的拓展。拓展思维的广度，也就意味着思维数量的增加。思维数量的个数越多，可供选择的余地就越大，创新的可能性也就越大。谁也不能保证自己所想出的第一个点子就是最好的。

(二)创新思维的深刻性品质

创新思维的深刻性品质是指思维要有深度，见解要深邃透彻，通过对思维对象本质和规律的把握，预见其发展趋势的能力。其主要表现是：透过现象抓住本质，从事物的现状把握它的发展过程，从具体领域进入抽象领域，从原因探索结果或从结果追溯原因，等等。思维深刻性在于善于从多方面和多种联系、关系中去理解对象，善于分清主次，分辨表里。从而洞穿其本质、根源和根本，预测其发展趋势和未来状态。深刻性思维"深"就深在能发人所未发，见人所未见，得到他人得不到的结论。

面对五光十色、纷繁复杂的大千世界，人们的思维往往受到各种各样的束缚。如果少一些懒惰、少一些浅薄，多一些勤奋、多一些深邃，就更能发挥思维的创新能力了。每当我们的思维深度扩展一个层次，一个更加广阔的世界就会展现在眼前。

著名管理学家列维特曾指出,20 世纪 40 年代的电影业者普遍认为,自己出售的产品是“电影”,消费者购买的也是“电影”——那种在银幕上活动的图像。他们本来应该从更深刻的层次上看到,消费者所愿意购买的并不是“电影”而是“娱乐”。于是,当电视机刚刚出现的时候,许多电影业者对它嗤之以鼻,没有把握住转折的机会,最后终于受到无情的打击。

在人类已迈进知识经济的今天,知识的快速发展,社会的急剧变化,更加要求思维的深度。只有这样才能使自己适应时代发展变化的要求。扩展创新思维深度的方法多种多样,可以通过抽象化能力训练,可以通过判定因果关系能力训练,等等。

(三)创新思维的变通性品质

创新思维的变通性品质是指创新思维主体善于打破原有的思维定式和知识框架,随机应变,以超出常人意想不到的方式方法,摆脱困境,解决问题。变通性品质崇尚以巧妙灵活的手法,以超越常理、常规、常识、常法的方式摆脱困境,迈向通途。往往在看似山穷水尽、无路可行的困境中杀出一条血路,闯过难关,绝处逢生。

例如,美国一位名叫鲍罗奇的专制罐装中国食品的生产商,在一次食品鉴定会上,他打开一瓶自己公司生产的“青菜罐头”请专家们品尝鉴定。然而,他一打开罐头就看见青菜叶里卷着一只小蚂蚱。这只小蚂蚱肯定会使他公司的产品声名狼藉。怎么办?在专家们还没有注意到小蚂蚱的瞬间,鲍罗奇头脑中迅即闪现出一连串的应急办法:给专家们解释掺杂小蚂蚱的原因;是考验专家们眼力的;是故意开玩笑逗乐的;不让专家们看到小蚂蚱;把小蚂蚱搅到罐底;把罐头故意失手泼掉;想办法再换一罐;小蚂蚱是一种特殊调味料;小蚂蚱是一种营养添加物……而鲍罗奇最终实际采用的应急办法是,迅速操起勺子,舀起卷着蚂蚱的菜叶,闪电般地送进自己嘴里,还故作幽默地说:“这么香的菜,我都忍不住要先尝一口!”

创新思维的变通性,善于随机应变而不为成见所囿。创新思维主体能随时空变化以及条件对象的变化改变原有的解决问题的方案,适应新情况,灵活地采用不同的方法和途径来解决问题。变通手法因时而异,因地而异,因人而异,难穷其极。变通是情急之中逼出来的,很少是事先策划好的。变通不是随意乱变,而是变而通,变通出新奇,常常能在绝望中招徕一缕曙光。

(四)创新思维的敏捷性品质

创新思维的敏捷性品质是指思维主体的思维在短时间内能迅速发动起来,面对思维对象,不优柔寡断,能迅速果断地作出反应,及时拿出解决问题的方法和途径。创新思维的敏捷性品质不仅包括反应迅速,而且包括判断准确、果断。

思维要敏捷,必须以良好的综合素质为前提。首先,要以广博的知识、宽阔的思路和变通的思维为基础。知识面广则思路能多头突进,知识面窄则思路会处处受阻。必须指出的是知识的多少靠的是积累,知识的应用靠的是调动。在短时间内将各种知识调动出来直指思维目标,直接产生效益,这是极为重要的。思路开阔,才能思想辐射,纵横驰骋。其次,要以良好的记忆品质为前提。只有具备了能迅速正确地从自己的记忆库中提取所需要的知识经验的能力,才可能在迫切的情况下当机立断,敏捷地、及时地解决问题。再次,要依赖于高度发展的观察力和良好的注意力。这样才能对外部刺激作出迅速反应。总之,创新思维的敏捷性品质是一种综合性品质。

面对复杂的现代社会,外界客观刺激不断变化,思维迟钝麻木就难有作为。在过去农业社会中可以悠然自得地生活,而在现代社会则需要敏捷加效率。因此,我们要自觉地训练并增强思维的敏捷性能力。

(五)创新思维的批判性品质

创新思维的批判性品质是指创新思维主体在思维活动中冷静地考虑问题的判断能力。思维主体要用批判的目光审视世界万事万物,不轻视、不迷信、不被强烈的暗示所动摇,有主见地分析、评价事物。发现他人未曾发现的问题,挑剔他人未曾挑剔的缺陷。

创新思维的批判性品质要以独立思考为前提。只有善于独立思考,才能辨别是非曲直,对正确与错误作出相对正确的判断。那种人云亦云、左顾右盼的人,迷失自我、附和他人的人,其思维是不可能具有批判性的。

对于创新思维来说,批判性品质非常重要。第一,批判性品质能使人发现落后,认识落后,进而改变落后。第二,批判性品质能指引人们向往创新,追求创新,进而调动智慧去实现创新。思维一旦有了批判性品质,思路就开阔了,认识就会更加深刻。

思维的批判性就是思维不满足于现状。批判的对象是全方位的,包括:①对物的批判。以批判的眼光审视具体事物,或批判其功能上的不足,或批判其使用上的不便,或批判其设计上的不合理,等等,让其瑕疵、缺陷统统暴露出来,为创新创造条件。②对事的批判。人世间凡事都有一利必有其弊,关键是哪一个大,哪一个小,要看清楚想明白。好事往往使人忘乎所以,以为一好百好,看不到它可能出现的相反的一面,结果往往招徕不好的后果。③对人的批判。就是批判人的缺点,批判历史定见,正确评价历史人物,深化人们的见解,树立正确的价值标准和取向。

创新思维的批判性品质在运用过程中特别要注意鉴别方法的掌握和批判点的选择。这是提高思维批判力的关键。

(六)创新思维的独创性品质

创新思维的独创性品质是指创新思维主体善于独立思考,追求思维的独特、新颖和先进。不依赖不盲从,能独立地提出问题和解决问题。追求创意独特,不流于俗套;追求创意新颖,一新众人耳目;追求思维先进,领先于他人,领先于时代。

独创性品质是创新思维的最高品质、核心品质,它是建立在其他品质基础之上的最高追求和最终目的,即取得独到、新颖、优质的思维结果。因此,要求创新思维主体必须要有全新的思想观念,敢于冒天下先,勇于独领风骚。不能四平八稳,斯斯文文。欲求新求特,就不能循规蹈矩,要敢"冒天下之大不韪","出格"、"反常"又何妨?

中国传统文化中"顺"与"从"的美德教育,极大地束缚了思维独创性的发展。在快速发展的知识经济社会中,需要更多的思维独创与果断决策,否则,就会丧失发展机遇。在处理纷繁复杂的各种矛盾和突发问题时,只有独立决断才能在千变万化的社会中有所发展,有所创造,有所成就。

二、创新思维的功能

创新思维是人类思维的精华所在,它能激发出人们潜在的智能,帮助人们摆脱困境,达到旧貌换新颜的目的。

1. 创新思维是深化认识的关键

创新思维所要探索的是对象的内在本质和规律性,是思维的高级阶段。它要求人们运用综合知识和才能去审视对象,不仅要知道对象是什么,而且还要知道为什么,怎么做。因此,创新思维能使人们从表面深入到内部,从现象深入到本质。

在现实生活中,有不少问题和矛盾看似明摆着的,但很多深层次的问题和矛盾却是隐藏在现象背后的,只有运用创新思维才能知人所未知,见人所未见,言人所未言,才能说出他人不能说出的"新话"来,走出他人未能走出的"新路"来,干出他人不能干出的"新事业"来。

2. 创新思维是推动历史进步的动力

没有创新思维就不会有人类社会的产生和进步。人类历史上的所有新事物应该说都是从思维的创新开始的。只要具备了创新思维,人们就可以用它去解决各种各样的问题。创新思维所激发出来的人的智慧,在人类社会中主要通过思想创新、制度创新、科技创新、文化创新等体现出来。人类历史上任何一次社会变革,任何一种科技创新,任何一种文化的创造,都是当时人们发挥创新思维的结果。

人类运用创新思维能力首先在头脑中创造设计出无数自然界中并不存在的东西,并发挥自己的创新能力,通过实践把这种思维创新变成实实在在的现实,从而推动人类社会不断进步,不断开创人类数千年文明史的新篇章。

3.创新思维是实现自身价值的主要途径

创新思维来源于不断发展的实践之中,产生于创新主体不懈的自觉追求之中,形成于理论与实践的有机结合之中。离开了主观努力,是不可能开发和提升创新思维的,更是不可能实现创新的。只有自己才是培养、训练和提升自身创新思维的真正主人。

人们的需要是不断发展变化的,是多样的。满足人们不断增长的各种需求,实现对美好幸福生活的追求,离不开创造,离不开创新思维。创新思维是个人人生奋斗、实现人生价值的主要途径。正如拿破仑所说:"创新是力量、自由和幸福的源泉。"日常工作能否出色完成,事业追求能否达到,人生理想能否实现,都离不开创新思维。

4.创新思维是攻克难关的法宝

人们在学习、工作和生活中,处处都有矛盾,处处都会遇到难题。对那些常规思维无法解决的难题,创新思维因其独特的品质和灵活的方法,往往是攻克难关的法宝。

创新思维具有勇于进取的锐气和善于机智应变的灵气。所以,在创新活动中,面对各种各样的困难,有的甚至是常人难以逾越的障碍,创新思维最具穿透力。

5.创新思维是在竞争中制胜的利器

现代社会是一个充满竞争的社会,国与国之间,民族与民族之间,各种不同的经济主体之间,个人与个人之间的相互竞争构成了社会生活的主旋律。竞争的社会潮流使创新思维更加为人们所需要。

具有创新思维的头脑能严肃地正视现实,精明地预测未来,因而富于前瞻性,总是能抢在他人前面产生创意。能快人一步,抢得先机,使自己在竞争中获胜。

第三节 创新思维的基本类型

创新思维是综合性思维,它的具体表现形式复杂多样。其基本类型有发散思维、收敛思维,逆向思维、侧向思维,想象思维、联想思维,分解思维、组合思维,灵感思维、直觉思维,等等。

一、发散思维与收敛思维

发散思维与收敛思维,是美国著名心理学家吉尔福特首先提出的。美国科学哲学家托马斯·库恩也认为发散思维与收敛思维在科学发展历程中是彼此之间保持“必要的张力”的两种思维方式，这两种思维方式在科学创造和发展历程中发挥了重要作用，是创新思维的表现形式之一。

(一)发散思维

发散思维，又称扩散思维、辐射思维、多向思维，是指思维主体在思维过程中充分发挥人的想象力，突破原有知识圈和思想框架的束缚，从不同角度和不同途径去思考，用多种手段和方法去探索，从而获得多种解决问题的设想、方案和办法的思维过程。发散思维的思维路径是由一点向四面八方散射开去，每一条思路都是由问题中心出发，各条思路之间没有逻辑联系，因此，发散思维是一种多视角、多层面的思维过程，是一种非逻辑的思维形式。

发散思维是一种推测、想象，是一种朝着多维方向变化、试探的创造思维过程，它表现了思维的多极性广阔性的特点，这是一种解放式思维。掌握这种思维方法，关键要打开思路。第一，不能有先入为主的观念，不受现存的方式、方法、规则或范畴的约束；第二，要学会自觉地运用将熟悉事物当作陌生事物看待的创造学原理，要有新创造，就必须提出和解决众人没有想到的问题；第三，在思维过程中，要尽可能想出更多的问题，找出更多的答案，越多越好。

发散思维具有 4 个显著特点。①多向性。多向性就是思维不是沿着单一方向进行，而是充分发挥想象的作用，对同一问题从多个切入点切入，沿着多路方向思考。②流畅性。流畅性是指思维进程顺畅无阻，通过思路的扩展能在短时间内得到较多的思维结果。发散思维的流畅性特点体现为思维的速度指标和数量指标。通过增加思维数量的多少来引出思维质量的“好”，因为数量越大，可供选择的就越多，产生创新的可能性就越大。③变通性。变通性是指思维在广阔的范围内纵横联系，迅速地转换思路，跨领域展开思维，从而形成一个立体思维之网，以获得更多的思维结果。变通性特点体现为思维的类别指标和变化指标。只有通过“变”才能达到“通”。例如，汽车发明后对欧洲生产马具的工厂产生了巨大冲击，大部分马具厂商纷纷破产。极少数善于变通的马具厂商转而生产皮鞋、提包等皮革制品，从而获得新的发展。所以，变通就意味着创新，意味着新生。④独特性。独特性是指发散思维的新颖、独特和稀有。独特性是建立在流畅性和变通性基础之上的，是发散思维的灵魂。离开了独特性，发散思维就失去了创新的意义。所以，发散思维的独特性体现了思维的超越本质。

发散思维在创新活动中发挥着重要的作用，能拓展思路，是创造性想象形成的基础。如吉尔福特所说：“正是发散思维使我们看到了创新思维的最明显标志。”发散思维为随后的收敛思维提供尽可能多的方案，为收敛思维提供保障。

(二)收敛思维

收敛思维又叫聚敛思维、集中思维、聚合思维。收敛思维是指在发散思维的基础上根据可能的条件使不同方向、不同角度、不同层面、不同领域的思路指向问题中心,从许多已有的信息中推演出适合某种要求的信息以达到解决问题的目的的思维过程。收敛思维实质上是由多个信息产生一个信息,寻求唯一答案的思维。

收敛思维的全过程是按逻辑程序进行思考的求索、求证过程。它主要有以下3个特点。①逻辑性。收敛思维在对多个信息按照某种具体要求进行聚合时,是环环相扣按一定的逻辑关系进行的,因此具有逻辑性。②比较性。发散思维产生的多个信息一般来说多数是不成熟的,因此收敛思维在发散思维提供的多个信息基础上,必须逐个比较、筛选,以找出最适合某种具体要求的信息。这就是收敛思维的比较性。③同一性。收敛思维是把许多发散思维的结果按同一个方向、同一个目标、同一个要求由四面八方聚合起来,求得一个最适合某种具体要求的合理结果。

收敛思维是人们在思维过程中进行比较和选择的锐利武器,是人们在思维过程中进行推演、求索和求证的必不可少的思维工具。

(三)发散思维与收敛思维的关系

吉尔福特说:"也许我们正需要发散思维与收敛思维之间的协调。"托马斯·库恩也说:"我认为发散思维与收敛思维对于科学进步是同样重要的。这两种思维方式必然会发生冲突,因此,要善于使两者之间保持一种张力。"发散思维与收敛思维各自具有自身的优点和缺点,各自具有自身的独特作用,是相辅相成、互相补充的两种思维形式。

发散思维与收敛思维的主要区别在于:①思维指向相反,发散思维是由问题的中心指向四面八方,收敛思维是由四面八方指向问题的中心。②发散思维是一种求异思维,提供思维方式和方法的多样化和多向化,有利于拓展思维和启发思路;收敛思维是一种求同思维,提供思维的逻辑性,有利于确定问题和最终的解决方案。

发散思维与收敛思维的联系在于:①发散思维是收敛思维的基础,离开发散思维,收敛思维就没有了加工对象,就没有了源头。②发散思维也离不开收敛思维,离开收敛思维,发散思维将失去控制而陷入无序状态,变成混乱性思维,成为胡想乱想。③发散思维与收敛思维交互作用统一。思维发散到一定程度,就需要收敛,然后又在新的基础上发散,进而在更高层次上收敛。所以,发散—收敛—再发散—再收敛……由此构成人类思维发展的动态过程。每经过一次循环,人类的思维都上升到一个新的水平。

二、逆向思维与侧向思维

(一)逆向思维

逆向思维也叫“反向思维”,是指从事物现存关系的反面、完全相反的方向和角度提出问题、思考问题、解决问题的思维方式。逆向思维是有意识地寻找对立面,以创造新的概念和思路。这种从对立的、相反的角度去想问题的方式往往能打破常规,破除由经验和习惯造成的僵化的认知模式。

逆向思维不单是思维顺序或思维过程的逆向,更主要的是事物现有状态和关系的逆向。逆向思维更不等于逆反心理。逆反心理是人与人之间关系中一方对另一方极不信任、高度戒备的心理状态,而逆向思维是人们为了更迅速、更方便、更正确地认识自然和社会的一种思维方法,而不是专门针对哪些人的心理行为。

逆向思维是一种极具创新性的思维形式,其创新性源于其自身的特点。逆向思维的特点有:①逆向性。逆向思维是有意识地从对立的、相反的角度去思考问题,主动向传统、习惯和权威挑战,与常态和习惯反着来,反其道而行之。②求异性。逆向思维的求异性是指用挑剔的眼光去审视对象,对原有思考视角进行彻底的反转。③批判性。逆向思维具有反惯例、反传统的性质,以批判的眼光看待常规和传统,使人耳目一新。

逆向思维有助于克服认识和实践中的直线论,开拓新思路;有助于启发人们按照事物发展固有的曲折性把正反两个方面的认识结合起来。逆向思维是发现错误、坚持真理的有效方法,是揭示事物潜在性质的有力手段。例如,某鞋厂委派两名推销员到非洲去开发市场,推销员 A 看到土人都光着脚,没有一个穿鞋的,便认为推销没有市场,而推销员 B 却认为土人没有穿鞋,正是推销的好对象,很快在非洲设厂生产鞋,生意越做越红火。我们观察事物都是从某个观点出发,形成对该事物的概念或印象。如果改变观察的视点,将会带来新的看法,赋予事物以新的意义,正是这种新的意义隐藏着机会。

当我们的思维沿着预定路线走不通时,不妨朝相反的方向想一想,或许立即就会“柳暗花明”。日本科学家江崎在提高晶体管纯度的试验中,一直沿用“排除杂质”的思路,却始终难以把杂质排除干净。后来他的助手大胆提出:“能不能试一试相反的方法——加进杂质呢?”结果,他们发现了“隧道效应”,研制出“隧道二极管”,在无线电领域产生了巨大影响,获得了诺贝尔奖。

逆向思维有很多类型,包括原理逆向、功能逆向、因果逆向、过程逆向、程序逆向、状态逆向、方位逆向、思路逆向、行为逆向,等等。

(二)侧向思维

侧向思维也叫迂回思维,是指在原思路受阻而不能直达目标的情况下,换一个思考角度,从事物的联系之中或从某一思路的侧面去开拓思路以解决问题的思维方法。

侧向思维是把注意力放在事物的外部,从问题的侧面的某个角度进行思考。之所以选择侧向的思维路径,是为了绕过达到目标的最大困难或障碍。例如,眼前要想过河而无桥,不会侧向思维的人只会想到"游泳"、"乘船"等从河面上渡过去的想法。而运用侧向思维就会根据实际情况想到从水下、空中、上游、下游能否发现或找出迂回之路。

侧向思维的特点是从事物的外部特征和特点的相似性思考问题。例如,在解决罐头不易开这个难题时,工程师威廉·戈登不是去想罐头难开的问题,而是思考香蕉皮易剥的特性。最后通过香蕉皮容易剥离的特性来解决罐头难开的问题,发明了易拉罐。

(三)逆向思维与侧向思维的关系

逆向思维与侧向思维的区别主要在于思维方向上的差异:逆向思维是从完全相反的方向和角度提出问题、思考问题和解决问题,侧向思维是从侧面的某个角度提出问题、思考问题和解决问题。

逆向思维与侧向思维都是有方向选择的发散思维的特例。发散思维强调的是多角度、多层次思考问题,但在实际运用中,逆向思维与侧向思维较容易掌握和实施,所以逆向思维与侧向思维被广泛应用。在创新活动中,逆向思维与侧向思维综合使用会取得意想不到的奇效。例如,1934 年圆珠笔发明后,因使用方便而受到人们的普遍欢迎,后来因漏油而滞销,因为每当笔芯写到 2 万字左右时由于滚珠磨损变小而漏油。对此问题美国许多圆珠笔厂商都进行了圆珠笔滚珠的耐磨性研究,纷纷使用耐磨性金属材料制作滚珠以延长其使用寿命,结果因成本增加而降低了市场竞争力。日本的田中腾三郎另辟蹊径,不考虑滚珠的耐磨性,而考虑控制圆珠笔的油量,通过减少油量而解决了圆珠笔漏油问题。可见,逆向思维与侧向思维配合使用是会取得意想不到的结果的。

三、想象思维与联想思维

(一)想象思维

想象思维是对大脑中的记忆表象按照事物可能存在的发展变化的逻辑关系进行加工改造而创造新形象的思维活动过程。想象思维离不开形象知识,因此是形象思维。一般来说,形象思维能力强、思维灵活、好奇求异、知识面广、记忆力强的人想象力比较强。

想象思维是人类独有的智能，想象力是创新的基础。爱因斯坦说："想象力比知识更重要，因为知识是有限的，而想象力概括着世界上的一切，推动着进步，并且是知识进化的源泉。"[①]知识是以前对已有的认识，只有想象思维才能帮助人们认识新事物，创造新知识。

想象思维具有形象性、主动性、无限性、超前性、独创性等特征。

(1)形象性。想象思维是对记忆表象重新整合而创造新形象的过程，这种新形象既可以是没有直接感知过的事物形象，也可以是现实中尚不存在或根本不可能存在的事物的形象。想象思维活动处理的基本元素是表象，是图形信息，而不是语词或符号。

(2)主动性。想象思维的主动性是指思维主体的自主性和能动性。要想象什么，为什么要想象，如何想象，什么时候想象，想象到什么程度等由思维主体自己决定。具有鲜明的自主性和能动性。

(3)无限性。想象思维的无限性是指想象不受时间、空间的限制，可以跨时空在无边无际的空间和无限的时间隧道里自由驰骋。例如，著名科幻小说家儒勒·凡尔纳想象到的潜水艇直到近一个世纪之后才变为现实。

(4)超前性。想象思维可以重新整合记忆表象以形成新的形象系统对客观现实超前反映。想象能帮助人们超越现实，想象的结果出现在当下现实之前。这是人脑创造活动最重要的表现。马克思说："劳动过程结束时得到的结果，在这个过程开始时就已经在劳动者的表象中存在着，即已经观念地存在着。"[②]

(5)独创性。独创性是指想象的独立创新的特性。想象的主动性为想象的独立性奠定了基础。思维主体因能力、心理、知识、记忆力等条件不同，想象各有差异，独具特色。只有独特的想象才能构成创新，所以，独创性是想象思维最宝贵的特性。

想象思维的类型很多，心理学把想象一般分为以下几种类型。无意想象即无目的的随便的想象；有意想象即有目的的自觉进行的想象。有意想象又可分为：再现型想象，即在头脑中再现并输出曾经感知过的某种具体形象的思维过程；再造型想象，即根据他人描述的有关背景材料而在头脑中产生从未真实感知过的具体形象的思维过程；创造型想象，即思维主体有目的地对自己头脑中的记忆表象进行加工重组而产生现实中不曾存在的新形象的思维过程；幻想型想象，是创造型想象的

---

①爱因斯坦文集：第1卷.北京：商务印书馆，1976：284。

②马克思恩格斯全集：第23卷.北京：人民出版社，1972：202。

极端形式，其特点是以现实世界为出发点但结果又超出现实很远而一时难以实现。幻想型想象有无意义幻想和有意义幻想之分，有意义幻想是创造活动的源头。

想象思维在创新活动中有着非常重要的作用。第一，想象是创造发明的先导，一切创造发明无一不是想象的结果，不会想象的人即使知识十分丰富也不会有任何创造。想象在创造发明过程中构思预期结果，指示方向，开辟道路，描绘蓝图。一切成功的创造发明都离不开想象。第二，想象还是激励科技发明和文学创作的动力源泉。想象能使人们看到可能产生的结果，从而激发人们不断做出新的努力。想象力也是文学创作和广告创意的源泉。例如，乾隆以作对联颂关羽之妻为题欲难纪晓岚。纪晓岚充分发挥其想象力，略一沉思道：生何年，殁何年，皆无从考；夫尽忠，子尽孝，岂不谓贤？如此妙联，非丰富的想象力难成。纪晓岚从"夫尽忠，子尽孝"的特殊背景想象出关夫人的"大贤"。此联妙在充分发挥其想象力无中生有。第三，想象思维产生了人类文明。劳动创造了人类，但创造性劳动依赖于人类特有的想象思维。人类生活的环境是人类自己加工改造的环境即"人工自然"，而"人工自然"实际上都是人想象思维的物化成果。所以，想象思维产生了人类文明。

(二)联想思维

联想思维是指在记忆表象系统中因某种诱因导致不同表象发生作用的思维活动过程。就是因某人、某事或某概念的触发而联想起相关的人、事或概念的思维。联想思维是一种由此及彼的跳跃性思维。

联想分为两大类：自由联想和强制联想。自由联想就是不受任何约束和规则限制的联想。强制联想就是有限定条件的联想。

联想思维一般可分为以下几种类型：相似联想、接近联想、关系联想、对比联想。

(1)相似联想。相似联想是指利用两个事物在形体、外貌、结构、功能、性质、意义等方面的相似而进行的联想。例如，美国工程师道立安在研究如何提高汽油在汽缸中的燃烧效率时，被怎样才能使汽油与空气均匀地结合问题缠绕。1891 年的一天他看到妻子化妆时喷洒香水，通过喷雾器相似联想发明了汽车汽化器。

(2)接近联想。接近联想是指利用事物之间在时间或空间上的接近而进行的联想。俄国化学家门捷列夫 1869 年排列出元素周期表时只有 63 种元素，还有许多空缺。他按照原子质量顺序排列，运用接近联想预测了空缺位置上元素的基本属性，后来的发现完全证实了他运用接近联想获得的预测。心理学研究表明，对任何两个概念，最多只需四五步的联想即可把它们联系起来。

(3)关系联想。关系联想是指从一事物想到与之存在某种联系或关系的联想。如由冰雪想到寒冷(因果关系)，由铅笔想到钢笔(并列关系)，由球类想到篮球(种属关系)。

(4)对比联想。对比联想是指由事物间存在相互对立或对称关系而进行的联想。对比联想极富批判性和挑战性,可能导致极有价值的创造。如从黑暗想到光明、从无想到有、从失败想到成功。

联想思维作为创新思维的重要表现形式,具有横向性、概括性、非逻辑性等特点。①横向性。联想思维过程是一个由此及彼的过程,由一事物想到他事物的过程,因而具有横向性,属于横向思维。②概括性。联想思维是一种整体把握的思维操作活动,不考虑细节怎样,因而具有很强的概括性。③非逻辑性。思维主体只要知道一事物与他事物之间的某种联系即可进行联想,因此,联想思维不具有逻辑性。

联想思维有助于强化记忆,扩展思路,引发灵感,导致创新。例如,日本南极考察队有一次在南极越冬遇到了难题:用于输送汽油的管子不够长。考察队队长运用联想思维想出了妙招:将纱布缠绕在铁管上,把水淋上去结成冰,再把铁管抽出来,解决了难题。

(三)想象思维与联想思维的异同

想象思维与联想思维的主要区别在于:①想象思维能超出已有的记忆表象范围,而联想思维只能在已有的记忆表象之间进行。②想象思维可以产生新的记忆表象,而联想思维不能。③想象思维的操作过程是多维的、立体的、全方位的,而联想思维的操作过程是一维的、线形的、单向的。④想象思维的活动空间是开放的、无限的,而联想思维的活动空间是封闭的、有限的。⑤想象思维的结果可以超越现实,而联想思维的结果不能超越现实。

想象思维与联想思维的相同点是:①想象思维与联想思维都可以借助于形象展开,同属形象思维范畴。②二者都可以呈现为非逻辑形式。③想象思维与联想思维互为起点。联想为想象提供切入点,如德国科学家凯库勒从梦中发现苯环结构的过程就是如此。想象的过程中经常运用到联想思维,选择新的切入点以深化想象。想象思维所获得的结果又可引起新的联想。

四、分解思维与组合思维

(一)分解思维

分解思维是指思维主体将思考对象的有关部分分开,对构成整体的各个部分进行更深更细的单独研究考察的思维方式。运用分解思维的目的是为了使复杂问题变成一个个相对简单的问题,使各个细节更充分地暴露出来,以便人们更容易地发现、分析和解决问题,更好地认识对象。

分解思维具有封闭性、纵向性、创造性等特点。①封闭性。分解思维的思维活动空间只在对象的内部思来想去，不是从外部去思考问题，因此具有封闭性。②纵向性。分解思维是沿着对象的内在不同组成部分、方面、层次、特点等展开的，离不开对象自身发展变化的规律，因而具有纵向性。③创造性。分解思维通过对对象的解构，会使其各个部分的特点更明显地显现出来，会使人们产生一些新的感受和认识，从而有利于新思想、新办法、新方式的产生。

分解思维在科学研究和日常生活中有着重要的作用。分解思维将对象整体化大为小，化整为零，有助于研究的深入和创新。例如派克发明的派克笔。派克早先不过是一位卖水笔的小店主，但他善于钻研，运用分解思维把笔分解为笔尖、笔帽、笔杆材料、灌墨水的方法、各部分的造型等等，然后单独研究，重新设计，研制出细笔尖、粗笔尖、双线笔尖，14k 金、18k 金、白金笔尖，旋拧式、插入式、流线型笔帽等。派克首先以流线型插入式笔帽获得了专利。这就是派克笔的起始。

分解思维的具体运用非常广泛，如分解制造法、分解销售法、分解管理法等等。当然必须牢记分解的目的是为了创新。

(二)组合思维

组合思维是指把 2 个或 2 个以上的事物（或概念、想法、原理、理论、现象、经验、方法、技术、智慧等）组合为一个新事物的思维方法。日本索尼电气试验社的菊池诚博士认为："搞发明有两条路，第一条是全新的发现；第二条是把已知其原理的事实组合。"组合思维是指导科学发明创造活动的思维。

组合思维具有同一性、多样性、创造性等特征。①同一性。组合的目的是为了创新，因此，进行组合思维时要集中于同一个目标，要优势叠加。②多样性。组合思维的多样性是指方式方法灵活多变，无限多样。如《孙子兵法》所讲："声不过五，五声之变，不可胜听也；色不过五，五色之变，不可胜观也；味不过五，五味之变，不可胜尝也；战势不过奇正，奇正之变，不可胜穷也。"[①]③创造性。组合思维能产生新观念、新设想、新技术、新产品。爱因斯坦说过："组合的游戏有创造性思考的特色。"所以创造性是组合思维的主要特征之一。

组合思维的类型多种多样，主要有以下几种类型：

(1)同物组合思维。是指把相同的事物组合到一起进行思考以求得到新事物的思维方式。如发明排笔、双管枪、多级火箭等等运用的思维。

(2)异物组合思维。是指把不同的事物组合到一起进行思考以求得到新事物

①孙子兵法新注. 北京：中华书局，1977：41-42。

的思维方式。如发明收录机、药物牙膏等等运用的思维。

(3)功能组合思维。是指把事物的不同功能组合到一起进行思考以求得到新功能的思维方式。例如,把录音机的功能与电话的功能进行组合思维后发明的录音电话。

(4)技术组合思维。是指把不同的技术组合到一起进行思考以求得到新技术的思维方式。例如,把X光透视扫描技术与电子计算机的精确定位技术进行组合后发明了CT扫描仪。

(5)原理组合思维。是指把不同的科学原理组合到一起进行思考的思维方式。例如,把电磁波原理与声波原理进行组合发明的无线电广播。

(6)现象组合思维。是指把不同的现象组合到一起进行思考的思维方式。例如,把紫外线辐射能使某种物质发出荧光的现象与水银在低压下放电产生大量肉眼看不见的紫外线辐射现象进行组合后发明了荧光灯。

(7)产品组合思维。是指把不同的产品组合到一起进行思考以求得到新产品的思维方式。例如,把几种不同的金属组合在一起变成性能不同的合金,把几件不同材料组合在一起制成复合材料。

组合思维是创新思维的主要形式之一,组合是创新的主要途径。美国阿波罗登月计划总指挥韦伯(Weber)在总结人类登月成功这个划时代成果时说:"阿波罗飞船计划中,没有一项是新技术,关键在于综合。"组成飞船登月舱的每一样东西都是原来已有的,但登月舱却是前所未有的。据统计,在现代技术开发中,技术组合型成果已占全部发明的60%~70%。所以,组合思维在创新活动中有着重要的作用。

(三)分解思维与组合思维的关系

分解思维与组合思维是相互对立,相互补充,对立统一的关系。第一,分解思维与组合思维是思维路径相反的两种思维,前者通过分解以求创新,后者通过组合以求创新。第二,分解思维是封闭的,组合思维是开放多变的。第三,分解思维与组合思维都是为了更深入、更深刻、更真实地认识事物,都是为了创新。第四,组合以分解为前提,分解必须在组合的指导下进行。

五、灵感思维与直觉思维

(一)灵感思维

"灵感"一词源于古希腊语,意为"神灵之气"。灵感思维又称为顿悟思维,它是属于超越逻辑推理的非常规思维。它往往以一闪念的形式出现。许多杰出的科学家都对灵感在科学创新中的作用给予肯定。爱因斯坦曾经说过:"我相信直觉和灵感。"我国著名科学家钱学森提倡建立灵感思维学或灵感学。

灵感思维的实质,是思维主体为获得所追求的目标,久经研究,苦思求索,在思维活动进程中所偶然显现的一次最集中、最兴奋、最强烈的智力活动和心理的高能态,是创造者在强烈创造意识和某种启示的激发下,使凝聚在大脑中的科学思路借助于创造性想象,以渐进和突发性"飞跃"的形式,使存贮的感性知识和潜在的各类"知识单元"得到重新组合,脱颖、升华出现的瞬间的思维闪光和顿悟,从而导致新知识、新见解、新设想、新发明的诞生的一种思维形式。

灵感思维具有潜行性、突发性、瞬时性、独创性等基本特征。

(1)灵感思维的潜行性。灵感思维的运行过程分为潜行阶段和明朗阶段。潜行阶段占绝大部分,一旦进入信息激发、突然得之的明朗阶段,灵感思维过程也就结束了,接下来就是将灵感思维的结果记录下来,付诸实施了。所以,灵感思维是一种潜行思维。

(2)灵感思维的突发性。是指思维主体无法预料灵感在什么时候、什么场合、受何种诱因制导便不期而至的特征。灵感往往在出其不意、突如其来的刹那间出现。一旦触景生情便产生灵感,从而使苦思冥想的问题突然得到解决。所以,灵感思维的突发性特征是就灵感思维发生的时间和表现方式而言的。如费尔巴哈所说:"灵感是不为意志所左右的,是不由钟点来调节的,是不会依照预定的日子和钟点迸发出来的。"①灵感思维的突发性并不是神秘而不可知的,它不过是思维的质变方式在思维着的头脑中的反映,不过是以偶然为补充的必然。

(3)灵感思维的瞬时性。是指经过潜意识酝酿成熟而涌现为显意识的灵感突发后,停留时空短暂,稍纵即逝而非人力所留的特征。灵感迸发于大脑高度激发的一瞬间,犹如闪电划破寂静的夜空,来也匆匆,去也匆匆,停留时间非常短暂,转瞬即逝。

(4)灵感思维的独创性。是指灵感以其巨大的、高效的潜能融进思维主体的思维活动,在瞬间使高度激发的大脑呈现出"柳暗花明"、"万涂竟萌"的状态,从而进入"信手拈来,悉成妙谛"的佳境。灵感思维的过程不为思维主体所知晓,灵感思维的结果又往往不同凡响,这便是灵感思维的创造性。灵感思维的过程和结果依思维主体不同而不同、各自具有独立的创造性。科学发展史表明,大多数创造都离不开灵感思维。

---

①费尔巴哈哲学著作选集:下卷.北京:商务印书馆,1964:504。

灵感思维的独创性实际上是非线形作用在头脑中的再现。正如奥斯本所说："事实上，艺术作品不是通过遵循某一组规律就能创造出来的，它们也不仅仅是某些可以传授的技巧的产物。在任何艺术作品中都有某种独特的东西，这种东西不是那些可传授的技巧所能制造出来的。"①

根据灵感的特点，可以创造一些捕捉灵感的方法。比如追捕热线法（即紧紧追捕在研究和实践中寻找到的突破难点的相关线索，将思维活动推向高潮，务必求得一定结果的方法）、寻求诱因法（即寻找诱导灵感发生的相关信息的方法）、搁置问题法（即把一时解不开的问题有意识地暂时放一下，转换一下思维空间，以便更深入探索问题的方法）、追踪记忆法（即把随时想到猜到的问题记录下来以备后用捕捉灵感的方法）、西托梦境诱导法（即在脑电波每秒振动 4～8 次的似睡非睡的西托梦境状态诱导灵感的方法）等。

灵感不是凭空而来的，它是建立在艰苦的努力之上的，灵感只垂青于有准备的头脑。灵感产生在良好的心态下，灵感到来伴随着巨大的情绪高涨。一般来说，灵感的产生有以下因素：

灵感的产生需要一定的知识和经验的积累。英国哲学家、数学家 A·瓦伊特赫德指出：一些人只知获取知识而不利用想象——这是科学上的"瘦人"；另一些人只想利用想象而没有知识——这是科学上的"愚人"。

灵感的产生需要对问题长时间地集中思考。正如孔子说的："学而不思则罔，思而不学则殆。"灵感只会光顾勤奋好学、对解决问题抱有浓厚兴趣和强烈愿望的人。灵感的激发需要一定的外部信息。触发灵感的方式多种多样，有情景再现、思想点化、形象呈现等，与思考的问题相互碰撞，从而产生灵感。

灵感思维或顿悟思维的基本类型有：

思想点化型灵感思维。即由文字或话语所传达的概念信息激发的灵感思维，是一种概念灵感思维。例如，现代火车刹车装置的发明过程就是思想点化型灵感思维。美国发明家威斯汀豪斯为了制造出能够同时作用于火车每一节车厢的刹车装置，苦思而不得其解。后来，他在一本汽车杂志上看到挖掘隧道的风钻的驱动力——压缩空气是用橡胶软管从几百米外的空气压缩机房送来的，从而"点化"出火车刹车装置也可用类似方法的想法，发明了火车气动刹车装置使用至今。

形体启发型灵感思维。是指由形象信息激发的灵感思维，是一种形象灵感思维。例如，观察高能量粒子运动踪迹的"液态气泡室"的发明过程就是形体启发型灵感思维。为了制造出能够观察高能量粒子运动踪迹的仪器，试验物理学家们绞

①奥斯本 H. 论灵感. 国外社会科学，1979(2)。

尽脑汁而不能如愿。格尔塞在啤酒店喝啤酒时发现米粒(或其他微粒)在啤酒里下落时产生气泡的现象,后来他利用这个原理制成了能观察高能量粒子运动踪迹的“液态气泡室”。

情景感染型灵感思维。是指由某种氛围和情景信息激发的灵感思维,这实际上也是一种形象灵感思维,主要发生在艺术创作中。例如,雪莱的诗剧《解放了的普罗米修斯》就是在情景感染型灵感思维的作用下创作出来的。他说:“我的这首诗大部分是在万山丛中卡拉卡拉古浴场残留的遗址上写作的。广大的平台,高巍的穹门,迷魂阵一般的曲径小道,到处是鲜艳的花草和馥郁的树木。罗马城明朗的晴天,温和的气候,满空中活跃的春意,还有那种令人陶醉的新生命的力量,这些都是鼓励我撰著这部诗剧的灵感。”①

潜知闪现型灵感思维。是指通过思维主体大脑内残留的潜在知识的闪现而形成的灵感思维。例如,契诃夫在谈他创作过程中的灵感现象时说:“平时注意观察人。观察生活,……后来在什么地方散步,例如在雅尔达的岸边上,脑子里的发条就忽然咔的一响,一篇小说就此准备好了。”①

梦幻提示型灵感思维。是指通过思维主体大脑内残留的潜在知识以梦幻的形式闪现出来激发形成的灵感思维。例如缝纫机的发明。19 世纪美国发明家赫威想发明缝纫机,经多次试验仍未获成功。一次他在梦中听到,如果在一天内再发明不出缝纫机来就用长矛将他处死。他看见靠近矛尖处有小洞的长矛上下晃动,赫威醒来非常激动,立即设计了针眼靠近针尖的缝纫机,获得成功。

无意遐想型灵感思维。是指思维主体在无意遐想的过程中闪现出的意识而激发形成的灵感思维。例如,著名画家苏里柯夫创作名画《缅希柯夫在别廖佐夫》过程中的灵感思维。苏里柯夫回忆说:“我住在莫斯科附近一所别墅的小房里,夏天多雨,木房狭窄,天花板低矮。下着雨,我无法工作。很寂寞,于是我开始回忆,是谁恰恰也这样在木房里坐过。我突然想到缅希柯夫……很快我就整个看到我的全部结构。只是还不知道郡主是怎样坐的。”②

灵感思维在创新活动中起着重要的作用,是促使创造性地解决疑难问题,完成创新、创作最为艰巨任务的锐利思维武器。

(二)直觉思维

直觉思维也是一种非逻辑思维,它是思维主体不借助逻辑程序、只凭借已有的经验对事物的内在联系和关键所在的一种敏锐感觉而迅速做出直接综合判断的思

①转引自:陶伯华,朱亚燕.灵感学引论.沈阳:辽宁人民出版社,1987:71-73。

②转引自:陶伯华,朱亚燕.灵感学引论.沈阳:辽宁人民出版社,1987:72。

维形式。它不依赖于对事物的原因分析和逻辑推理，而是一种直接的把握。正如爱因斯坦认为的那样，直觉是从经验到普遍命题的过渡和飞跃。美国心理学家布鲁纳认为，直觉是机灵的推测、丰富的假设和大胆迅速地做出试验性结论的思维。

直觉思维具有非逻辑性、直接性、综合效应性和结论的双重性等特征。

(1)非逻辑性。直觉思维是一种直接和自由的思维方式，是不受形式逻辑约束而迅速对问题的答案做出合理的猜测或设想的一种跃进式思维。例如，莱特兄弟鉴于鸟能飞上天空，坚信"飞机一定能飞上天空"就是一种直觉判断。

(2)直接性。直觉活动的机制是：思维主体在直接经验的基础上，从感性经验直接洞察到对象的本质。按爱因斯坦的看法就是"直接的领悟"。所以，直觉思维具有直接性的特点。

(3)综合效应性。直觉是思维主体与客体和环境的综合效应。直觉是一种迅速的、敏锐的洞察，只有在一定条件下，客体和环境的信息输送给主体并刺激主体，思维主体对客体敏感时，直觉才可能产生。

(4)结论的双重性。直觉思维的结论既有能抓住事物本质和规律而不证自明的一面，又有易于受外界干扰产生感情冲动带有主观臆测性的一面。因此，对直觉思维的结果必须在实践中加以检验。

直觉思维的表现形式多种多样，其基本类型有：

直觉判断。即思维主体对客观存在及其相互关系的一种迅速识别、直接理解和综合判断的洞察力。这种直觉判断是对对象的一种整体把握，与思维主体的经验有着极为密切的关系。正如德国数学家高斯所说："像闪电一样，谜一下解开了。我自己也说不清楚是什么导线把我原先的知识和使我成功的东西连接了起来。"①

直觉想象。由于信息不充分而无法立刻作出判断，这时就需要借助于想象和猜测，以形成一个大致的初步判断，然后再寻找证据以确定初步判断正确与否。这种想象和猜测需要运用各种思维元素，建立一种新的联系，进行新的组合，以便产生新的思想，这就是直觉想象。例如，"大陆漂移说"的提出就是直觉想象的结果。1910 年的一天，地质学家魏格纳躺在医院病床上观看挂在墙上的世界地图，他突然发现：大西洋两岸的轮廓是相对应的。于是他大胆想象，假想当年的非洲大陆和美洲大陆是连在一起的，只是由于漂移破裂而后分开了。一年后他从别人的论文知道了大西洋两岸的非洲大陆和美洲大陆有相同的陆生动物化石，才肯定了自己的发现。1912 年他在德国地质协会上正式提出了"大陆漂移说"，1915 年发表了《海陆的起源》这部划时代的现代地质学著作。

①科学研究的艺术.北京：科学出版社，1997：75。

直觉思维是创新思维的重要组成部分，在科学发现、技术发明和领导管理等方面发挥着重要作用。直觉思维可以帮助人们获得仅凭感性认识和理性认识所不能得到的认知结果，是科学创造的强烈动机和强大动力。例如，1896 年法国物理学家发现了放射现象，根据当时的实验表明，放射性与化合的情况及湿度、光线无关。居里夫人据此做出直觉判断：放射性不是化合物分子的性能，而是原子的特性；放射线不一定只有铀才有，也许别的元素也有。不久，科学实验便证明了居里夫人的直觉判断，她发现了另一种放射性元素钍。

(三)灵感思维和直觉思维的关系

灵感思维和直觉思维是对立统一的关系。具体表现在：①灵感思维面临问题需要一个长时间的潜行过程才能得到解答，而直觉思维是面临问题即时得到解答。②灵感思维出现往往就意味着对问题的解决，它解决问题的可能性相对较高，而直觉思维一般是对问题的感觉和判断，它解决问题的可能性相对较低。③灵感思维需要受到偶然信息的刺激才能得出解答，而直觉思维是直面问题就得出解答。④灵感思维与直觉思维又是相通的，有时直觉思维为灵感思维的产生提供感性基础，使思维主体在冥思苦想中思路豁然开朗。有时灵感思维又是直觉思维的特例，使思维主体一下子就抓住了问题的要害。

总之，上述思维方法是创新思维的主要表现形式。任何思维方法都有某种不足，世界上没有万能的思维方法。因此，要根据具体情况灵活运用。

第四节 创新思维能力训练

一、思维定势弱化训练

思维定势作为创新思维的对立面，需要对其弱化乃至消除，才有利于创新思维能力的提高。所谓思维定势是指思维主体反复思考同类或类似问题所形成的定型化的思维程序。思维定势是一种思维模式，是存在于思维主体头脑中的认知框架，也可以说是思维主体在加工处理来自外界的各类对象时必定要使用的一系列工具和程序的总和。每个人都有自己习惯的思维定势，这种思维定势虽然有利于日常对普通问题的思考，但却不利于创新思维的开发，而是创新思维的障碍。

思维定势有 2 个最显著的特点。①形式化结构。思维定势是一种纯形式化的模型，只有在实际的思维过程中，才会显现出思维定势的存在和不同思维定势的差异。②强大的惯性。某种思维定势的建立经过长期的过程，而一旦建立起来就具有很强的稳定性甚至顽固性，支配着人们的思维过程、心理态度和实践行为。

对思维定势要辩证地看待，一般来说，在处理日常事务和普通问题的时候，思维定势能使人们驾轻就熟地解决问题。但是，当面临新情况新问题需要开拓创新时，它就变成了阻碍新思想新观念的枷锁，不利于对新东西的吸收。

在人们的头脑中有许多思维定势，如权威定势、从众定势、书本定势、经验定势等等，极大地阻碍着创新思维的发展，因此，必须弱化“创新思维枷锁”的思维定势。

(一)弱化权威定势

思维中的权威定势来源于后天的社会环境：一是儿童在走向成年的过程中所接受的“教育权威”。人是教育的产物，每个人都要经历这种过程。二是由于社会分工的不同和知识技能方面的差异所导致的“专业权威”。由于时间、精力和客观条件等方面的限制，个人在自己的一生中，通常只能在一个或少数几个领域拥有精深的知识，对于其他大多数知之甚少或全然不知的领域只有求助于专家。一般来说，按专家意见办事大多能够成功，反之则招致或大或小的失败。于是人们便形成以专家的是非为是非，在思维中形成“专业权威”，更有甚者导致权威泛化，把个别领域的权威不恰当地扩展到社会生活的其他领域，加剧强化思维中的权威定势。

有人群的地方总会有权威，权威存在于任何时代、任何社会。权威的积极作用是显而易见的，应尊重权威，但是，若将权威神化，必然阻碍创新。因此，必须在思维中进行权威定势的弱化训练。

第一，那是以前的权威。人类的认识只有高峰，没有顶峰。任何权威都是一时的权威，没有永久的权威。正所谓“江山代有才人出，各领风骚数百年”。

第二，那是外地的权威。我们认识事物处理问题，要一切从实际出发，理论联系实际。因时制宜，因地制宜，因事制宜。由于地域的差异可能导致权威失效，所以，当听到权威的论断应当质疑是否适合本地的实际情况。

第三，那是别的领域的权威。面对“权威泛化”现象，必须澄清那是哪个领域的权威。科技界的权威未必是社会管理层的精英，反之亦然。

第四，是否是借助外部力量的权威。有些权威并不是凭借自己的实力，而是借助外部力量成为权威的。比如，借助政治力量，在某一领域身居要职；或借助经济的力量，财大气粗的全方位攻势，等等。

第五，与权威的自身利益是否有关。如果与权威的自身利益有关，这时权威的见解或评价也就失去了权威性。

(二)弱化从众定势

思维中的“从众定势”就是随大流，别人怎样想，自己也怎样想。由于为了维持人群共同体的稳定性，要求群体内的个体必须保持某种程度的一致性。当这个原则被“泛化”成为普遍的社会实践原则和个人的思维原则后，思维中的“从众定势”

便逐渐形成。

从众定势具有双重性:一方面,它有利于常规思维,形成群体的一致行动,使人产生归宿感和安全感,消除内心的孤独和恐惧。另一方面,又有阻碍创新的消极性。由于众人看法未必正确这本身就不可取,加之一味“从众”而丧失独立思考就不可能有创新,所以,从众定势的消极性是显而易见的。因此,为了创新,必须弱化从众思维定势训练。

第一,在思维中锻炼“反潮流”意识,提出一种与众不同的观念。所谓“反潮流”意识就是大家都这样想我不这样想。自己开动脑筋,独立思考,想出一种与众不同的观念。这种训练有利于逐渐削弱思维中的从众定势,并能够有效地产生创新。例如,广告商总是不遗余力地使用那些宣传某种产品如何“优质”之类的语言。但是,美国的巴本赫广告公司在1962年为德国大众汽车公司设计的一份广告却不是如此,别有新意。广告的图案是:一辆大众车的旁边写着大大的“次品”二字,下面的说明是:该车驾驶室仪表板上的小储藏柜里有一道划痕,被大众的检验员发现而鉴定为“次品”。收到了非常好的广告效果。当然,“反潮流”提出一种与众不同的观念不但需要眼光和见识,而且需要勇气,担当一定的风险。日本一家纺织公司董事长大原总一郎曾提出一项维尼纶工业化计划,遭到公司内的普遍反对。大原总一郎不屈不挠,坚持推行计划,最终大获成功。大原总一郎的父亲常对他说:一项新事业,在10个人当中,有一两个人赞成就可以开始了;有5个人赞成时,就已经迟了一步;如果有七八个人赞成,那就太晚了。

第二,提高自己承受环境压力的能力,不要惧怕众人的批评、嘲笑和蔑视,应心平气和地、恰如其分地进行辩解,尽力说服众人,让众人承认你的独到之处。

(三)弱化书本定势

书本知识是千百年来人类经验和体悟的结晶,是系统化理论化的知识体系。有了书本,前一代人能够很方便地把自己的知识、观念和价值体系传递给下一代人,使一代人能够站在前人的肩上继续前进而不必一切从零开始。书本给予人们认识世界以便捷。但是,书本知识在给人们带来无穷多好处的同时,有时也给人们带来一些麻烦。因为人们总是生活在现实世界中的,书本不同于现实,书本知识与客观实际之间并不完全吻合。所以,“尽信书不如无书”,只有对知识的运用才能拥有真正的力量。1979年诺贝尔物理学奖获得者美国的伯格曾说过:“不要安于书本上给你的答案,要尝试下一步,尝试发现有什么与书本上不同的东西。这种素质可能比智力更重要,它往往成为最好学生和次好学生的分水岭。”正因为如此,必须弱化唯书本知识定势。

第一,“正反合”读书法。“正读”:假定书中的说法完全正确,边读边为书中的看法补充新的证据、新的材料和新的论证方法。“反读”：假定书中的所有观点都是错误的，那就找出这些错误并且一一驳倒它们。“合读”：把正读和反读的结果综合起来，在此基础之上对书中所讨论的内容提出自己的新看法。

第二，书本与现实的差距。人们都知道书本与现实之间有差距，但是在面对具体问题的时候，往往忘记了二者之间的差距。试想怎样从现实中找到具体事例反驳下列知识性论断：

男人比女人有力气；

开卷有益；

众人拾柴火焰高；

冬天比春天冷；

瑞雪兆丰年；

……

第三，设想多种答案。书本上提供的答案往往是“唯一的”、“标准”答案，这种答案有时会束缚人们的头脑，减低人们的创新意识。请自由发挥一下自己的思维活力，想一想如下问题的多种答案，得出的答案越多越新奇越好：

大雁为什么向南飞；

面条是怎样做成的；

浪花为什么是白的；

熟人见面为什么要打招呼；

……

（四）弱化经验定势

思维中的经验定势是指人们因经验的相对稳定性而对经验过分依赖乃至崇拜所形成的固定思维模式。一个人的一生所看到的、听到的、感受到的、亲身经历的各种现象和事件进入头脑就构成经验，人就生活在一个经验世界里。

经验是人们处理日常问题的好帮手，好经验是一种财富，应该很好珍惜。但是，经验又具有很大的狭隘性，往往束缚着思维的展开，削弱想象力，造成创新思维能力的下降，成为创新思维的障碍。因此，要提高创新思维能力必须弱化经验思维定势。

第一，从功能视角弱化经验思维定势。任何事物都具有多种属性和多种功能，事物的主要属性和功能固化在人们的思维中就形成特定的经验。但是，事物的主要属性和功能之外还有其他的属性和功能，甚至是令人耳目一新的属性和功能，找到它创新可能就产生了。例如，电灯的传统功能是照明，弱化照明这种经验定势，开发它的其他属性，创新就产生了。开发它的取暖功能，就创新了浴霸。开发它在其他领域的功能，一系列在医疗、卫生、科研等领域的专用灯具如紫外线灯、红外线加热灯、灭菌灯、杀虫灯等便纷纷诞生了。再如电吹风的主要功能是吹头发的，但也可以用于吹干衣服、吹掉灰尘、吹干纸上的墨汁，等等。

第二，从方法视角弱化经验思维定势。在人们的经验中，运用老办法轻车熟路，方便省事，往往不愿多去想新办法。但是，老办法大多陈旧落后，难以应对新问题。而新方法却新鲜活泼，有利于开创新事业。例如，传统的写字做文章，至少必备纸笔。可是，电脑出现后，互联网逐渐普及，进入了无纸办公时代，可见传统经验办法之外还有办法。如果只有一种办法，一旦遇到重要事项就会非常危险，所以，弱化经验定势中的旧办法，创新新方法，不仅具有创新的意义，而且还有“狡兔三窟”的价值。

第三，从感知视角弱化经验思维定势。人们的经验大部分是通过感知得来的，然而由于受主客观条件的限制和影响，人们在感知事物的过程中不免要发生错觉，所以，由感知得来的经验往往是似“是”而“非”的。例如，“两小儿辩日”的故事就揭示了这个道理。

二、创新思维基础训练

(一)发散思维训练

发散思维重视思考对象或问题所提供的信息与记忆中的各种信息之间的各种联系从而产生新的信息。发散思维训练要注重思维的发散速度及数量、思路的变换，在此基础上提出新的设想。通过发散思维水平的逐步训练提高，从而提高创新思维能力。

第一，物品功能发散。物品的功能是多方面的。除了日常经验知晓的主要功能外，还可以进一步发掘其他功能，为从新的视角利用物品指明方向，进行创新。要善于进行“现有东西有无其他用途?”的思考。德国有人想出了300种利用花生的实用方法。橡胶有什么用途？有家公司提出了成千上万种设想，如用它制成衣夹、鸟笼、浴盆、床毯、棺材、墓碑、人行道边饰、门扶手等等。

例如，在5分钟内尽可能多地说出回形针的多种用途，越多越好。可能的答案至少有：别东西、做装饰物、当针用、当牙签、穿松紧带、做导线、做耳勺……

第二，概念发散。例如，在5分钟内尽可能多地说出人造的能发光的东西的名称，越多越好。可能的答案至少有：打火机、火柴、蜡烛、火把、煤油灯、手电筒、电灯、发光二极管、电视机、电焊条……

第三，属性发散。事物的属性是多样的。人们可以通过对事物属性的发散来揭示未被人们认识的事物的其他属性，进行创新。例如，苏格拉底是谁？可能的答案至少有：苏格拉底是个哲学家、是个聪明人，苏格拉底善辩，苏格拉底是那个泼妇的丈夫，苏格拉底是位伟大的父亲……

第四，情景发散。根据一定的情景场合，在允许的时间内给出多种可能的关系或情景。例如，玻璃杯破碎的各种可能的原因。可能的答案至少有：被东西打碎、被高温水烫碎、落地摔碎、被火烧裂碎……

（二）收敛思维训练

在发散分析的基础上对对象的共同特征进行观察或假设，来训练收敛思维。常用的方法有：

（1）概括法。概括思维对象以找到其共性。例如，对下列词组按意义进行分类，找出它们的共同之处，要求每组至少有3个词。

①知更鸟　②飞机　③小船　④鲸鱼　⑤黄蜂　⑥小刀　⑦短鼻鳄鱼

可能的答案：①④⑤⑦动物；②③⑥人造的；①②⑤能飞的；③④⑦在水中的；⑤⑥⑦危险的……

（2）共变法。如果某种条件发生变化，所研究的现象也发生变化，那么，这种被变化的条件就是该现象的本质特征。例如，物体运动是有“惯性”特征的，如果没有阻力，那么运动的物体就会永远运动下去。假如对此把握不准，可以设计这样一个实验，该实验控制住其他条件，只变动“阻力”这个条件，即用同一初速度多次发射同一物体，并使每一次所承受的阻力不断加大。结果会发现，其他条件不变，随阻力不断增加，物体的射程越来越短。这样“惯性”特征就可以确定了。

（3）剩余法。如果已知所研究的某一现象是由另一个现象引起的，则可以把其中确认为有因果联系的部分减去；这时所余部分也必然具有因果联系，即后一现象的剩余部分是前一现象剩余部分的原因，这种原因也常常是前一现象的本质特征之一。居里夫人就是用剩余法来推知“镭”的特征的。她已知纯铀发出的放射线强度是和一定量的沥青铀矿所含的纯铀数量相一致的。但她在实验中观察到，一定量的沥青铀矿所发出的放射线强度要比它所含的纯铀所发出的放射线强度强得多。这样，她就确定了世界上还有另一种新的元素——“镭”，它的本质特征是比铀更强的放射线。

（三）逆向思维训练

用变万事顺着想为倒着想，从对立面去想的逆向优化法来训练逆向思维，往往能产生新的创见，取得意想不到的结果，使问题得到解决。

二战后期，苏军在向柏林发起总攻的前夜，朱可夫元帅遇到了难题。苏军原打算趁天黑发动突然袭击，可这夜星光灿烂，部队难以隐蔽。贸然进攻将伤亡惨重，放弃进攻将贻误战机。朱可夫元帅用逆向优化法解决了难题。他下令征集了

140台探照灯集中照射敌军阵地，射得敌军眼睛都睁不开。苏军突然进攻，迅速解决了战斗。

要熟练地运用逆向优化法来训练逆向思维，必须多做一些练习。例如，使用逆向优化法优化“暑假有益于学生身心健康”这一设想(表4-1)。

表4-1 “暑假有益于学生身心健康”逆向思维训练

消极因素举例	积极化了的消极因素	修改设想
(1)浪费学校设施	激发出合理利用这段空暇时间的设想	利用假期举办各类培训；或让社会上非赢利组织在暑期利用学校设施
(2)暑期会使学生感到厌烦	暑假使学生得到休整，开学时他们将带着新奇兴奋的心情重返学校	举办“暑期学校”，满足那些希望留校学习的学生的要求
(3)		
(4)		
⋮		

(四)联想思维训练

世界是一个普遍联系的整体，各种事物之间是相互联系的。事物之间的联系状况反映到人的思维中就形成了联想思维。联想思维训练可从以下几个方面展开：

(1)做观念游戏训练联想思维。前苏联心理学家哥洛万和斯塔林茨用实验证明，任何两个概念语词都可以经过四五个阶段建立起联想的关系。如“天空”和“茶”，可以建立起联想：天空—土地，土地—水，水—喝，喝—茶。观念联想游戏可以广泛地随时运用，为训练联想思维提供了无限大的可能性。联想的路径和方式多种多样，可以是接近联想、属性联想、对比联想、因果联想等等，也可以是辐射型联想、直线型联想、强制联想、随意联想等等。

(2)读诗联想法。诗人的想象总是很丰富的，通过阅读诗作尽情体验诗中意境，进行联想。例如，马致远的《天净沙·秋思》：“枯藤老树昏鸦。小桥流水人家。古道西风瘦马。夕阳西下，断肠人在天涯。”读者不妨“进入角色”，认真地体验一下。

（五）组合思维训练

美国创造学家奥斯本说："新的发明几乎都是通过对老发明的组合或改进产生的。"拿破仑也说过，2 个马木留克兵绝对能打赢 3 个法国兵；100 个马木留克兵与 100 个法国兵势均力敌；300 个法国兵则大都能打败 300 个马木留克兵；而 1 000 个法国兵则总能打败 1 500 个马木留克兵。可见，组合是多么的重要。

面对各种事物，努力思考哪几种可以组合在一起，从而产生新的功能。例如，履带车与大炮的组合就是坦克；X 光机与电子计算机的组合就创造了 CT 扫描仪，等等。组合法主要是对解决特定问题的方案提供富有新意的创见。首先列出尽可能多的设想；其次组合 2 个或 2 个以上的初步设想以激发出新的方案。在组合时，既可以是逻辑组合也可以是任意组合；既可以是事物相加组合也可以是虚实相加组合或者概念相加组合。

例如，对办公室的各种物品进行任意组合。首先将各种物品分作 2 类，每类各 6 种。其次用掷骰子的方法来确定组合方式。第一类：①公文柜、②桌子、③咖啡、④电话、⑤地毯、⑥订书机；第二类：(1)书架、(2)太阳镜、(3)电灯、(4)闹钟、(5)椅子、(6)电灯开关。第一回骰子指示⑤—⑵，表示地毯与太阳镜组合。它可能激发的组合思维设想有：地毯般舒适的镜框镜架；用制作地毯的面料制作镜盒，等等。第二回，第三回……，依此类推。

（六）有意识地做梦

弗洛伊德认为，梦常常给无意识思维提供暗示。在意识状态，大脑受到各种观念、规定等的束缚，而在梦境，潜意识占主导地位。在白天人们不敢想象的或被压抑的东西被释放出来，创新性的设想可能出现。只要白天对所需要解决的问题进行了深入地有意识地思考，进入梦境后潜意识还会继续思考。

如果有意识地让自己进入梦境状态，道德的及实际的判断力将不再发挥它在正常情况下所发挥的作用。大脑将处在一种原始状态，想象力和幻想力不受任何约束，情感将被激发到一种超越在白天所能感觉到的强烈程度。

有意识地做梦以捕捉灵感，可采取如下步骤：

(1)决定做个关于某项目的梦，希望通过做梦能产生突破性的设想。

(2)连续不停地思考和谈论该项目，不断给大脑输入有关信息和思路。

(3)注意劳逸结合，充分放松自己，保持良好感觉。

(4)入睡前，积极自我暗示做个关于该项目的梦。如果在梦中有了一些想法，从梦中醒来立即写下来。

第五章 创新心理

创新活动的过程始终伴随着创新心理活动。崇高的创新人格，目标明确的创新动机，积极饱满的创新情感，坚定不移的创新意志，等等，都是创新心理活动的基本内容。

第一节 创新人格

创新是一项开拓性的高难度的冒险活动，没有良好的人格特征难以开展、持续。一个人创新能力的高低，与他的人格有很大的关系。不同的人格因素对创新活动会产生不同的作用。良好的人格会催化和激发创新力，不良的人格会压抑人的创新力。因此，创新人格对于创新活动来说具有极为重要的作用。

一、创新人格的内涵

(一)什么是人格？

人格(personality)这个概念来自于拉丁文“persona”，它的原意指面具、脸谱，意指演员在舞台上所扮演的角色，它代表了剧中人物的身份和特征。

对人格的界定多种多样，至今尚无统一定义。美国人格心理学家奥尔波特(G. W. Allport)曾搜集了有关人格的50余个不同定义。他认为，人格是个体内在的心理物理系统的动力组织，它决定一个人行为和思想的独特性。

人格是指一个人具有一定倾向性的心理特征的总和。人格不是天赋的，它是在先天遗传因素的基础上，通过后天的环境作用与教育而形成的。人格虽然具有相对的稳定性，但并不意味着它一成不变，在一个人的一生中，人格具有可塑性和可变性。人格结构是多层次、多侧面的。从其结构成分来看，包括个性倾向性(需要、动机、兴趣、理想、信念和世界观)、个性心理特征(能力、气质、性格)、心理过程(认识、情感、意志)、心理状态、自我调节系统等5个方面，这些方面相互联系和相互作用，构成了完整的人格。

一个人的人格与创新有着密切的关系。爱因斯坦说：“一个人智力上的成就很大程度上取决于人格的伟大。”不同的人格因素，对创新活动会产生不同的作用。人格完整即人格构成的诸要素如气质、能力、性格、理想、信念、人生观等方面平衡发展。人格健全的人，所思、所做、所言协调一致，具有积极进取的人生观，并以此为中心把他的需要、愿望、目标和行动统一起来。良好的人格，会催化和激发创新能力；而卑劣的人格，则会压抑和摧残创新能力。人格因素的每一个具体内容对创新的成败都会发生重大而深远的影响。

(二)创新人格

创新人格是指人所具有的某些对创新能力发展和创新任务完成起促进或保证作用的人格特质。

创新人格包括以下主要内容。

(1)具有强烈的创新意识。创新意识指不受固有的、习惯性的观念和方法的限制和束缚，按照事物发展的特点和规律自觉地进行新的探索，推崇创新、追求创新、乐于创新的心理倾向。这种乐于创新的心理倾向包括 3 个层次：

一是探究需要是创新的源泉和原动力。需要是人在生活中感到某种欠缺并力求得到满足的一种状态。探究需要是人的高级需要，属于马斯洛的自我实现的需要层次，指人渴望经常地或习惯性地使用新方法和手段或改革旧的方法和手段去从事认识和实践活动的倾向。有探究需要的人易被新异事物吸引，易被尖端、前沿和富有刺激性、挑战性的事物所吸引。历史上许多科学泰斗和文化巨匠，如爱因斯坦、巴尔扎克、达尔文等，他们都没有超凡的智力，但最终取得了举世公认的成就，其原因正如爱因斯坦所言：“智力上的成就在很大程度上依赖于性格的伟大，这点往往超出人们通常的认识。”一个人如果没有形成强烈的创新需要与动机，缺乏对某项事业浓厚的兴趣，很难想象他会对这项工作投入巨大的热情。

二是创新动机和兴趣是创新的直接内部动力。创新动机是引起和维持人的创新活动的内部心理过程，是形成兴趣、推动创新行为的内驱力，是引发创新行为的前提，表现为人的好奇心、求知欲等。兴趣对创新意识的形成起着巨大的推动作用。例如，互联网“黑客”侵入美国白宫、国防部、空军网站一事，最后美国联邦调查局追查出来的“凶手”竟是一名 16 岁的以色列少年。询问他的动机，答案令人惊讶：强烈的好奇心。好奇心是兴趣的初级阶段。有好奇才有探究，有探究才有认识，有认识才有破译，有破译才有创新。一般来说，兴趣越广泛，知识越丰富，越容易在所从事的领域中有所创新。有浓厚求知兴趣的人往往对某种观点或怀疑或不满，因为他们坚信怀疑和不满是创新的先导。爱因斯坦因不满牛顿力学的绝对时空观，才创造了划时代的相对论。有怀疑、有不满，才有突破、才有飞跃。飞跃即是创新。

三是创新理想、信念和世界观是创新的精神支柱。创新理想是主体对创新实践的奋斗目标持久的向往和追求，是引导和维持创新主体的创新行为的调节器。有创新理想的人崇尚科学、反对迷信、渴求真知、推崇创新。创新信念和世界观是创新主体对创新实践的认识、看法和见解，并坚信其真实性和有效性，坚信其创新活动的价值，对创新活动的价值报有确信无疑的态度，并且力求加以实现。创新信念是创新行为得以进行、创新理想得以实现的强有力的支撑力量，是人一生不断创新的不竭动力。例如，布鲁诺、伽利略就是因为坚信“太阳中心说”是正确的，才不怕遭杀害、被监禁的后果而坚持传播“太阳中心说”的。创新信念使一个人在创新活动中始终保持旺盛的进取心和自信心。

(2)具有坚强的意志。由于创新是一种艰难的、开创性的活动，遇到的困难、阻拦和挫折比常规活动要多得多，为保证它的顺利进行和完成，坚强的意志就成了创新人才必不可少的一种精神素质。困难面前不退缩、失败面前不灰心、压力面前不屈服、诱惑面前不动摇，不屈不挠地朝既定的目标前进正是创新精神的具体表现。古今中外成就创造性大事业者大都历经坎坷不平之路，朝三暮四、一蹶不振、武断草率、懦弱消沉等都是与创新活动不相容的，坚强的意志是创新人才必须具备的品质。法国生物学家巴斯德对此直言不讳地说：“告诉你使我达到目标的奥秘吧，我唯一的力量就是我的坚持精神。”可见，任何一项创新要想获得成功，取得有价值的成果，都需要有执著的勇气、坚忍的毅力、顽强的斗志和锲而不舍、不屈不挠的精神，这是由创新活动的艰巨性和长期性所决定的。

(3)具有批判精神和挑战、冒险、献身的精神。任何创新都是对前人或别人的观点的否定与超越，要实现这一否定和超越就必须具有不盲目迷信权威、不人云亦云、善于怀疑、反驳的批判精神。同时，创新也意味着挑战，意味着冒险，甚至意味着献身，哥白尼、布鲁诺就是为创新而献身的，没有创新精神，就不可能有创新胆略、创新行为。

(4)具有创新情感。热情作为一种持久、稳定、深厚、坚定的情感，激情作为一种激烈、奋进、不可遏止的情感，是主体从事创新活动的重要精神动力，表现出一个人对创新的积极态度和强烈的责任感。创新情感是一种潜在的激发力量，是产生行为的内在动力。如著名的荷兰画家凡·高，一生穷困潦倒，却画有800多幅油画。虽然他生前只售出一幅，但这丝毫不能减弱他如火焰般炽烈的创新激情。他的7幅同样题材的《向日葵》油画，一幅比一幅辉煌。再如“发明大王”爱迪生，活了84岁，共有1 328项发明，平均23天左右就有一项发明。原苏联教育家苏霍姆林斯基说过：“情感如同肥沃的土壤，知识的种子播种在这块土壤上，种子会萌出幼芽来；儿童边认识边干得越多，对劳动快乐的激动情感体验得越深，他就能知道得更多，他的求知渴望、钻研精神、学习劲头也就越强烈。”一个死气沉沉、对任何事情都冷漠无情的人是不可能进行创新活动的。由于创新活动旨在求新、求异，当新思路出现在头脑中时，担心脱离大众、害怕枪打出头鸟的焦虑和恐惧便阻碍了新思路的脱颖而出，按部就班、循规蹈矩、不敢越雷池半步也就成了顺理成章的事，这正是创新活动的大忌。有创新精神的人，总会克服焦虑和恐惧，恰当地调动自己的热情和激情，以强烈的责任感和使命感驱动创新活动的进行。

(5)具有敏锐的观察力和丰富的想象力。敏锐的观察力是指能高效、准确地捕捉和获取信息的能力。敏锐的观察力能发现司空见惯的事物中的不平常之事，能在稍纵即逝的事物发展过程中一针见血地把握到事物的本质和规律，能关注到常人极易疏忽的关键细节和隐蔽的奥秘，从而为创新行为的启动找到了契机。丰富的想象力是指能把已有的知识经验与获得的信息进行有效的重组，从而创造出新颖独特的新形象的能力。创造性想象力是创新的翅膀。科学发展史和心理学研究表明：提出假说是创造性活动的一个必经阶段。正如恩格斯所说，只要自然科学在思维着，它的发展形式就是假说。提出假说必须超越现实，而超越现实正是一切想象的共同形态特征，想象是提出新事物、新形象、新假说的有效途径，想象愈丰富，提出假说的可能性就愈大。如果科学家没有对原子核内部结构的想象，就很难提出现代科学的原子模型理论。可以说，想象特别是创造想象常常是人类创新活动的先导，没有想象，便没有创新。

对上述创新人格要素进行分类，大致包含动力因素、导向因素和保障因素 3 个维度。动力因素的核心是好奇心、求知欲、认识兴趣和成就动机，目的是唤起求知欲，激起创新动机，进而形成成就动机。在导向因素中，理想、信念和价值观是关键，它们共同作用，决定着创新主体的创新活动的方向和目的。在保障因素中，自信心的强弱和独立性的高低对创新活动有较大的影响，不仅会影响到创新活动的效果，甚至能影响到创新活动的成败。其中，情感和意志的影响力是最大的。具有创新精神的人总是对创新表现出强烈的需要，当能够顺利完成创新而满足内心的需要时，就呈现出满意、快乐等积极的情感，反之则呈现出痛苦、消极的情感。创新个体为了满足自己的创新需要以获得快乐的情感体验，会积极地发挥自己的各种才能以努力创新。创新活动作为一种开创性活动往往是艰难的，因此，困难和挫折是难免的。为了保证创新活动的进行和完成，必须有坚强的意志作保障，因此，意志是创新人格不可缺少的一种精神素质。在创新过程中，创新人才的行为往往都具有很强的目的性、果断性和坚忍性，他们在困难面前决不退缩，持之以恒。

二、创新人格的特征

许多致力于创新研究的心理学家，对创新人格进行了大量研究和阐述。

推孟(L. M. Termern，1925)通过长期追踪研究发现，高创造力者有如下人格特点：完成任务的坚毅精神，自信而有进取心，谨慎，好奇心强。索里等人认为，高创造力的人格特点是：观念的灵活性及思想的开放性；个人独立性及不受习俗的约束；性别角色的相反化即男性具有女性化气质，女性具有男性化气质；对暧昧不明事物的容忍及接受不甚明确和复杂的东西；对错误的容忍及不怕犯错误且容忍自己和他人犯错误。斯腾伯格等人认为要表明实质的创造力，5种人格特征是关键的，它们是：忍受模糊的能力，克服障碍的意愿，成长的意愿，敢冒风险，自信。

戴维斯·吉尔福特等学者将创新人格的一般特征概括为10个方面：一是高度的自觉性和独立性；二是自信心强；三是敢于冒风险；四是持久的兴趣爱好，永不满足的好奇心、求知欲；五是有理想、有抱负；六是不轻易听从他人意见、不迷信权威、敢于标新立异的勇敢精神；七是易被复杂奇怪的事物所吸引；八是具有艺术上的审美观；九是富有幽默感；十是兴趣爱好既广泛又专一，意志品质出众，能排除外界干扰，长时间地关注某个感兴趣的问题。

托兰斯在对中、小学生进行大量调查研究的基础上，认为有创造才能者区别于缺乏创造才能者的最重要的人格特征是：对自己的信念坚定不移，有强烈的好奇心，沉醉于自己正在从事的工作，感受性高，思维独立性强，善于利用自己的直觉，不迷信权威，敢冒风险，富于幽默感，态度乐观，成就动机高，想象力强。

我国心理学家董奇认为，创新人才具有浓厚的认知兴趣，情感丰富，富有幽默感，勇敢，甘愿冒险，坚持不懈，不屈不挠，独立性强，自信，勤奋，进取心强，自我意识发展迅速，一丝不苟等人格特征。

虽然创新活动是许多复杂多样活动的组合，同时不同类型的创新活动差别很大，但是，具有上述人格特征的创新个体往往都表现出了更强的创新能力。由于人格本身的复杂性以及研究者采用研究方法的理论根据不同，加上研究对象的文化背景、年龄、知识水平、生理心理成熟程度的差异，衡量创造力的方法也各异，致使创新人格的特征具有多样性。综合国内外迄今为止的大量研究和论述，创新人格特征可以归纳为以下几个方面。

(1)独立性强。独立性的人格特质能使人善于独立思考，具有个人信念、判断的坚定性和行动的独立性，能积极地适应环境，在困难和挫折面前镇静沉着。有创新精神的人往往有较强的独立性，这是他们有异于常人的个性心理特征。阿什(J. Asch)“关于从众的实验”的研究表明，创造力强的个体能承受团体压力，坚持自己的判断，不人云亦云，较少从众。许多科学家之所以能够不断地推陈出新，很大程度上在于他们从不迷信盲从，并且好怀疑，善发问。

(2)自信心强。自信心属于自我意识范畴，是一种积极的自我体验。它主要指个体对自我的评价符合客观实际，对自己所从事的活动的正确性深信不疑，是一种建立在对自身优缺点充分了解基础上的自我认可的情绪体验。正如我国古代孔子所说："吾心信其可成，则无坚不摧。吾心信其不可成，则反掌折枝之易亦不能。"纵观古今中外事业有成的人，无不非常自信。

(3)永不满足的好奇心。好奇心是指外界环境作用于人的感官，所引起的感官的异常兴奋的反应和大脑的新鲜感，并由此能动地引导和驱使人们为之产生一系列的探索行为。心理学上把这种因好奇心引起的反应称为探索反射。心理学家们认为，好奇心孕育着思考和探索，对于创新活动起着重要的作用。同时，好奇心是产生兴趣和求知欲的基础。从心理学的角度看，求知欲是一种积极的理智的情感，是对知识、真理的"惊奇"确认之后，随之产生的热爱、追求和探索的强烈意欲。爱因斯坦曾说"对真理的追求要比对真理的占有更可贵"，因为这种追求真理的过程是探索真理的过程，也是人类智慧的萌发和生长的过程。它化作一种持久的内驱力，推动人们去探索创新。

(4)坚忍的意志品质。坚忍性是所有创新成功者的共同特征。著名数学家阿贝尔常这样教育学生："坚持，先生，要坚持。你所遇到的困难会在你前进的途中自行解决。前进，你就可以看到光明，它将照亮你前进的道路。"坚忍的意志品质是创新人格的基石，它能使人们的精力长期奋发，不屈不挠地克服困难，使活动持续下去，达到既定的目的。创新的价值正在于探索未知世界的艰辛和漫长，纷繁复杂的问题和局面会在毅力和坚持中迎刃而解。创新活动是一项敢为天下先的探索工作，失败比成功多，在创新的背后预示着风险。爱迪生为了发明电灯，曾经进行过上千次的试验；达尔文研究和写作《物种起源》用了 15 年；马克思的《资本论》用了 40 年。若没有坚持精神，没有顽强毅力，要想取得成功也是不可能的。只有百折不挠、持之以恒、愈挫愈奋，方能排除各种干扰，朝着创新目标不断迈进。

(5)责任心。个人的行为总是对社会和他人产生直接或间接影响，因而人的行为必须对他人或社会负责，必须按一定的社会规范去行动。责任心使人能自觉、主动、积极地尽职尽责，从而产生满意、愉快的情感，使个人的价值得到充分、合理的体现。

(6)富有幽默感。幽默是构成人的活力的重要部分，也是产生创造力的源泉之一。在文学家笔下闪烁着幽默、智慧的火花，许多科学家总是以儿童的天真、好奇、游戏的幽默心态注视着世界。国外大量的创造心理学研究成果表明，创造力与幽默有着高度的正相关关系。

(7)高敢为性。富有创新能力的人敢于标新立异,敢于逾越常规,敢于大胆想象猜测,敢言别人所未言,敢做别人所未做的事情,为了求新,敢冒风险,愿意接受探索过程中遭致惨败的厄运。哥伦布冒着被大海吞噬的危险,扬帆远航,才发现了新大陆;诺贝尔冒着粉身碎骨的危险,反复实验,才发明了硝化甘油炸药。创新意味着对原有思维框架和思维模式的突破,意味着对现有结论的突破。因此,创新主体在从事创新活动中必须具备克服迷信权威和守旧的心理,具备敢于挑战权威的行为品质和冒险的精神,敢于超越已有的成果,不为权威的结论所束缚,不为流行的观点所湮没,于已有的定论中找出未发现的东西来。

(8)高成就动机。创造力强的个体在他们认为有价值的活动中总是尽最大努力圆满地完成任务,获得好的成绩、获得成功的动机强于避免失败的动机。墨克勒伦研究表明,创造力与成就动机呈正相关关系。高创造者成就动机高,喜欢对问题承担个人责任,并选择富有挑战性的困难任务,热衷于担任富于开创性的工作,渴望和追求新奇事物,有征服困难的强烈愿望,常常选择成功率约在50%的任务。这种选择能给他们提供最大的现实挑战,因此也获得更多的创造机会。

(9)低焦虑。创造力强的个体在情绪上表现出异常的冷静和平稳。心理学研究表明,低焦虑可以诱发个体积极主动地同化客体,保证创造力必要的和合理的背景。而高焦虑的人往往有恐怖反应,这将对大脑产生抑制作用,破坏短时记忆,使个体随机应变、重新组织思维活动的能力受阻,从而阻碍创造力的发挥。因此,创造力是在适度焦虑情况下发挥作用的。

(10)意志是创新的决定因素。创新是一种顽强细致并富于灵感的劳动,这种劳动要求创新者全部智力和体力的高度紧张。诚如苏东坡所说:“古之成大业者,不惟有超世之才,亦必有坚忍不拔之志。”意志是人们自觉地确定行动目标、支配行动、克服困难并且实现目标的心理过程。创新者没有坚强的意志是不行的,因为创新活动是一项前无古人的艰难大业,创新的道路上充满着荆棘坎坷,如果没有迎难而上的意志力和战胜困难的勇气与能力,是绝不可能成就创新事业的。因此,有志从事创新事业者应该培养自己意志的自觉性、坚忍性、果断性等良好的意志品格,这些是创新成功的必要条件。“有志者,事竟成”,不注意培养良好的意志,创新活动就会半途而废。在创新活动中会遇到各种困难,要想克服困难、战胜困难必须要有坚强的意志。意志越坚强,战胜困难的勇气就越大,创新的活力就越旺盛,成功就越有希望。

三、创新人格的作用

创新人格在创新活动过程中自始至终起着关键的、甚至决定性的作用。它表现为人在生物圈、智慧圈充满活力的、多变异色彩的、自主自为的、不断更新的、超越自我的生存品格，反映出创新主体良好的思想面貌和精神状态。心理学研究表明，创新人才具有很少从众、不落俗套、很少考虑给他人留下好印象的人格特点。他们常常有较强的幽默感，善于自娱自乐，对所从事的任务有坚忍性，富有热情，自信心强，能很好地处理那些无头绪的问题，对待生活有丰富的幻想，倾向于用新的、不一般的方法探究问题。

1.创新人格是创新主体进行创新活动的心智基础

面对信息的瞬息万变，竞争的日趋激烈，要形成一时的竞争优势容易，而要形成持续的竞争优势则十分困难。创新人格作为创新个体相对稳定的心理模式，持续表现出创新意愿和创新倾向的习惯性，坚定的自信、坚忍的毅力、开放的思维、自制的意志等都是创新主体进行创新活动的心智要素。离开自信与进取，离开独立思考与自制自控，缺乏一种积极、向上、进取的学习和创新心态，个人创新主体的创新能力就不可能形成，也就谈不上开展创新活动了。

2.创新人格是创新主体进行创新活动的能力基础

一个人的核心竞争力集中体现在具有优势的竞争能力上，而竞争能力是由资源的整合能力、新知的学习能力、技术的革新能力、人际的协调能力、环境的适应能力等方面得以综合体现的，而这些能力正是创新人格的外化。创新人格不仅仅意味着思维的质疑性、独立性、原创性，还意味着行为的有恒性、敢为性、灵活性和自律性。具有创新人格的人在追求创新目标上的有恒性、在实施创新构想上的敢为性、在克服创新困难上的灵活性和在控制创新行为上的自律性，都为其提升竞争能力、凸显竞争优势，最终形成创新能力提供了极好的基础。

第二节　创新动机

人类一切活动的产生和维持都离不开动机，当人们产生创新需要后，就会激发创新动机。人的每一项创新活动都离不开一定的动机的支配。创新动机明确并且强烈的人，其创新活动成功的希望就大。创新动机肤浅并且微弱的人，其创新活动成功的希望就小。因此创新动机明确与否是影响创新力开发程度的一个重要因素。

一、创新动机的内涵

(一)什么是动机?

社会学、心理学和行为学的研究与社会生活的大量实践证明,个体的活动能否取得成功,取得怎样的成功,取得多大的成功,从主观上看,取决于动机与能力两个因素。用公式表示即:活动成效=动机×能力。这两个因素对于个体从事任何活动都是缺一不可的,其中动机强度在某种意义说更加重要。

如果说创新意识导源于对问题的发现,那么,创新动机则是产生创新行为的直接原因。行为科学学派认为,人们的行为是由动机支配的,而动机又是由需要引起的。需要是动机的前提和基础,动机是需要的表现和反映。需要的强度决定着动机的水平以及动机对行为的推动力量。一般来说,动机的产生不外乎两个原因,一是内在的需要,一是外在的压力。动机是在内部需要和外部刺激的相互作用中形成的。外力的推动是有限的、短暂的,内力的拉动是无限的、持久的。

动机是指直接推动个体发动和维持某一项活动的主观意图,是个体行为的直接原因。它包括 4 层含义:①动机是一种内部的刺激,是个体行为的直接原因;②动机为个体行为提出目标;③动机为个体行为提供力量以达到体内平衡;④动机使个体明确其行为的意义。

动机是直接推动人们从事创新活动的内部动力,没有足够的动力,人类不能使创新变为现实。动机的作用主要表现在 2 个方面:一是它具有活动性的作用。个体怀有动机之后,能对其行为发生推动作用,表现为其行为的发动、加强、维持直至终止。二是它具有选择性的作用。这主要表现在确定方向上,在选择了人类认同的道德与价值标准的正确方向之后,动机越强烈,其行为对社会越具有积极的意义。

(二)创新动机

创新动机是主体动机体系中最高层次的动机。所谓创新动机,是指直接推动个体从事创新活动并达到创新目的的内部动力,是产生创新行为的前提和基础。它使个体明确目标及实现目标的意义、并始终获得抵御一切障碍的内部支持力量,从而保证创新全过程的有效实现。

创新动机不是人类先天固有的本能,而是后天获得的行为模式。因此,要想拥有创新的行为,就必须有意识地培养自己的创新动机。诚如哲人所说:谁最能推动自己,谁就最先得到成功。

创新动机分为内部动机和外部动机。所谓创新内部动机是来自创新活动本身的动机，所谓创新外部动机是来自创新活动之外的奖赏、荣誉之类的动机。

创新动机的主要表现，一是求知欲。求知欲是一种认识需要，这种需要促使人们去探索，而探索就是一种创新活动。因此，求知欲是促使人们进行创新活动的重要动机。要培养创新动机必先激发求知欲。求知是一条永远只有起点而没有终点的路。在当今时代，是否具有旺盛的求知欲望，已成为安身立命的关键。二是兴趣。当个体对某种事物发生浓厚兴趣时，就会注意力高度集中，积极主动地去探究、思考，表现出对这种事物的优先关注。兴趣可使知、情、意等整个心理活动都处于积极主动的状态，从而对个体的创新活动具有极大的促进作用。兴趣是在需要的基础之上，在生活和实践中形成和发展起来的一种内驱力。没有需要就不会产生相应的兴趣。既然需要是创新动机的基础，那么在需要基础上萌生的兴趣，自然也就成了创新动机的重要因素。

二、创新动机的作用

1. 定向功能

创新动机是在创新目标存在时产生的心理状态，因此具有明确的方向性和目的性。所以，创新动机的定向功能是创新动机特有的功能。所谓创新动机的定向功能是指将创新动机推动的创新活动指向一定的目标或对象。

2. 激励功能

创新动机的激励功能也是动机所具有的一种功能。动机是人的积极性的一个重要方面，它的主要功能是激发、推动个体产生创新活动。创新动机是出于创新心理需要和创新兴趣，并与创新日标相联系而导致创新活动发生的内在动力。正如恩格斯所说：就个人而言，他的行为的一切动力，都一定要通过他的大脑，一定要转变为愿望和动机，才能使他们行动起来。创新活动需要创新动机来激发和维持。创新动机将直接决定个体从事创新活动的期待，进而影响其从事创新活动的积极性和创新能力的发展。可见，坚定明确的创新动机是创新活动发展的强大力量。

3. 维持和调节功能

创新活动发生后，个体是否坚持下去以及在以后的创新活动中作何调节和改变，同样受创新动机的调整和支配。创新动机是创新活动的“加油站”，不停地为创新活动输入能量。

第三节 创新心理过程

一、创新心理构成要素

创新心理是个体在创新过程中所特有的心理活动,主要包括创新才能、创新精神和创新个性三要素。

(一)创新才能

创新才能是指个体完成创新所必备的技巧和能力的总和,主要体现在创造性的认知和实践活动中。

在认知过程中,创新才能主要表现为敏捷的观察、创造的想象和求异的思维。创新是发现规律和运用规律的过程。要发现和利用作为事物内部深层次的、本质联系的规律,必须具备创新的认知才能。

观察是捕捉和引发创新灵感的重要手段。敏锐的观察能力能发现常人所不能发现的问题,能关注常人极易疏忽的细节,能找出常人不易留心的奥秘。

想象是创新的翅膀。没有创造的想象就没有新事物、新形象出现,就没有新假说的提出,从某种意义上说也就没有创新。法国作家雨果曾说过,没有一种精神机能比想象更能自我深化,更能深入对象,这是伟大的潜水者。

德国物理学家普朗克也指出:“每一种假说都是想象力发挥作用的产物。”而假说是建立科学理论的桥梁。恩格斯说过,只要自然科学在思维着,它的发展形式就是假说。因此,想象是得出新事物、新形象、新假说的有效途径,是通向抽象理论的桥梁,没有想象就不可能有创新。

求异思维是创新的关键。缺乏思考,人的认识只能停留在事物的表面。只有抽象、概括才能得出事物的本质,只有判断、推理才能发现事物之间的联系,只有求新、求异的思维才能发现和运用新的规律。因而,求异思维是创新的关键。

创新离不开实践。一方面创新的认知一般都是在实践中进行的,另一方面运用规律创造新产品的过程也是一种实践,主要是试验。通过试验可以验证假说是否正确,可以发现事物之间的新联系,可以运用新规律创造出新产品、新的生产方式。因此创新才能包含熟练的试验技巧和能力,主要是灵活地选择试验类型、方式的技能和试验过程中精练的操作技能等。

(二)创新精神

创新精神是指个体在创新活动中所具有的自觉意识、积极的情感和坚强的意志。具有创新精神的人总是自觉地、有意识地支配自己进行创造性的心理和实践活动，表现出高度的创新自觉性。他们还对创新表现出强烈的情感需要，当能够顺利完成创新、满足内心的需要时就呈现出满意、快乐等积极的情感反映，反之则呈现出痛苦等消极的情感反映。个体为了满足自己的创新情感需要，获得快乐的情感享受，必定会积极地发挥自己的各种才能，努力创新。

创新往往是一种艰难的、开创性的活动，难免会遇到困难和挫折，为保证它的顺利进行和完成，坚强的意志也就成了创新人才所必不可少的一种精神素质。在创新过程中，创新人才的行为往往都具有很强的目的性、果断性和坚忍性，他们在困难面前决不退缩，持之以恒。总之创新精神是促使创新的重要的非智力因素，它使人们自觉创新、勇于创新、热衷于创新。

(三)创新个性

创新个性是指个体在创新过程中心理活动所特有的动力特征。它主要包括心理过程的创新倾向性(如创新的动机、兴趣、理想、信念和价值观等)，有利于创新的心理过程的速度和稳定性(如思维的敏捷性，观察的敏锐性，才能、意志、情感等的稳定性等)，强度(如意志努力的程度、情绪情感的强弱等)和灵活性(如思维和想象的灵活性、新异性等)。

创新人才一般都具有鲜明的创新个性，表现出积极的人格特征。一般可概括为以下几个方面：

第一，具有不可遏止的创新动机，包括强烈的好奇心和求知欲，以及引起创新的强烈的社会责任感等社会动机。

第二，具有广泛持久的探究兴趣。创新人才容易被新异事物吸引，更容易被尖端、前沿和富有刺激性、挑战性的事物所吸引，并能够调动身心的全部力量去探究其中的机理。

第三，具有坚忍不拔的意志。

第四，富有创新的理想追求。创新人才崇尚科学，反对迷信，勇于尝试新的生活、选择富有挑战性的职业，具有现代化的道德价值取向，这些都使得他们能够适应变化万千的新时代和主动开辟新的生活境界。

第五，坚信创新价值的坚定信念，明确创新的价值，立志创新，并不断强化和完善自己的创新精神和创新才能。

二、影响创新心理发展的因素

创新心理的产生是在主体与客体相互作用的过程中，通过同化和顺应构建起创新心理结构并产生创新心理机能的过程，是在主体与客体相互作用的实践中逐步产生的，有着自身的发展规律。

(一)创新心理产生及发展的实质

心理发展是指个体心理机能及其特性的变化,是主体在反映客观事物的过程中不断构造新的心理结构的过程。著名心理学家皮亚杰认为,个体心理结构的建构是通过同化和顺应来实现的。因此,心理发展乃是个体通过同化和顺应不断优化自己心理结构的过程。创新心理的发展实质上就是创新心理结构的不断优化和创新心理机能的不断完善的过程。

(二)影响创新心理发展的因素

影响个体身心发展的因素有遗传、环境和个人的主观能动性,它们对创新心理的影响主要表现为:

第一,遗传素质为创新心理的生成和发展提供生理基础。20 世纪 60 年代,奥斯本创立的创造学风靡欧美。创造学的基本原则是认为"人人皆有创造力,创造力的水平可以经过训练而得到提高"。除少数天生智力低下及脑功能发育不全的人以外,每个人的创造心理都有可能发展。

第二,环境因素在创新心理的生成和发展中起主导作用。环境因素主要是教育因素,因为教育是一种系统的有组织的培养人的活动,它对人的影响是全面而深刻的。教育对创新心理的发展起主导作用。创新心理的生成和发展是创新心理结构和心理机能的产生和不断优化的过程,这一过程离不开教育活动。要生成创新心理结构即对客观世界创造性的认识结构或者反映系统,必须使个体掌握一定的科学知识,获得一定的创造技能和方法,形成创造意识,并在此基础上产生对所学知识的创造性的再认识。这一切都离不开教育。因为它是一种特殊的认识过程,是人们掌握知识和形成技能的最有效的途径。

第三,个人的主观能动性是创新心理产生和发展的动力。人的主观能动性通过作为主体的人的活动表现出来。离开人的活动,遗传素质、环境和教育所赋予的一切发展条件,都不可能成为发展的现实。从这一意义上说,个体活动是个体发展的决定性因素,因此要培养创新心理必须注重个体主观能动性的发挥。

遗传素质、环境和教育、个人的主观能动性 3 种因素互相影响和制约,共同作用于创新心理的产生和发展,是影响创新心理发展的三大主要因素。

三、创新的心理过程

许多创造力研究者们发现,各种创造性活动虽然所处的科学领域、时间长短、复杂程度各有不同,但其整个活动的过程一般都可划分为一些阶段,对这些阶段的了解,有利于我们掌握创新过程中的心理活动过程与状态。

创新的过程是一个创造性思维的过程,而创造性思维的过程是一个复杂的心理过程，人们通过各种方法对这一过程进行了研究，结论各不相同，影响最大的是四阶段分法，这种分段方法将创造性思维的过程分为准备、酝酿、豁然开朗和验证4个阶段。

(一)准备阶段

准备期首先要提出问题。一个具有高度创造力的人必定是一个会提出问题的人，因为提出一个好的、新颖的问题往往会促使问题得到良好的解决，并且提出问题本身也具有独立的价值。尽管提出问题的人并不一定能解决他所提出的问题。

准备期的工作重点在于针对要解决的问题收集信息材料、分析信息材料，同时分析自己在解决该问题时，在知识、能力、技能以及资金、材料、工具等方面的优缺短长，以此来确定自己解决问题的方式、起点和突破口。准备期对于问题尤其是创新性问题的解决至关重要。美国在1980年的一个调查表明，大多数著名的画家和音乐家，在其代表作问世之前，都要有10年左右的准备时间。有时我们过分地强调创造需要天才，只看到了天才所取得的成就，孰不知在这一辉煌时刻的背后这些天才付出了多少的艰辛和努力。在科技创作中也是一样，只有认真地做好知识、技能、能力和各种材料、工具等方面的准备，成功的喜悦和幸福才可能降临。

(二)酝酿阶段

酝酿阶段是对各种材料进行深入细致地分析，进行消化、吸收，并提出问题和解决方案的过程，这一过程是创造性思维过程中最为艰苦的阶段，也是智力和意志活动付出最大努力的阶段。在这一过程中创新主体冥思苦想，几乎调动了大脑中所有相关的知识和智力，反复尝试和评价，思维时而发散，努力提出新的假设、方法、方案；时而集中，对个别方法、方案、思路进行验证和评价。这一过程中，头脑中始终难以出现一个明确、清晰而又可行的方案，但又时常有一些不很成熟的念头闪现。这一过程是创新主体最心烦和苦恼的过程，也恰恰因为这样的苦恼和心烦才使创新主体在问题真正解决之后获得了无比的快乐。

酝酿阶段的时间长短不一，这取决于创新任务的准备程度、复杂程度，也取决于创新主体的知识经验，智力和创造力水平以及努力程度的大小。平时有的同学常常能在很短的时间内想出一个新颖的设计方案、一个巧妙的解题思路，而作为真正的科学创新往往要经历漫长的酝酿期，如爱因斯坦1905年创立狭义相对论之前，曾经进行了“十年深思”，此后又经过了“十年深思”才创立了广义相对论。

(三)豁然开朗阶段

创新在经过一段时间的艰难酝酿期后，常常会出柳暗花明的新境地，过去百思不得其解的问题，瞬间得到解决，真可谓“踏破铁鞋无觅处，得来全不费工夫”。这也就是灵感。灵感的产生要以艰苦的探索、思考过程为基础，是各种心理因素协调活动的结果。灵感并不是天才所专有,在我们日常生活中、学习中也常常会出现灵感突现的时候,在处于灵感状态时,注意力高度集中,想象力非常丰富,思维特别敏捷,知识提取和迁移的难度大大降低,同时情绪也异常高涨,几乎整个心智活动状态处于最佳水平,所以这一阶段是创造问题能否得到解决的关键阶段。灵感具有瞬时性和突发性特点,往往是一个巧妙的方法、新颖的设计,突然在大脑中闪现,这一念头一经出现我们就应及时抓住,否则就可能“失不再来”。历史上很多重大的发现、发明都与灵感有关。当然我们不能一味地等待灵感的出现,机会往往垂青于有准备的人。为了灵感的出现除了努力学习,积累丰富高效的知识外,还要注意培养自己科技创作的兴趣,激发自己探索与创新的动机,使自己的情绪稳定、轻松、愉快,保持适度紧张的工作态度。

(四)验证阶段

豁然开朗阶段之后,创造思维已经获得了初步的思维成果,提出了一定假设和问题解决方案,但毕竟灵感不等于逻辑思维,通过灵感获得的结果也未必合理,所以还要通过严密的逻辑推理或实验与操作对这一结果的合理性进行检验。我们可以把新的设想付诸实施,如实验、制作、实践等,还可以通过严密的逻辑推进检验那些新设想是否合乎逻辑,是否完善、周密。

在验证过程中,可以发现原有设想的不足和优点,可以对其进行修正、补充,使其逐步达到完美,也可能这一假想经受不住考验被全盘否定,但在这一过程对材料进行了深入细致的分析与思考,为新的思路的提出提供了坚实的基础,同时这一次的失败为下一次的思考也提供了有益的经验和教训。如果说在豁然开朗阶段我们要保持高涨的情绪和“高昂”的斗志,那么在验证阶段我们则需要保持清醒的头脑,镇定的情绪和冷静、周密的思考。

创新心理过程大致分为如上 4 个阶段,但是这 4 个阶段并非泾渭分明,也绝非在任何创新活动中都缺一不可,它们只是体现了创新心理的大致的一般过程。

第六章　创新动力

创新的重要问题之一，是调动创新者的积极性，即解决创新动力问题。现代心理学表明，人的需求决定了人的动机，人的动机决定着人的行为。人的创新行为与人的心理需求直接相联系，正是人的需求推动了人的创新。因此只有了解人的需求，才能预测人的行为，进而采取行之有效的激励手段，引导人的行为，调动人的创新积极性。

第一节　需求的内涵

一、需求的本质及其产生

（一）需求的本质

需求是指人们对某种目标的渴求和欲望。具体地说，需求是个体在生活中感到某种欠缺，力求得到满足的心理倾向，是人脑对现实的生理要求和社会要求的反应。需求是个体的一种主观状态。尽管人们有时也把社会本身发展的客观需求称为社会需求，但严格地来说，需求仅仅指个体反应机体内部和外部的要求而产生的并为自己感受和体验到的一种心理状态。

人为了维持生命、延续种族，就有补充养料、求得安全、进行繁殖的要求，这种要求总会指向一个特定的对象。这种需求若没有得到满足，人们就会感到欠缺并力求取得满足。这种欲望反映在人的头脑中，就是求食、求得安全、求得配偶等生理需求。人作为社会成员，不能离开群体而孤立生活，为了生活，为了生活得更好，他们必须与他人打交道，他们也必须接受所在群体和整个社会所提出的客观要求。当这些社会要求为个人所意识，成为一种驱动因素时，就形成了交往、学习、创新等社会性需求。可见，所有这一切都表现了人们的生存和发展对于客观条件的依赖性。

需求具有社会制约性。社会的生产水平、政治制度、个人在社会中的地位、具体的社会生活环境、民族的风俗习惯等社会因素，都制约着个人的需求。即使是生理性的需求也是这样，它所追求的目标、实现的方式，在很大程度上也是由社会要求决定的。不同的社会物质、文化、条件，可以提供完全不同的方式来满足具体的生理需求。我国社会学家费孝通说过："自从人类形成了社会，没有不运用社会的力量对人的两性行为加以严格控制的。就是说没有一个社会不立下种种规定，以限制一个人只能在一定时期、一定场合、一定范围里，对一定对象发生性行为。而且一般说来，为了维护这类社会规定，对越轨行为总是运用了很强烈的社会制裁。"人的需求随着社会物质、文化生活条件的改善而不断发展，需求的范围和内容不断扩大和增加，满足需求的手段与方法不断改进和完善。个人的需求如果不符合现实所提供的条件时，就成为不现实的需求。如果需求歪曲，甚至严重违背了社会要求，就成为不合理的、荒唐的、罪恶的需求。

(二)需求的特点

人与动物都有需求，但是人的需求无论在内容、范围以及满足方式上，都与动物的需求有着本质的区别。一般来说，人的需求具有以下几个特点：①需求具有指向性。任何一种需求总有自己的对象，不存在没有对象的需求。例如，人在饥渴的时候，会引起对食物和水的需求；在疲劳的时候，会引起对休息和睡眠的需求。离开了这些具体的对象，需求就无从谈起，也无从产生。②需求具有多样性。人的需求不是单一的，而是多种多样的，并且是很复杂的。例如，从大的方面划分，既有生理的需求，又有社会的需求；既有物质的需求，又有精神的需求；等等。其中，每一类需求又包括若干种需求。这种需求的多样性和复杂性，也是人区别于动物的特点之一。尽管人的需求具有多样性，但是在多种需求当中，必有一种需求占据支配地位，主导人的行为。③需求具有周期性。有的需求每当得到满足以后，往往间隔一定的时期会重新产生，并且循环往复地进行下去。例如，人对一日三餐的需求，对睡眠的需求等，就具有这种特点。④需求具有无限性。在人的生命中，需求是永无止境的，是逐次升级的。往往在一种需求得到满足以后(甚至这种需求还没有完全满足的时候)，就会产生一种新的需求。需求很难都得到满足，一般来说，需求的等级越低越容易得到满足，等级越高得到满足的难度越大，得到满足的比率也越低。⑤需求具有可变性。同一种需求会随着需求对象范围的改变和满足方式的改变而变化。例如，人们对食物的需求，当经济条件不好的时候，可以粗茶淡饭来满足；当经济条件好转的时候，就可能以细米白面来满足。⑥需求具有社会制约性。需求受一定的社会历史条件所制约，随历史的发展而发展。在人类社会的早期，由于生产力低下，人们衣不蔽体，食不果腹，这时人们的需求比较简单，大多数都是为了追求生理的需求和安全的需求而活动。随着生产力的发展，人类物质生产水平的提高，人们的需求就变得复杂起来。除了有物资需求以外，还会产生多种多样的精神需求。⑦需求具有例外情况。例如，有的人的需求不是从低级到高级逐步发展的，而是直接进入了较高层次的需求；而有的人没有较高层次的需求，甘愿始终生活在低水平上。

（三）需求的产生

人的需求的产生会受到两方面因素的影响：一是个体的生理状态；二是个体所处的外部社会环境。生理状态会直接使人产生某些需求，而这些需求又大多数都是天然的需求。比如，当人体饥饿缺乏营养的时候，血液里血糖就会下降，这时人体的生理体系就会失去平衡状态，就会自动地把血糖降低的信号传至大脑皮层，使人产生进食的需求。又如，当人体发育到一定年龄阶段时，体内内分泌系统产生的性激素会激发起对性的渴求，这就会产生恋爱、婚姻的需求，等等。外部环境对人的需求的产生起着巨大的诱发作用。例如，当一嗅到和看到食物时，就容易产生饥饿的需求；一场英模报告会和一场电影里的英雄人物的事迹和高大形象，可以使人产生向英雄人物学习的需求。当然，一些不良环境因素也可以诱发一个人产生不健康的需求。因此在复杂的社会条件下，每个人都应当自觉抵制不良的社会环境的影响，选择良好的社会环境，避免产生不健康的需求。

（四）需求与人的行为的关系

需求是人的行为和心理活动的根本动力，它在个体的行为、活动、心理过程和个性倾向性方面起着重要的作用。需求支配人的行为和心理活动，但是只有尚未满足的需求才能支配人的行为和心理活动，因为得到满足的需求就不再是需求了。

需求是人的行为产生的心理原因，人的一切行为、活动归根到底是有需求引起的。当个体某种需求没有得到满足时，就会促使人去从事满足需求的活动，从而产生相应的动机。例如，一个口渴的人，会出于饮水的需求而产生相应的动机，并导致寻找水的行为活动；一个寂寞的人，会出于交往的需求而产生相应的动机，并导致走亲访友的行为活动；一个要自我实现的人，会出于对知识的需求而产生相应的动机，并导致学而不倦的行为活动。

需求是个体行为积极性的源泉。人的需求越强烈，由此引起的活动也就越有力，个体活动的积极性就会越高。没有需求，也就没有人的一切活动。而且需求永远具有动力性，它不会因暂时的满足而终止。研究表明：有一些需求明显地带有周期性的特征，如对饮食和睡眠等的需求；而有一些需求满足以后，又会产生新的需求，新的需求又推动人们去从事新的活动。在活动中需求不断地得到满足，又不断地产生新的需求，使活动不断地向前发展。例如，学习科学文化的需求、欣赏艺术的需求，通常是每一次需求的满足都会引起新的、更高的需求产生。

需求是个体心理过程的内部动力。人们为了满足需求，必须对有关事物进行观察和思考。需求调节和控制个体认识过程的倾向。需求对情感和情绪影响很大。人对客观事物产生情感和情绪,是以客观事物能否满足人的需求为条件的,凡是能够满足人需求的事物,则产生肯定的情感和情绪,否则产生否定的情感和情绪。需求推动意志的发展。个体为了满足需求,从事一定的活动,要用一定的意志努力去克服困难。人在克服困难的过程中,锻炼了意志。需求是个性倾向性的基础。个性倾向性的其他方面如动机、理想、信念等等都是需求的表现形式,而个性心理特征是受个性倾向性调节的。因此需求在人的心理过程中起着极其重要的作用。

需求还是个性发展的动力。在某种程度上,一个人所需求的事物是什么样的,他的个性就是什么样的,能激发他的事物也就是什么样的。如果一个人需要与人们在一起,我们就说他是与人友好的,外倾性格,爱交际的。如果一个人需要努力工作,以便超过其他人,我们就说他雄心勃勃,精力旺盛。如果一个人求胜心切,为了目的不择手段,我们就说他是无情的,不诚实的,甚至是卑鄙的。

二、需求的种类

人的需求是丰富多彩的,对人的需求的分类也是多种多样的。分类标准不同,就会导致不同的分类。例如,有的人以需求的起源为标准,对需求进行分类研究;有的人以人的需求的对象为标准,对需求进行分类研究;有人以需求的合理性为标准,对需求进行分类研究;也有人以需求的高低程度为标准,对需求进行分类研究。如此等等,很不统一。下面就列举几种最常见的对需求的分类。

(1)以需求的起源为标准进行分类,人的需求可以分为天然需求和社会需求两大类。天然需求是一个人生而具有的,例如对食物的需求,对空气、对水的需求等等。天然需求所反映的是人对延续和发展自己的生命所必需的客观条件的需求。天然需求的满足是通过利用一定的对象和获得一定的生活条件而达到的。天然需求是人与动物所共有的,但是人的天然需求与动物的天然需求在满足方式上有着本质的区别。动物只能被动地依靠自然环境中现成的天然物质来满足需求,人则能在社会生产实践过程中,通过创造性的劳动来满足自身的天然需求,即在生产实践过程中,人能把自己的欲望或需求升华为理性和智慧,从而突破自然环境对人天然需求满足的局限,带有明显的社会特点。例如,人和动物都有对食物的需求,但是如何取得食物,以什么方式进食来解除饥饿,人和动物却有着本质的不同。正如马克思所说:“饥饿总是饥饿,但是用刀叉吃熟肉来解除的饥饿不同于用手、指甲和牙齿啃生肉来解除的饥饿。”①

人的社会需求即发展的需求，是在天然需求得到满足的基础上形成的人类特有的需求。例如对知识的需求、对文艺的需求、对道德的需求、对创新的需求、对实现理想的需求等等。这些需求是在维持人们的社会生活，在进行社会生产和社会交往的过程中形成的。不同的历史时期，不同的文化条件，不同的政治制度，不同的阶级和不同的民主，不同的风俗习惯、社会规范，都会使人们的社会需求有很大的不同。这种需求若得不到满足，虽然不会像天然需求得不到满足那样会导致死亡，但也会引起痛苦、沮丧、焦虑等消极情绪，严重的还可以导致疾病，危及身体健康。

(2)按照需求的对象，可以把需求划分为物质需求和精神需求。人的物质需求既包含人们对自然界的天然物质的需求，又包含人们对社会文化用品的需求，既有天然的需求，又有社会的需求。随着文化科学技术的进步，社会生产在不断地发展，人类社会需求也在不断地丰富。人的精神需求是人们对智力、道德、审美等方面的需求，这是一种对观念对象的需求。人类在历史发展过程中最早形成的精神需求是对于劳动和交际的需求的反映。在人们的精神需求中，学习的需求和参加社会活动的需求占有重要的位置。随着社会的进步和生产的发展，人的精神需求也在不断地增添新的内容。比如，在国际交往日趋频繁、竞争日趋激烈的情况下，人们对网络、生物技术、现代化管理等方面的新知识和文化的需求日趋迫切。

人的物质需求和精神需求不是截然分开的，二者是有机地联系在一起的。一方面精神需求的满足有赖于一定的物质条件；另一方面，人的精神需求又对物质需求起到调节、控制的作用。正是物质需求和精神需求的协调统一，构成了人类个体活动和积极性的源泉。

(3)按性质来划分，人的需求又可以分为合理的需求和不合理的需求。合理的需求是指符合社会道德规范并与社会生产发展水平相适应的需求。不合理的需求是指不符合社会道德规范或与社会发展水平不相适应的需求。合理的需求与不合理的需求对人的行为具有截然不同的导向作用，因此必须划清这两种需求的界限，采取不同的方法去满足人的合理需求，去消除人的不合理的需求。

人的需求是否合理，其判别标准具有历史性。不同的阶级，不同的民族，不同的历史发展阶段都可能会有对需求是否合理进行判别的不同标准。在一阶级和人群中为合理的需求，在另一阶级和人群中就可能是不合理的需求；在某一阶段为合理的需求，在另一阶段就有可能是不合理的需求。总之，对人的需求合理与否所进

①《马克思恩格斯全集》第12卷第742页。

行的划分不是绝对的。

(4)以需求的范围为标准,需求可以划分为个人需求和整体需求。个人需求,就是劳动者个人随着生产发展和社会进步而日益增长的物质和文化的需求。整体需求,是指个人需求以外的劳动者集体的需求。具体来说,它又可以分为团体的需求、阶级的需求、民族的需求、国家的需求等等。整体的需求也是人类生存和发展的必要条件之一。例如,社会的文化、艺术、科学、教育、卫生等公共事业,对改善和提高全体人民的物质和文化生活水平,具有很大的作用。因此,这些事业也是必须发展和兴办的。

由于个人需求比较直接、具体,容易察觉,因此劳动者比较关心;而整体需求则是间接的、不具体的,不容易察觉,容易被劳动者所忽视,所以这种需求只有在宣传教育中应加以启示和引导才会被人们意识到。

(5)以时间为标准对需求进行划分,可以分为近期需求和长远需求。近期需求,是指人们眼前就渴望得到满足的需求。长远需求,是指希望在将来得到满足的需求。

近期需求的时间紧迫切性强,容易引起人们的重视;长远需求由于时间长,不容易引起人们的重视。而要调动人们的创新积极性,就必须做到既关心人的近期需求,又注重人的长远需求。

第二节 需求的层次

一、马斯洛的需求层次理论

现在,关于需求研究的理论,影响最大、应用最广泛的是美国心理学教授亚伯拉罕·马斯洛提出的“层次需求”理论。

马斯洛(Abrahan H. Maslow,1908—1970),美国人,世界著名的心理学家、管理学家。马斯洛认为,社会文化对人有影响,但人们本身的内在力量更为重要。社会文化因素对人的价值体系则起一种促进作用,而这种促进作用要通过每个人都具有的内在需求而起作用。马斯洛在管理学和心理学上最主要的贡献是,提出了人类基本需求等级理论,即需求层次论。他在这方面的代表著作是《人类激励的一种理论》。他以人的需求内容为标准,把人的需求分成5类,即生理需求、安全需求、社会交流需求、得到尊重的需求、自我价值实现的需求。

(一)生理需求

人为了满足自身生存所产生的种种欲望被称为生存需求,例如对食物、居住、水分、氧气、取暖的需求。这种需求是人们最关注的需求，是人的最原始、最基本的需求。人们在转向较高层次的需求之前，总是要尽力先满足这类需求。一个人在饥饿、干渴、寒冷、缺氧时不会对其他任何事物感兴趣，他的主要动力是得到食物、水、氧气等。生理需求得不到满足，人就不能生存。从这个意义上来说，生理需求是最强烈的需求，是推动人们行为的强大动力。生理需求主要是由体内化学和神经中枢所控制，但并不纯粹受生物学规律所支配。在满足这种需求的过程中，生理需求也要受到人的世界观、文化观念、理想的支配。所以一个人所需求的东西，就并不一定是另一个人所需求的，在生理需求选择上存在着个体差异。

（二）安全需求

安全需求是人们为了维持自身的安全和家庭平安而产生的欲望，即有关免除危险和威胁的各种欲望。例如，希望避免冷、热、毒气等物理和化学的伤害；希望有一个安全的工作环境，在这种环境中人的身体健康和心理健康均有保障；要求有一个稳定的工作，这种工作有固定的收入，没有失业的威胁；要求生活有保障，比如生病时有医疗保障，丧失劳动能力时有退休金；希望家庭所有成员身体健康、工作如意、生活太平；等等。这种需求是一种保全自我的需求，因此这种需求不仅要考虑到当前，还要考虑到未来，考虑到能否维持自己的地位以保证将来生理上的需求得到满足。

一般来说，只有当生理需求得到基本满足之后，才会产生安全需求。只有在这种条件下，人们才会把安全需求看得重于一切，安全需求才能支配人的行为。事实上，安全需求人皆有之，每一个人都希望得到安全与福利，躲避危险和贫困，都希望正常的生活。马斯洛认为，人的安全需求一般表现为两种形式：一是有意识的安全需求。这是极为普遍，也相当明确的安全需求。谁都不希望灾难降临。“年年岁岁除夕夜，爆竹声中迎新春”，这一春联反映了一种社会风俗，也反映了人们对安全的需求，反映了人们希望驱除灾难、迎来太平安康的心理。二是无意识的安全需求。如胆小怕事，遇事谨慎小心等等，都属于无意识的安全需求。无意识的安全需求人皆有之。这种无意识的安全需求，反映了人们希望生活在一个井然有序的环境中的愿望，这种愿望促使人们在行动中安分守己，这在维护社会秩序方面有一定的积极作用，但是这种无意识的安全需求如果发展到极端，就会使人患得患失，成为一个精神病患者，从而大大阻碍人的创新。

（三）社会交流需求

社会交流需求是指人渴望同他人建立感情联系，要求在群体中占有一个相应的位置的欲望。这类需求包括：与家属、朋友、同事、上级等保持良好的关系；给予别人并从别人那里得到友爱和帮助；使自己有所归属，成为某个集团的成员；等等。

任何一个社会成员都有让别人了解自己和自己了解别人的需求,因为他们不希望自己被孤立在社会群体之外。要满足让别人了解自己和自己了解别人的需求,就必须进行社会交流,就必须了解外部环境的信息,以调节自己的行为,与他人建立融洽的关系。同时任何一个社会成员也都有归属于一定群体的需求,他们希望在集体中得到友谊和帮助。只有当生理需求和安全需求得到满足后,社会需求才会突出出来,进而产生激励作用。在马斯洛需求层次中,这一层次是与前两层次截然不同的另一层次。这些需求如果得不到满足,就会影响人的精神,导致对工作不满及情绪低落。反之,当社交需求成为主要的激励源并得到满足时,人们就会精神高涨,就会激发人的创新行为。社交需求与人的经历、所受的教育、宗教信仰都有密切的关系,因此社交需求具有很大的个体差异。

社交需求比生理需求、安全需求更细微,更难以捉摸,几乎无法直接测量,但是它还是强烈地存在着。其重要意义主要表现在两个方面:一个人的社交需求越是强烈,那么这个人的集体观念、整体观念也就可能越强;社交需求表现了人的向心力和凝聚力。我们可以根据社交需求所具有的两方面的意义引导人的行为。

(四)得到尊重的需求

尊重需求是指人希望自己的人格得到他人的尊重,希望自己的能力和才华得到他人承认和赞赏的欲望。这种需求分为两种:一种是自尊的需求,如希望自己有知识、有能力、有成就、有尊严;一种是获得别人尊重的需求,如希望别人赏识、重视、关心、给予高度评价。

人们在低层次需求满足过程中,客观上也提高了自身的素质和能力,创造了值得自豪的成就,产生了新的追求,形成了具有个性化的生活方式和自我价值范畴,即人们有了自我价值观。这些自我价值观不但使自己感到自豪和欣赏,而且也希望得到社会的承认和尊重。为了满足尊重的需求,人们要经过努力的拼搏,有时甚至要付出生命的代价。

有人把中国人的"讲面子"观念归于尊重需求的一部分,事实上这是不正确的。讲面子观念,不是追求外界对自身内在价值的承认和尊重,而是对自身不具备的东西着意作出外表的伪装,得到自己不应有的尊重。中国人的讲面子观念可能会让人为了保证自己的完美形象而不去做任何事,而一个由自身内在价值的人则恰恰相反,为了得到社会尊重,他会努力去做事,在这个过程中暴露弱点和出现失误这是可以理解的。

马斯洛认为,有尊重需求的人希望别人按照他们的实际形象来接受他们,并认为他们有能力,能胜任工作。他们关心的是成就、名声、地位。当他们得到这些时,不仅赢得了人们的尊重,同时就其内心因对自己价值的满足而充满自信。不能满足这类需求,就会使他们感到沮丧,感到低人一等。如果别人给予的荣誉不是根据其真才实学,而是徒有虚名,也会对他们的心理构成威胁。

(五)自我价值实现的需求

自我价值实现的需求是指一种自我完成的欲望,即要求实现自己的理想,使自己成为自己想要做的人。这是一种挖掘自身潜能、实现自己的理想和抱负、充分发挥自己的全部能力的需求。在实现自我价值的过程中,人们必须首先发现自己的价值,作出正确的选择,即人们必须做那些适合自己能力、才干的工作。例如,有音乐天赋的人希望在音乐方面把自己的能力发挥到极致,创造事业的辉煌;有绘画天赋的人,希望自己在画方面有所成就,以实现自己的人生价值。这样才能使他们的自我价值实现需求得到满足。自我价值实现需求是一种最高级的需求,一般来说,只有在其他各种需求要都得到满足以后才会产生这种需求。自我实现需求的目标是自我实现,或是最大限度地发挥潜能。达到自我实现境界的人,或者说自我价值实现需求占支配地位的人,解决问题能力增强,自觉性提高。因此在实践的过程中,要重视这种需求,把人们的需求引向这个最高的层次,以最大限度地挖掘人的创新潜能。

在满足人的自我价值实现需求的过程中,一些人取得成功,实现了自己的理想,另一些人或者说更多的人遭遇种种挫折和困难,没有取得最终的成功,没有实现自己追求的目标。自我价值实现需求的满足,是一个充满曲折、困难的过程。只有那些意志坚强不畏艰险的人,才能在自我价值实现的路上走到底,才能实现自我价值需求的满足。但是在这个过程中,即使没有实现最终的人生理想,那么在为自我价值实现而奋斗的过程中人们仍然会取得很大的成就,比没有自我价值实现需求的人走得更远。

马斯洛晚年又进一步把人类的需求划分为 3 个大的层次:基本需求、心理需求和自我实现的需求,并且在自我实现需求之上增加了一个超级需求。马斯洛研究了个人需求结构的发展,他指出,个人需求结构的发展过程更多地像波浪式的演进,各种需要的优势由一级演进至另一级。婴儿主要是生理需求,后来才产生了安全需求、归属和爱的需求,青少年时才会产生尊重的需求等等。马斯洛对人的需求的研究最为细致,特别是他把人的需求看作是一个按层次组织起来的系统,这个系统反映了人类基本需求由低级向高级的发展的趋向,反映了人的需求和人的行为之间的关系,为研究人的行为提供了有价值的理论。

马斯洛需求层次理论的科学成分和消极因素。马斯洛的需求层次理论是管理心理学中的一个重要理论,流传甚广,影响极大,特别是在一些资本主义国家,许多企业都把这一理论应用到了管理的实践中。尽管有许人对他的理论提出过许多不同的看法，特别是对他的关于需求层次的划分的准确性和合理性表示不同程度的怀疑，但是至今仍然没有一种理论能完全否定它。对此我们应该有一个正确的认识。总的来说，马斯洛的需求层次理论还是具有一定的科学成分的，这主要表现在以下几个方面：①马斯洛认为人的需求是行为的基础，从需求出发研究人的行为，可以说是抓住了问题的关键。②马斯洛把人的需求分为5种类型，认为生理需求是人的最基本的需求，这是符合唯物主义的观点的。③马斯洛把职业保障、收入稳定、劳动保险等列为安全需求的重要方面，这对我们有一定的启发。在现实生活中，有一些人宁愿当一名薪水较低的正式职工，也不愿意当一名有较高收入的农民和个体户。这里除了尊重的需求以外，显然有一个寻求职业保障、收入稳定和劳动保险等安全需求的问题。④马斯洛把社会需求和精神需求列为比物质需求更高的人类需求，这也有一定的道理，因为人只有满足了生理需求，才有可能去考虑追求社会的和精神的需求。

马斯洛的所有这些具有科学因素的观点和结论对我们现实生活具有重要的指导意义。当然，马斯洛的这种需求层次理论也有其消极因素和局限性，这主要表现在：①马斯洛对人的需求的层次的划分比较绝对。他认为只有在低级层次的需求获得相对满足之后，高一级层次的需求才会渐次产生。这是一种机械的看法。事实上，低层次的需求没有满足时，高层次的需求也是可以产生的。有时，一个人为了获得高层次的需求，甚至可以完全抛弃低层次的需求。特别是一些革命英雄人物和先进分子，为了追求崇高的理想和社会目标，往往可以不顾生理、安全和爱情的需求，甘愿忍受艰难困苦，以至于不惜牺牲自己的生命。②马斯洛是美国人本主义心理学派创始人，其需求层次理论仅仅是从人的本性出发，只侧重于研究人的本能的需求而得出的结论。他认为人的需求是生而有之，即所谓人的生理需求是为了求生存，人的安全需求是出于趋利避害的本能；社交需求是为了享受生活的乐趣；尊重与自我实现的需求是为了出人头地，是人的自然成熟、成长的过程。总之，一切需求是出于人的本能。这就从根本上否认了社会环境和历史条件对人的需求的决定性的影响。按照这种理论，根本无法解释无产阶级为争取全人类解放和实现共产主义理想而做出的各种牺牲。③马斯洛的这一理论反映了资产阶级的人生观和价值观。他极力宣传个人主义，即只讲个人需求，不讲对社会的义务。这种资产阶级的人生观和价值观是十分有害的。在社会主义国家，每个人都应该考虑如何为社会和人民做出自己应有的贡献，而不应该片面地、过分地强调个人的需求。

总之，马斯洛的需求层次理论既有其科学的一面，又有其不合理的消极的一面。因此在应用它的理论研究人的需求与行为时，应该吸取其精华，抛弃其糟粕，使这一理论在推动人的创新方面中发挥出积极的作用。

二、社会主义的需求理论

社会主义需求理论是以马克思主义的基本原理为基础的。马克思主义哲学、政治经济学、科学社会主义是构成马克思主义的根本组成部分，是马克思、恩格斯所创建的科学体系。关于心理学的有关人的需求方面的问题，马克思主义的经典作家并没有做出集中系统的论述，没有创建全新的科学体系。他们关于需求的很有价值的见解，都不是作为专著发表的，而是散见于论述不同题目的著作和非正式著作（如信函）中。马克思在1848年提出，人有多种需求。例如，吃的需求，穿衣服的需求，居住的需求，捕猎的需求，劳动以外的各种需求。当人们的需求同个人活动特点联系起来的时候，可以把需求分为自然、精神、社会3种类型。马克思的需求理论把人的衣、食、住、行的需求称为第一需求，认为只有当第一需求满足以后，才能产生新的需求，但是第一需求并不是最终需求。恩格斯进一步发展了马克思关于人的需求的思想，他分析了资本主义社会的各种弊病之后，对社会主义社会人的需求作了新的阐述。在1891年，恩格斯从物质资料的角度第一次提出了社会主义社会人的需求层次，即生活需求、享受需求、发展需求。列宁在1920年，提出了社会主义本质特征的需求，即共产主义劳动需求。在这个基础上，列宁进一步把人的需求概括为物质需求、精神需求、共产主义劳动需求3种类型。斯大林根据俄国十月革命胜利以后的社会主义建设的成就及社会状况，对社会主义条件下人的需求又作了进一步的阐述。斯大林把人的需求分为物质需求和文化需求两大类。

马克思、恩格斯、列宁、斯大林的这些论述，为社会主义的需求理论奠定了基础。但是到目前为止，对社会主义制度下人的需求结构没有一个统一的看法，当然也就不可能有一个统一的理论。马克思关于需求的理论，主要是由后来的马克思主义者搜集、整理、发展而成的，原苏联人在这方面做的事情很多。我国的一些学者，根据我国的社会主义实践，结合外国的一些需求理论，提出社会主义制度下人的需求有5种类型，即生存需求、享受需求、发展需求、自主和自尊需求、贡献需求。

(1)生存需求。包括个体在整个生命过程中对必要的物质生活资料的追求，个体发展到一定的阶段对异性的追求和对生命安全状态和安全环境的追求。这是一种维持个体生存和种族延续的基本生理需求。这种需求的适当满足，是发展人的其他需求的起点。

(2)享受需求。这是指人们对提高享受人类社会创造的物质财富和精神财富的水平的追求。人们不仅要求吃饱、穿暖、有栖身之处，而且要求吃好、穿好、住得舒服，同时要求改善文化娱乐生活、享受艺术、享受天伦之乐，要进行交往，要获得友谊和爱情。这种需求的满足使人们感到生活得更加充实和美好。

(3)发展的需求。这是人自身完善的需求，如学习的需求、认知的需求、增长文化科学知识水平的需求、发展自己的智力和体力的需求、提高自己的思想修养和道德修养的需求等等。

(4)自主和自尊的需求。随着人的成长和心理的发展，人的独立愿望将得到加强，希望得到他人的平等相待，向往能有适当条件发挥自己的才能，并在展示自己才能的过程中获得稳定而有威望的地位，希望得到人们的理解、关心、积极的评价和尊重。

(5)贡献的需求。这是一种利他的需求，是为社会进行创造性劳动和发展科学技术的需求，是为民族、国家自觉地尽职责、尽义务的需求，是全心全意为民服务和为共产主义事业自觉地勤奋工作，英勇奋斗的需求。这是人们的需求的最高层次，有最高的社会价值。这种需求不是每个人都能形成的，而且即使具有这种需求的人们，这种需求的强弱程度也是因人而异的，因此具有这种需求的人对社会所做出的贡献的大小是有分别的。

社会主义制度下人的需求具有以下几个特点：①社会主义需求理论能够正确指导人们选择主导需求。所谓主导需求，是指在各层次需求的结构中占据支配地位的需求。由于人有能动性，因此对人的主导需求，就必然发生选择的问题。在社会主义社会，人们能够树立正确的信念、伟大的理想，能够把个人的需求同社会需求结合起来，正确选择自己的主导需求。这种正确的选择不仅有利于社会，而且也有利于个人的发展，因为这种正确的选择是一种巨大的、高尚的精神力量，会对人的行为产生巨大的鼓舞作用。②人的需求在社会主义文化和道德的规范下，不断地由低级需求向高级需求延伸和发展。这种需求从低级到高级的延伸，不是自发形成的，而是不断进行社会主义思想、道德教育的结果。教育和引导不断提升人们的需求层次，实现人的需求由低级到高级的延伸和发展。例如，经过教育树立了革命人生观的人，为了实现革命理想，甘愿牺牲自己的一切甚至是生命，这种需求层次不断提升的事迹在社会主义社会是屡见不鲜的。③人的低级需求和高级需求都应当受到重视。低级需求是人的自然属性决定的，是人的本能带来的；高级需求是由人的社会性、能动性和阶级性决定的，是经过后天培养和锻炼才表现出来的。在社会主义社会，既要充分满足低级需求，又要重视培养人们的高级需求。因为只重视低级的需求，不仅没有必要，而且会僵化人们的思想，限制人们需求层次的提高，这种情况对社会发展是不利的。④高级需求对人的行为影响更为巨大。低级需求是有限的，一旦得到满足，便不再是激发人们行为的动力；高级需求往往不容易满足，特别是尊敬和成就的需求永远也不会完全满足，它对激发人的动机，支配人的行为，具有持久作用。因此在社会主义社会，不仅要注意满足人们在增加工资、福利待遇等方面的需求,更要注意满足人们的高级需求:尊重人、相信人、关怀人,并帮助人们树立远大理想,增强人们的主人翁责任感。⑤人们的需求,随着从低级向高级发展,社会因素的作用逐渐降低,而社会教育、环境影响、同志关系、组织活动的影响则逐渐增大,甚至可以增大到这种程度:当一个人确立了高层次的需求,就可能牺牲低层次的需求,为了实现目标而忘我的奋斗。社会主义社会注意营造这样一种培养人的环境,造就了一大批迅速从低层次需求走向高层次需求的人,造就了一大批为实现共产主义目标而奋斗的影响逐渐增大,生理因素的作用则逐渐降低。这说明按着自然属性去满足人们的物质需求,对人的行为的激励作用是极其有限的,而且随着需求层次的提高这种激斗的人。⑥当某一层次的需求得到满足以后,存在着两种可能性:一种可能性是向较高层次发展,一种可能性是横向发展。前者对社会有益,后者对社会有害。在社会主义社会应当注意在保证满足较低级需求的基础上,创造条件引导人们追求更高层次的需求。这样就会使人不断进步,使人成为一个脱离低级趣味的人,一个有益于人民的人。

研究人的需求,目的是为了满足人的需求。因为人的需求是人的行为的原动力,一个人的需求能否得到满足,会直接影响到他在工作中的积极性的发挥。在社会主义条件下就更应当注重研究怎样去满足人的需求,因为社会主义生产的目的就是为了不断地满足人民群众日益增长的物质和文化生活的需求。那么在实际工作中怎样才能解决好人的需求问题呢?

首先,调查研究是满足需求的前提。要满足人的需求,首先必须了解人的需求。但是在现实生活中,需求的状况并不像理论上说阐述的那样简单,人在现实生活中的需求是复杂的、丰富多彩的,因此要真正了解人的需求又是很不容易的,这就要求管理者必须注意做深入细致的调查研究。调查研究是解决人的需求问题的前提。

其次,满足需求应当对症下药。人的需求具有不同的层次,因此在满足需求的过程中要注意区分不同类型的需求,采取不同的措施,加以妥善地解决。例如高级知识分子与普通体力劳动者相比较,一般来说前者对获得工作成就的需求往往更为关切,因此对知识分子不仅要注意解决其生活上的问题,而且还要特别尊重他们的劳动,为他们的科学研究创造良好的工作环境。单从知识分子队伍来看,他们的需求状况也是具有很大差别的。因此在满足人们需求的过程中,必须针对这些不同类型、不同层次人的需求特点,采取不同的解决办法。只有这样,才能有利于发挥各方面的工作积极性。

第三,满足需求应当抓住主要矛盾。根据需求层次理论,一个人在一定的时期内的需求可能是多种多样的,但是其中必然有一种占优势的需求对其动机和行为起主导作用，而且这种需求又往往是弹性极小的需求，近期内得不到解决，就会影响人的工作积极性。因此，在满足人的需求的过程中，必须善于发现人的这种主导性需求。只有抓住了这个主要矛盾，并且加以妥善解决，才能激发人的工作热情。

第四，满足需求必须量力而行。所谓量力而行，就是满足需求必须与生产力发展水平相适应。无论是国家也好，企业也好，需求的满足必须建立在生产发展的基础之上，因为需求不是空的，是实实在在的东西。特别是衣食住行等基本需求，都要靠生产劳动创造出来，然后才谈得上满足的问题。生产得不到发展，需求就不可能得到满足。因此，满足人的需求，只能在生产力发展允许的条件下，力所能及地、最大限度地满足人们的各种需求。

第三节 需求的作用

需求在人的行为中起着十分重要的作用，它既给人以活动的动力，又对人的活动方向进行控制。具体地说，人的需求对人的活动具有以下几方面的作用：①激励作用。激励作用指需求能激发个体产生某种行为。例如，因为青年学生有健美的需求，青年学生便会在这一需求的驱动下，产生相应的行为。在这里需求是引起人的行为的原动力，对人的行为起着始动作用。②定向作用。定向作用指需求能使个体的行为指向某一目标，对行为起着导向作用。在上例中，那位青年学生会在健美需求的引导下，将自己的行为明确指向健美这一目标。③维持作用。维持作用是指需求能使个体的行为维持一定的时间。这里需求是保持行为的续动力，对行为起着续动作用。在上例中，青年学生会在健美需求的持续作用下，进行一段时间的健美活动。④调节作用。调节作用是指需求能调节人的行为的强度、时间和方向。在这里需求是调节行为的控制器，对行为起到调控作用。在上例中，青年学生进行健美活动的强度、维持的时间长短，都要受到需求的制约。如果行为活动没有达到健美的目标，需求还将驱使他加强活动的强度或者转换活动的方式，以达到既定的目标。⑤转变观念的作用。转变观念的作用是指随着人们需求的变化，人们的思想观念也会随之发生变化，例如“衣食足知荣辱”说的就是需求对人们观念的影响。

需求对人的行为的影响是多方面的，但这种种影响又不是均衡的。从对人的创新行为的影响来说，激励作用和转变观念作用的意义更为重大。

一、激励

(一)激励的含义

所谓激励就是通过某些刺激使人发奋起来。现代管理心理学中的激励的含义,是指激发人的行为动机,使人有一股内在动力,以促使个体更好地实现行为目标。激励有利于调动人的潜在工作积极性和主动性,使人创造性地进行劳动,创造更多的物质财富和精神财富。激励也可以说是调动积极性的过程。从人的行为规律来看,行为的每一个阶段,每一个过程都存在着如何激励的问题。激励的特点是:有被激烈的对象,即被激励的人;被激励人的行为都是由动机支配的,而产生这些动机的原因是需求;人的行为动机的强弱,即行为积极性的高低是人的一种内在的变量,不是固定不变的;这种积极性不是人们可以直接看到和听到的,它只能通过观察由这种积极性所推动而表现出来的行为和工作绩效来加以判断。

(二)激励的作用

第一,激励可以调动不同层次的人的积极性。人的需求不同、觉悟不同,因此人的积极性强弱也不同。这种积极性可以分为多种层次,这些层次又不是一成不变的。通过采取行之有效的激励措施,就可以使那些行为积极性比较高表现比较好的人继续保持其积极行为,使那些表现一般的和差的人向积极性高的人看齐,逐步把他们转变成为主动积极富有创新积极性的人,从总体上提高人的创新积极性和能力。

第二,激励可以使人充分发挥其技术和才能,从而有效地提高工作效率。美国哈佛大学詹姆斯教授,在对职工的激励研究中发现,按时计酬的职工能发挥出其能力的20%左右;如果受到充分的激励,职工的能力则可以发挥出80%以上。由此可见,人们在受到激励以后与受到激励之前相比,潜力的发挥程度相差很大。激励可以显著提高职工的劳动效率,这已被众多的实践所证明。

第三,激励可以进一步增强人的、国的、民族的创新能力。要提高创新能力除了努力提高人的科学技术素质,大力发展教育之外,还必须有行之有效的激励措施,要不然人的创新能力就难以充分发挥,更难以持久。例如,日本的丰田汽车公司,采用设合理化建议奖(包括物质奖和荣誉奖)的办法,激励职工提合理化建议,结果该公司的职工仅在1983年就提出165万条建议,由此带来的利润高达900亿日元,相当于该公司全年利润的18%。

第四,激励具有吸引人才的作用。人才是最重要的财富,管理人才和科技人才的培养与引进可以明显地提高企业的经济效益,使企业更加兴旺发达。因此,发达国家都比较注重引进人才,特别是美国尤其重视这一点。它通过支付巨额酬金,创造良好的工作条件等激励办法，从世界各国吸引了众多有特殊才能的专家、学者，这是美国之所以在许多科学技术领域保持领先地位的重要原因之一。激励直接针对人的需求，能够使有用之才看到满足自己内心需求的希望之光，看到他们的用武之地，因而对人才格外具有吸引力，是吸引人才最主要、最行之有效的方法。

（三）激励的原则

激励是通过满足人的需求或者为满足人的需求提供种种条件来调动人的行为积极性的，在这个过程中，激励所采取的措施必须受到道德、法律等行为规范的约束，即激励必须遵守一定的原则。只有这样，激励才能真正发挥其收益的社会效能。

(1)必须认真贯彻党和国家的方针政策。这是激励的前提和保证。为了调动广大人民群众建设社会主义的积极性，把我国早日建成社会主义现代化强国，党和国家依据四项基本原则，遵循客观规律的要求，并结合我国实际情况，在不同时期制定了不同的方针政策。这些方针政策反映了客观规律的要求和广大人民群众的愿望，把广大劳动者长远利益和眼前利益、局部利益和整体利益很好地结合起来，是调动广大劳动者积极性的根本依据。任何激励措施和方法都不能违背党和国家的方针政策。

(2)必须贯彻社会主义物质利益原则，兼顾国家、集体、个人三者利益。在社会主义条件下，国家、集体、个人三者利益从根本上来说是一致的，但有时也会发生矛盾。因此在采取激励措施时，必须对三者利益做全面考虑，不能只顾一头。当三者利益不能兼顾时，必须坚持个人利益服从集体利益、局部利益服从整体利益的原则，必须坚持国家利益高于一切的原则。当然，强调集体利益，强调整体利益，强调国家利益，并不是不承认或忽视个人利益。在社会主义条件下，劳动还是谋生的手段，个体家庭仍然是社会的基本经济生活单位，个人必然要考虑自己和家庭的利益，个人利益作为一种客观存在，我们必须给予足够的重视。为了充分调动劳动者的生产积极性，必须把劳动者的劳动成果同个人利益紧密地联系起来，使劳动者的个人利益得到切实的保障。但是应当注意的是，决不能置集体、整体、国家利益于不顾去片面强调个人利益。

(3)必须贯彻按劳分配的原则。按劳分配是在社会主义条件下，实行激励所必须遵循的一条基本原则。在社会主义条件下，劳动还是谋生的手段，因此劳动者必然要求自己付出的劳动得到应有的公平而又合理的报酬。按劳分配正是从社会主义的客观实际出发，根据每一个劳动者对社会所做贡献的大小来支付报酬的，因而能够极大地激发人们的工作热情。以前，在分配领域存在了严重的平均主义现象，这在很大程度上影响着广大劳动者的积极性。在贯彻按劳分配原则的同时，还要注意激励职工的主人翁精神。因为离开了社会主义的主人翁精神，就可能产生新的雇佣观念，即给多少钱干多少活，有利就干，无利不干，一切向钱看的观念。为了克服这种不良倾向，在社会主义的激励机制中，必须把贯彻物质利益原则、按劳分配原则同做好思想政治工作、培养职工的主人翁精神有机地结合起来，提倡奉献精神，鼓励比贡献、比进步、比风格。不同的人，或同一个人在不同的时期里，他们的需求可能会有很大的差别。有的人注重经济实惠，有的人注重名气、声誉，有的人则希望得到信任和重用，等等。要注重培养具有崭新精神风貌的新一代劳动者。

(4)必须对需求的种类和层次进而对人的行为进行研究。研究人的需求，就必须结合每个人的实际情况，具体分析他们的需求种类和层次，然后针对他们的需求状况采取适合其要求的激励措施，只有这样才能调动人的工作积极性，达到预期的激励目的。

(四)激励的方式

激励实质上就是创造各种各样的条件，来满足人的需求，从而激发人们的工作积极性。人的需求是多种多样的，这就决定了激励的方式也是多种多样的。对人进行激励，只有善于采取多种激励方式，并讲究激励艺术，才能收到好的激励效果。下面介绍几种主要的激励方式。

1.目标激励

目标激励就是通过目标的设置，把人的需求与目标紧密联系在一起，从而调动人的工作积极性、主动性和创造性。目标在心理学上通常称为“诱因”，即能够满足人的需求的外在物。它既可以是外在的实体对象，也可以是精神的对象。目标对人的行为具有诱发、引导、激励的作用。在管理工作中，根据人们的合理需求，通过设置适当的目标可以激发人的正确动机，调动人们的积极性，把人们的思想和行为导向新的境界。

目标的效价(即目标的预期效益和价值)越大、社会意义越大、经过努力实现目标的概率越大，目标就越能振奋人心，其激励作用也就越强。因此，在选择和确定目标时，要对目标的效价、社会意义、实现的概率做出科学的评估，使目标的设置具有科学性。

确定目标的内容应当注意以下若干方面的问题：目标的内容要适合每个人的能力，目标不能定得太高，也不能定得太低。目标的设立不只要考虑短期效果，还要注意长期效果；在一个时期内，目标的数量不可定得太多，以免扰乱人的行为；尽量使目标的内容在质和量上都能具体一些，使人容易把握；对在较长时间内才能完成的目标，应当考虑设立中间目标，以期逐步完成总目标。

对目标的管理与实现应当注意以下若干方面的问题：要赋予人们实现目标的

必要的自主权,要相信每个人的能力,放手让他们去干,以充分发挥其主动性;要采取“大目标,小步子”的方法,把总目标分成若干阶段性目标,通过实现几个阶段性目标来实现总目标,这样有利于持续调动人的积极性;要及时进行信息反馈,使人们随时知道自己活动的结果,当人们取得成绩时,应该予以鼓励和表扬,对出现的问题要分析原因,及时改进。

2.奖罚激励

奖罚激励是现代管理中常用的激励方式。奖与罚是对人的某种行为肯定与否定、表扬与批评的方式。恰当地运用奖励与惩罚的激励方式,能够起到调动人的积极性、化消极因素为积极因素的作用,对鼓励创新有重要意义。

奖励的形式是多种多样的,总的来说可以分为物质奖励、精神奖励、物质与精神相结合奖励3种类型。物质奖励满足人的生理需要,精神奖励满足人的心理需要,物质与精神相结合的奖励在满足心理需要的同时,又可以满足生理需要。每种奖励的具体形式也是多种多样的。为了获得好的奖励效果,充分调动人的积极性,在实施奖励时要注意以下几点:①要根据人的不同情况和需要上的差异确定奖励方式。物质奖励是必要的,并且能够起到一定的激励作用,但随着人的需求层次的提高,精神奖励有时比物质奖励更能激发人的自尊心、成就感和责任感,更能调动人的积极性。因此在实施奖励时,要善于把物质奖励和精神奖励结合起来。②创造良好的奖励气氛。奖励对先进者是一种鼓舞,对后进者是一种鞭策。因此在颁发奖金、奖品时,要创造庄重热烈的场面,使奖励在良好的气氛中进行,以提高奖励的精神价值,更好地发挥奖励的激励和鞭策作用。③奖励的程度要与获奖者的贡献相当。人的贡献越大,越应获得较高的奖励,切忌不分贡献大小,搞平均主义的奖励;切忌奖励不公平、不公正,如无功受奖、小功大奖,大功小奖。否则,奖励不仅不能调动积极性,还会引起人反感,产生消极作用。④奖励要及时。及时的奖励不仅能够起到很好的鼓舞作用,而且能够使人对奖励更加重视。过期的奖励会使人对奖励漠然置之,因而削弱奖励的积极作用。⑤奖励的方式要有变化。一般来说,新颖的刺激激励作用更大。为了更好地发挥奖励的作用,奖励的方式要适时地变化和创新;同时,奖励不能过于频繁,否则也会使其激励作用减弱。

惩罚的形式是多种多样的,如点名批评、检讨、处分、经济制裁、法律惩办等等。必要的惩罚可以使人们为了避免受到惩罚而努力工作,或者从惩罚中吸取教训,从反面激励人们的积极性。为了更好地发挥惩罚的作用,在实施惩罚时应当遵循以下原则:①惩罚要合理,要使受惩罚人服气,化消极因素为积极因素。惩罚不合理,会使被惩罚者产生消极情绪,从而影响工作积极性。②惩罚与教育相结合,以达到惩前毖后、治病救人的目的。③惩罚时要考虑行为的原因和动机。如,虽犯有过错，但确有客观原因，惩罚时应考虑这一因素，适当从轻处理。④惩罚要有确实的根据，不能只凭推测毫无根据地去惩罚一个人。

在奖罚激励方式中，要多用奖的方式，少用罚的方式。罚的方式用得多，会使人畏首畏尾，从而影响人的创新胆略和能力。

3.感情激励

感情激励是一种情感投资。人们都希望得到他人的关怀和承认，这是正常的心理需求。管理者如果能够与被管理者建立起真挚的感情，满足他们的需求，这种感情就具有极大的激励作用。感情激励的内容是多种多样的，例如思想、政治、生活、工作等方面的关心，帮助人们解决工作上和生活上的实际困难，等等。感情激励不仅要关怀先进的工作者，也要一视同仁地关怀处于后进状态的工作者，用无微不至的关怀感化他们，激发他们对工作的热情和责任感。在实际工作中，领导者支持群众的工作，也是一种有力的激励。领导者应当尊重下属的人格，支持并爱护他们的首创精神和进取精神，为他们创造良好的工作条件，把他们当中蕴藏的积极性和创造力充分挖掘出来。领导的热情支持，是一种无形的力量，它可以增强人们战胜困难的信心和勇气，从而使他们千方百计地克服困难，战胜困难，取得突出的业绩。

4.领导行为激励

身教重于言教。领导者的带头作用，对人们的行为有着巨大的激励作用。领导者以身作则就是无声的命令，这种行为本身以语言无法比拟的力量极大地激励着人们的积极性。领导者优良的思想作风、工作作风和生活作风，都能深深地影响群众。如果领导者高高在上，脱离群众，以权谋私，搞不正之风，就会丧失威信，就会挫伤群众的积极性。因此领导者必须有强烈的事业心和责任感，有良好的思想作风、工作作风、生活作风。

行为激励一般可以分为群体行为激励和个体行为激励。所谓群体行为激励，是指领导集体为宣传和倡导某种思想而特意实施的富有积极性、鼓动性的团体行为。个体行为激励是指领导者个人为带动群众而采取的带有示范性质的行为。成功的行为激励，必须讲究时间、地点、场合，必须特别注意掌握好 2 个环节：一是掌握好行为激励的时机。一般来讲，在一些关系到全局工作深入发展的重要关头，领导者必须做出样子，引好路子，这样才能收到事半功倍的效果。二是要注意掌握好群体行为激励和个体行为激励的交替使用，什么时候该实施群体行为激励，什么时候该实施个体行为激励，要尊重当时当地的客观情况和群众心理需求的积极因素。

5.榜样激励

各条战线中都有许多先进模范人物，他们在平凡的工作岗位上勤勤恳恳、兢兢业业地工作,为人类为社会主义建设事业做出了卓越的贡献,是人们学习的榜样。榜样的力量是无穷的,领导者应当注意发挥榜样的激励作用,要特别注意在本单位树立榜样,实事求是地把群众公认的思想品德高尚,工作成绩显著,在群众中享有威信、受到群众拥戴的先进人物树为大家学习的榜样。本单位的榜样与群众工作、生活在一起,群众学习起来感到具体、亲切,更容易起到激励作用。

为了更好地发挥榜样的教育作用、激励作用,调动群众的积极性,领导者要注意:实事求是地宣传榜样的先进模范事迹,对榜样的事迹不能凭空拔高;"金无足赤,人无完人",引导群众正确对待榜样,一分为二地看待榜样,学习他们的长处,防止机械地模仿榜样;分析榜样形成的条件,向群众指明赶超榜样的途径,增强他们学习榜样的信心;适时召开介绍和表彰模范人物先进事迹的会议,激发群众学先进、赶先进的热情。

二、转变观念

需求是人的欲望,这种欲望能否得到满足固然重要,但每个人是否具有由这种需求欲望所产生的思想意识和行为同样重要,因为这些思想意识和行为将使人们的精神面貌发生巨大的变化。需求对人们观念的影响主要表现在以下几个方面。

(1)需求及需求的不断升级引导人们关注自我。关注自我是一件不容易让人注意但又很难做到的事情,因为它是需求及需求不断升级的产物。如果一个人的需求很低,它就不容易产生关注自我的观念。反之,当一个人发展到了关注自我的境界,这说明这个人的需求层次已经发展到了很高的水平。为了实现不断升级的需求,关注自我是非常重要。它是把握自身主体地位,明确奋斗目标,把牢自身能力基础的必不可少的环节。关注自我包括关注自身的长处和短处,关注自身的处境,关注自身的努力方向是否正确,关注自身当前的情绪、心理、知识、能力状况等等。关注自我的目的,是要牢牢地树立起自我主体意识,看到自己的价值,看到自己的不足,看清楚自己所处的环境和努力的方向,使自己相信自己,督促自己不断提高和完善自我,以实现奋斗目标,满足不断增长的需求。如果一个人在满足需求的过程中,始终不能关注自我,那么后果是极其严重的。它使人们不能发现自己的优点和缺点,因此也就不能有针对性地提高和完善自己,从而使人事实上处于一种保守状态,从而极大地影响了人的创新积极性和创新能力的发挥。

(2)需求及需求层次的不断提高引导人们关注创新。低层次的需求,一般以满足生存为目标,这种需求一旦得到满足,人们就会出现安于现状的惰性。但事实上人的需求是在不断提升的,永远不会停留在一个水平上,要满足不断提升的人的需求,人们就不能满足现状,停滞不前。在不断满足需求的过程中,必然贯穿着不断超越自我,以及不断超越他人的情况发生,这就使人们不断地面临新情况,需要不断解决新问题,创新就成为这一过程的必然产物。所以人的需求及其不断提升必然使人们关注创新的问题,必然使人们产生创新的观念。关注创新的目的,是使人们成为具有前瞻性的人,发展的人,不断进取的人。具有这些特点的人是符合时代进步的人,是21世纪所需要的人。

(3)需求及需求层次的不断提高引导人们关注平衡。人的需求及其满足是一个动态过程,在这个过程中会出现矛盾、失败、失调等情况。面对这些问题,人们一方面要做大量解决这些问题的工作,另一方面会逐渐产生平衡思想,建立平衡机制。平衡思想是这样产生的:当人们不断地解决问题,而问题又不断出现时,人们除了考虑如何解决问题以外,不得不考虑如何避免问题的发生,尽可能减少需要解决的问题的数量,使自己不被困于解决这些问题之中而无法脱身,于是平衡意识就产生了。在追求既定目标的过程中,有意识地协调各方面的情况,平衡各种因素的作用,争取综合效益,是满足不断提升的人的需求的关键。例如,人们在追求满足自身需求的同时,注意不与他人的需求发生矛盾;在追求经济效益时,注意不以破坏自然环境为代价,这些都是平衡意识发挥作用的结果。关注平衡的目的,在于引导人们强调全面性、综合性、协调性、合作性,而不是只强调某个个体和某一个方面。

(4)需求及需求层次的不断提高引导人们建立不断进取的人生观和价值观。不断奋斗,就可以满足人的不断增长的需求,一劳永逸的事情是不存在。这就促使人们建立不断进取的人生观和价值观。这种积极进取的人生观和价值观,使每一个人都明确在短暂的一生中应该有自己的追求目标,应该有所作为,应该在解决生存问题以外去追求更高层次需求的满足,人生应该是在奋斗和争取中度过的。这种积极进取的人生观和价值观的建立是极其重要的,它使人们认识到现状并不是最好的,通过奋斗可以得到更好的东西,可以得到更大的满足,从而推动人们不断创新,有所发明有所创造。

(5)需求及需求层次的不断提高引导人们树立自强自立的观念。由于需求是人们自身提出的,而不是外界强加的,所以人们可以很容易意识到自己完全有决定自身行为的权力,有解决自身需求的能力,因而产生自强自立的观念。一般来说,人在客观条件允许的情况下,完全能够依靠自身的力量在社会上实现自强自立。这种观念的影响对于习惯于依附人际关系网的人有一个正面的影响,即它可以改变这些人的谋生思路和行为方式,使这些独立性较差的人脱离对关系网的依附而成为自由自立的人，从而为发挥出他们每一个人的聪明智慧创造了有利的思想条件。

(6)需求及需求层次的不断提高引导人们增强自身的不断学习的欲望。由于在满足需求的过程中，人们不断地接触新的社会环境，不断面临新的情况和新的问题，这种状况就像一面镜子，使人们经常暴露出自身存在的缺陷和不足，从而产生危机感。同时通过自身的感受和与他人的比较，人们就会发现，人也像其他物品一样，也有质量高与质量低的差别。一些人能够适应各种环境，完成各种任务，一些人则不能适应各种环境，不能很好地完成各种任务。这种情况说明人的能力和素质是有差别的，而这种差别主要是由学习造成的。所以满足需求的过程也是一种刺激物，不断地刺激人们学习的欲望。学习欲望的增强，可以改变人们的生活方式和习惯，改变人的精神状态，使人们乐于牺牲许多本来可以用于享受生活的时间和精力，以换取更多的知识和智慧。

(7)需求及需求层次的不断提高引导人们养成独立思考和崇尚科学的精神。人们要满足自己的需要，必须有所发明有所创造。在这个过程当中，在很多情况下，人们必须独立地去面对问题，依靠自身的力量去驾驭事物的发展。这将促使人们养成独立思考的习惯，使人们坚定依照个人见解决定行为的信念。这种独立思考的观念，可以克服人云亦云的观念，具有解放思想，挑战传统观念的作用。人们要满足自己的需求，不但要有所发明有所创造，还必须走符合实际情况能够产生理想效果的途径，这个途径就是科学的途径。只有依照科学规律办事，只有用科学的方式解决问题，才能把事情做成功，才能满足人们不断提高的需求。这种崇尚科学的思想将促使人们更加理性地思考和处理一切问题，从而更有可能取得预期的成功。

总之，需求对人们观念的影响是多方面，这许多方面归结起来的最根本的影响，就是促使人们建立积极进取的人生观和价值观，形成富有挑战性的精神风貌，从而为打破一切束缚，解放人的创新能力开辟道路。

案例

俄国十月社会主义革命

在第一次世界大战中，俄国经济陷于全面崩溃，通货膨胀，饥荒四起。深重的灾难激起了俄国各族人民反战争、反饥饿、反沙皇专制制度的革命浪潮。1917 年的“二月革命”，推翻了沙皇专制制度在俄国的统治。二月革命以后俄国出现了两个政权并存的局面，一个是资产阶级临时政府，一个是工人士兵代表苏维埃。前者是主要政权，但是在当时就需要苏维埃的支持。

1917年4月，长期流亡国外的列宁回到了俄国首都彼得格勒。他在布尔什维克会议上作了被称为《四月提纲》的报告。列宁在这个提纲中指明了俄国革命的方向。他说，目前俄国革命必须从资产阶级民主革命向无产阶级社会主义革命过渡。此时，第一次世界大战正在进行，人民群众对多年的战争和困苦生活极端厌恶，临时政府却继续进行帝国主义战争，并妄图用战争来消灭革命。7月俄军在前线的冒险进攻遭到了惨败。消息传到彼得格勒后，工人和士兵满腔怒火，走向街头进行示威。资产阶级临时政府派军队镇压，街道上洒满了革命群众的鲜血。两个政权并存的局面结束，临时政府开始大肆逮捕布尔什维克和革命群众。在十分险恶的形势下，布尔什维克秘密召开代表大会，根据列宁的指示提出了武装起义的方针。

1917年11月武装起义爆发，从6日晚到7日早晨，20万赤卫队员、革命士兵和水兵迅速占领了彼得格勒的主要桥梁、火车站、邮电局、国家银行、政府机关等战略要点，只剩临时政府的巢穴冬宫没有攻下。晚上9点45分，"阿芙乐尔"号巡洋舰发出了向敌人最后攻击的炮声。赤卫队员、革命士兵和水兵的队伍从四面八方冲向冬宫。深夜，在冬宫的临时政府的部长们被擒，彼得格勒武装起义取得胜利。

资产阶级临时政府被推翻以后，起义者建立了世界上第一个工人士兵苏维埃政府——人民委员会，列宁当选为主席。苏维埃政府成立后，在城市，将银行、铁路、大工业收归国有，一切企业实行工人监督；在农村，没收地主、皇室和寺院的土地分配给农民耕种。苏联政府深切了解俄国人民要求和平的迫切愿望，于1918年春天同德国政府签订了《布列斯特和约》，退出了第一次世界大战。

十月革命是俄国历史上最深刻的一次革命，建立了世界历史上第一个无产阶级领导的、以工农联盟为基础的社会主义国家，为把俄国改造成为社会主义工业强国创造了重要前提。它打破了资本主义一统天下的局面，向全世界宣告一种新的社会制度由理想变为现实。过去的一切革命的结果是以一种剥削制度代替另一种剥削制度，而十月革命是要从根本上消灭人剥削人的制度，消灭剥削阶级。因此，十月革命胜利后，世界历史进入了一个由资本主义向社会主义过渡的新时期。十月革命对国际无产阶级革命运动和被压迫民族的解放运动是一个极大的鼓舞和推动，它开辟了人类历史的新纪元，是世界现代史的开端。

以上是对俄国十月革命过程的简单描述。对这个过程分析起来，我们可以发现3点：①俄国人民之所以要革命，是因为他们希望能够生活的自由、和平、幸福，即他们有了上述三方面的需求。这种需求是推动他们进行政治革命和政治创新的根本动力。②在这种需求的推动下，俄国人民进行了不懈的努力，即把上述愿望付诸行动。没有行动，愿望就只能是空想，行动是满足人的需求的根本途径。③经过行动，推翻了旧制度，建立了崭新的社会主义制度，把人们的美好理想变成了现实，实现了制度革命，取得了创新成果。这是一个政治革命与创新的过程。物质创新的过程也是如此。

第七章　创新环境优化

人是创新的主体，离开人就无所谓创新。但作为创新主体的人不是抽象的，而是生活在特定的现实社会环境之中的，与社会环境有着不可分割的联系，并受到社会环境的影响和制约。自由的、开放的、包容的社会环境有利于激发创新主体的创新活动；禁锢的、封闭的、专制的社会环境必然阻碍创新主体的创新活动。所以，创新环境的优化对创新活动的激发是非常重要的。

第一节　创新环境基本理论

一、创新环境的内涵

创新和创新能力是针对人而言的；人是社会的人，是生活在社会之中、群体之中的，与环境有着密不可分的联系。人的一切活动（包括创新活动）和能力（包括创新能力）都要受到环境的影响和制约。“近朱者赤，近墨者黑”，“孟母三迁”都说明了环境对人成长的影响和作用，“人挪活，树挪死”的谚语则生动地说明了环境对人的创新活动和能力的影响，同样一个人，在某一个单位工作时，成绩平平，可是调到另一个单位工作却如鱼得水，创新的潜力被激活，创新的硕果累累。像这种情况，我们在实践中可以经常见到。这就说明，一个人的创造力的开发，是受到创新环境条件的制约和影响的。

那么，什么是创新环境呢？创新环境是指在创新过程中对创新主体产生影响的外部条件和主体对外部条件的感觉。在创新学中，又称为外在环境和自我环境。这一概念主要包括以下几层含义。

(1)创新环境特别是外在环境是特指在创新过程中对创新主体的创新活动产生影响的一部分外在条件，而不是泛指整个环境。创新主体面临的外在环境是形形色色，复杂多样的。我们研究的创新环境的外部条件是指那些对创新实践产生直接影响的必备的外部因素。创新主体的一般生活条件，如住房、家具、日常生活用品和交通工具等，也是创新者的外部条件，对于创新者来说拥有这些条件固然很好，但不具有优越的生活条件，甚至在恶劣的生活条件下，意志坚强的创新主体也能从事创新活动。可是，对知识创新或技术创新来说，如果缺乏基本的实验条件、经费和相关政策的支撑，创新工作就无法进行。

(2)创新环境是相对于创新主体而言的。我们每个人都生活在一定的自然空间和社会环境之中，都要受到社会的影响和作用，同时对外在影响做出认识、评价，形成总体的自我感觉，来规范自己的行为，即自我环境。每个人都存在一种外在环境和自我环境，但不是每个人所处的环境都是创新环境。创新环境应是创新系统的一个变量，是指创新主体在创新活动过程中受其影响的环境。当非创新主体在没有进行创新活动时所受到的外在的和内在的各种条件的影响，都不能称之为创新环境。

(3)创新环境是通过创新主体产生影响和制约作用的。一个人创新能力的开发，要受到创新环境的影响和制约，但是，创新环境对创新的作用并不起决定作用。辩证唯物主义认为，外因只是变化的条件，内因才是变化的根据，外因只有通过内因才起作用。因此，在创新活动过程中，起决定作用的还是创新主体自身，而不是创新环境。环境条件必须与个人的人格要素有机地结合在一起，才能对创新活动起作用。在人们的创新活动中，顺境固然能够进行创新实践，但对于某些人来说，逆境反而更能激发他的潜在创新能力，所谓“石压笋斜出，崖悬花倒生”，“自古英雄多磨难，逆境成才总有时”。而另一些人可能在逆境中只求生存，得过且过，不思进取，更别说创新。美国行为学家斯金诺曾经做过一个有名的实验。他将 100 人分为 A、B 两组，他向 A 组的 50 人提供了良好的环境，而 B 组所处的环境却不理想。A 组的人说想打高尔夫球，只需背上球包，带上服务员，立即就会有小面包车把他们送往球场；要想玩麻将，麻将桌就会出现在他们的眼前；说声想吃法式西餐，马上就有人端来。与此相反，B 组的 50 人却无论做什么都不能如意。这样过了 6 个月，环境优裕的 A 组成员整天昏昏然，精神倦怠，不思进取；而 B 组成员却提出了许多新设想，开展了大量的新工作。这说明，创新环境虽然对创新具有影响和制约的作用，但并不起决定作用。

二、创新环境的作用

创新主体与创新环境的关系是辩证的，一方面，创新主体的不断创新，促进环境的改变和社会的发展，从而更好地满足人们的生存需要和创新需要；另一方面，由于科学技术和经济的不断发展，人们发展和创造的外在环境也在不断改善，又为人们进一步的创新活动提供了更为优越的条件、产生重要的作用。

外在环境对创新活动的影响和作用主要表现在以下几个方面。

(1)创新者的创新都依赖于一定的环境。任何创新都是在一定的环境空间中进行的,创新主体不可能离开环境进行创造。首先,创新都是从一定的社会需要出发的。众所周知,日本是一个自然资源匮乏的小国。据20世纪80年代初统计,日本每年所付出的外汇高达700亿美元,约占日本进口总额的50%。有人称日本经济是一种“漂浮在石油上的经济”。为解决石油问题,日本探索利用基因工程,以本国大量的稻草、木质素、藻类、植物秸秆、木屑等资源做原料,创造生产绿色石油——燃料酒精的新工艺。据日本科学家预测,人类每年尚未利用的生物能源折合成石油,约相当于1 000亿吨石油,为目前全世界能源年消费量的50倍。日本还希望借助生物技术实现粮食自给。石油的需求、粮食的需求迫使日本从生物工程创新入手,来解决自己的生存与发展问题。其次,任何创新都需要一定的创造条件,而这些创造条件是由环境提供的。当环境为创新主体提供了优越而宽松的创新条件时,可以促进和推动创新主体的创新活动;相反则会阻碍或压制创新主体的创新活动。例如,布鲁诺因为接受和发展了哥白尼的“日心说”,而被宗教法庭活活烧死,布鲁诺如果不是处于当时那种黑暗、专制的社会环境之下,也许他会有更大、更多的发现和创新。因此,任何创新都是在一定的环境之中展开的,都依赖于一定的环境。

(2)创新者具有的创新能力也是环境造就的。正如马克思所说的:“人创造环境,同样环境也创造人。”①劳动创造了人,原始人类在劳动中学会了直立行走和劳动,这本身就是人类创造能力的诞生和发展。现代人的发达大脑并不是从来就有的,而是人类社会数十万年、数百万年演变、进化的结果,是人类在不断认识自然、征服自然和改造自然的过程中发展起来的。没有环境的磨砺,就不会有现代人和现代人的创新能力。

(3)创新者的创新能力来自于环境的刺激。辩证唯物主义认为,人的需要不是人生物本能的活动,也不是来自于社会环境对人的简单“投射”。人的需要是在人与客观环境的相互作用的过程中产生的。任何创新都是人类为了征服自然、改造自然,改变人类的生存环境而产生的,没有环境的刺激,没有社会的需要,任何创新都是不可能产生的,环境可以激发人的创新能力,产生创新的推动力。另外,人们创新能力的生成和发挥过程来源于人们对环境中的诸多未知现象的好奇。电学理论就是由于人们对大自然闪电现象的好奇,经过长时间的研究探索后产生的;磁学理论是由于人们对大自然磁现象的好奇,经过长时间的研究探索后才产生的。大多数科学理论都是由于人们对大自然的某种现象感到好奇,经过长时间研究后产

①马克思、恩格斯.德意志意识形态.北京:人民出版社,1987:33。

生的。就是在这样的研究探索过程中生成和发展了人们的创新能力。

总之，环境对于创新、创新主体的作用是十分巨大的。虽然环境的作用要通过创新者来体现，但我们不能忽视环境的重要作用。同时，环境也是在不断演化、发展的，在不同时期、不同条件下，对创造者的影响也是不同的。创新者只能不断适应不断变化的环境，通过自己的创新改变、发展环境。人类正是在特定的环境中不断创造和改变环境，创造新的环境以适应人类的生存和创造，社会才发展到现在。

三、创新环境的分类

创新环境是一个有机的系统。每个人生下来之后，就会受到各种社会条件的影响和制约，环境中的各个方面因素都会对创新者产生作用。具体来说，创新环境的分类，是根据环境对创新活动作用的内容、性质、作用力的强度、范围大小以及效果等五大基本因素来划分的。

根据环境对创新作用的内容和性质来划分，可将环境分为客观环境和主体环境两大类。客观环境包括需求环境、竞争环境、政策环境、信息环境、人际环境等。主体环境包括个体主体环境与组织主体环境。其中个体主体环境主要包括个体的目标与追求，知识与能力，兴趣与爱好，个性与气质，资历与阅历等因素。组织主体环境主要指政府、企事业单位与各种机构所具有的各种条件和因素。

根据环境对创新活动作用力的强度和范围大小，可将环境分为家庭环境、学校环境、职位环境、社会环境、国际环境等。

根据环境对创新活动作用的效果来划分，可将环境分为良性环境和恶性环境。良性环境起促进激励作用，而恶性环境则起制约消极作用。

其中，根据环境对创新作用的内容和性质的分类是最基本的分类，下面主要介绍的也是这种分类及其相关因素。

第二节 影响创新的环境因素

一、需求环境

(一)需求环境对创新的作用

需求环境是创新活动的前提和基础，是创新的源泉。需求产生欲望，欲望形成动力，动力激发创新意识，创新意识变为创新实践，最终满足人们的各种需求。

从世界范围来看，近 30 年期间，科技的发明和发现比过去 2 000 年的总和还多，如信息产业的生产率近 20 年来提高了 100 万倍。科技创造的价值在发达国家的国民生产总值中占60%～80%。冷战结束后，国际竞争的主战场从军事转向了经济，转向了国家综合国力的竞争，科技也需要重新调整服务于军事的发展方向。这一战略性需求，带来了民用科技创新的春天，各种发明、创造层出不穷。众所周知，日本是一个自然资源缺乏的岛国，在20世纪80年代日本每年为进口石油所付外汇高达700亿美元，约占日本进口总额的50%。为解决石油问题，日本科学家积极探索创造了生产绿色石油——燃料酒精的新工艺。这是一个社会环境需求促进创新活动发展的典型事例。

个体需求即主观需求，同时是个体创新活动产生的内驱力。由于“想入非非”，才有各种创新活动的发生。已故数学家陈景润想摘取数学领域的皇冠，于是潜心钻研，终于发明了“陈氏定理”。人类的需求是无止境的，创新也是无止境的。

(二)营造良好的需求环境

需求环境的形成除了自然因素外，还可以有意识地营造。

首先，可以根据层次需求理论，适时地提出足以激励人们不断创新的高层次目标。美国人本主义心理学家马斯洛认为，人类的需求可以分为5个层次，即生理需求(衣、食、住、行……)、安全需求(人身安全、职业安全)、社会交往需求(交往、归属、情感)、人格尊严需求(自尊、受人尊重)、自我实现需求(胜任感、成就感)。当一定层次的需求被满足后，人们自然会向更高层次奋斗，于是便产生新的创新欲望，从而产生创新的成果。需要是创新之母。例如，当人们的温饱问题解决之后，自然就想富裕(生理层次)；当富裕之后，就想进一步发展(交往层次)，想实现自我价值(自尊和自我实现的需求)；当人们的物欲得到一定满足之后，就想要实现精神境界的最高追求(自我完善的需求)。层次需求理论对于需求环境的营造意义十分重大，无论社会还是个人都要遵循这一需求规律，不断提出能够激励人们追求的新目标，推动社会和个人的不断创新和进步。

其次，国家政府根据社会经济发展状况，提出发展目标与规划，推动人们创新的步伐。纵观世界各国的领导人和决策者需要做的最重要的事情就是不断提出奋斗目标，指明创新的方向，并努力率领人民去实现它。提出目标需要创新，实现目标更需要创新。邓小平为中国人民设计的现代化建设的三部曲，即到21世纪中叶，中国国民生产总值将达到中等发达国家水平，中国基本实现现代化。这是当代中国共产党人和中国人民的最大需求，它将激励广大中国人民不断创新、奋斗和发展。

最后，利用差异刺激需求。所谓利用差异，主要是指人为地扩大差异和缩小差异两种带动全局的社会行为。人为扩大差异，可以激励人们争先的欲望，以达到确立目标和追赶目标的目的，从而激发人们的创新需求和发展需求，促进经济社会的发展。例如,我国改革开放初期,为了打破平均主义的影响,党中央提出可以让一部分人先富起来的政策,于是那些敢为人先、敢冒风险的人很快出人头地,得到了长足发展。人为地缩小差异,可以激励后进者奋起直追,发愤图强、后来居上。例如,为了缩小东西部差异,促进西部发展,中央提出了西部大开发战略,这一决策的出台,大大激励了西部人民,也激励了全体国民,人们的积极性、创造性空前地迸发出来。另外,利用差异刺激需求,还表现在利用和制造危机,通过保持人们的忧患意识来激发人们的创新精神。日本人常常以危机作为对国民激励的手段,目的就在于使国民经常保持创新活力。

当然,需求环境的形成常常是不以人们的意志为转移的。自然形成的需求环境往往对人们的创新具有独特的推动力。如对于自然灾害给人类带来的灾难,人类会通过不断的探索、创新来改善自然生态环境,使灾难程度逐步减少,增强人类的防灾抗灾能力。

二、政策环境

(一)政策环境的作用

良好的政策环境对于创新活动起导向、支持和保障作用。美国在生物技术领域一直处于领先地位,其中主要原因就在于美国政府的大力投入和政策扶持。1983 年投入 16 亿美元,1984 年投入 18 亿美元,到 1990 年投入 35 亿美元。同时,美国政府还制定了有利于加快生物技术商品化的条例,修改了知识产权法、保障安全和环境以及反垄断法和出口控制法等,为生物技术的长足发展提供强有力的政策支撑。另外美国还运用政策驱动“信息高速公路计划”的顺利实施。表现在:首先,调整科技战略重点,即放弃星球大战计划,实行“信息高速公路计划”。其次,坚持发展信息技术与产业为第一战略产业的决心不动摇,实行有所为有所不为的决策,宁愿将钢铁、汽车、家电等战略产业的优势让给日本、韩国等国家,也不轻易放弃信息产业的主导地位。第三,当世界各国群起而追的时候,美国政府通过《国家关键技术》报告,更强化了信息产业的地位。

实际上,世界各国在推进重大改革与创新时都充分利用政策杠杆给予积极支持。中国也不例外。改革开放以来,无论是农村联产承包、特区建设、市场经济体制、产业结构调整、私营经济地位的确立、行政体制改革、教育体制改革、科技体制改革以及高科技领域重点项目的研究与开发,都得到了国家在政策、法律、法规上的大力支持。例如,实行西部大开发战略是一个在中国改革开放的历史上具有深远意义和重大影响的战略决策。中央从政策、项目、资金、人才等各个方面支持西部的发展,西部成为创新人才施展才华的乐土。人们精神振奋,创新活动成了最热门的话题。总之,政策在创新活动中的作用是巨大的,良好的政策环境,是创新活动的沃土和最具推动力的源泉。因此,营造一个良好的有利于创新的政策环境是执政者的使命。

(二)创新政策环境的营造

领导者的主要职责是决策,决策的结果往往通过政策来体现(这里的政策是广义的,包括法律、法规和规章等),创新环境的营造就要通过政策的贯彻与落实来实现。凡不利于创新的政策必须废止。通过调整政策,用政策吸引人才,以项目聚集人才,靠环境容纳人才。人才是创新的载体,有了人才,才有创新的活力。因此,营造创新的政策环境,归根结底是营造有利于创新人才成长的政策环境。创新政策环境的营造主要从以下几个方面着手:

第一,把支持创新、引导创新作为政策制定的方向和内容。有利于创新发生和创新人才成长的政策内容十分广泛,包括政治、经济、文化和个人价值的实现等。政策要从方向与内容上引导和支持创新,这就要求:首先,要进行用人制度的改革,要使用具有创新意识和开拓精神的人来制定各项有利于创新的政策。人的因素是政策在方向和内容上影响创新的关键所在。因此,各级执政者和行政者在新的形势下,必须不断提高自己的决策能力和政策水平,树立创新意识,增强自身的创新能力。其次,政策的形成要符合科学决策的程序。政策是人制定的,政策的方向和内容是否有利于创新,除了人的因素外,还必须保障政策能正确反映客观规律并有效服务于客观规律。那种"拍脑袋"决策所带来的危害是有目共睹的,因此,我们要在实践中不断认识事物的发展规律,就必须依靠群众的智慧,遵循科学的决策程序来制定正确而良好的政策,为营造出有利于创新的政策环境奠定坚实的基础。

一个良好的创新政策环境,必须有各种政策的成龙配套,包括宏观的、微观的,行业的、地区的,经济的、教育的,层级的、协调的,物质的、精神的等多方面政策的相互支持协调。例如,一个创新项目的实施必须具有相应的科研政策、资金政策、人才政策、分配政策、专利政策等各种政策的配套支持,否则难以实施。总之,营造创新政策环境是一个系统工程。

第二,创新政策环境的关键在于机制创新。机制是政策的灵魂。创新政策环境的好坏与否,主要指的就是机制是否完善与灵活。再好的政策,没有良好的机制加以保障和实施,就会成为僵死的教条。因此机制是政策的组成部分,又是保障政策得以实施的"助力器"。这种"助力器"必须具备以下特征:首先,要具有科学性。没有科学性,就缺乏生命力。比如,就人而言,人的特性之一是有合作的竞争性,建立良好的竞争机制就可以从根本上调动人们的积极性和创新需求,这样的机制就是科学的、合理的,就能保障创新活动的顺利进行。相反,机制中缺乏竞争安排,压抑人们的竞争意识,就束缚了人们的创新能力,是违背人性根本规律的,这样的机制就会抑制创新。其次,要有灵活性。一个好的政策机制必定是原则性和灵活性有机结合的机制。没有原则性就没有普遍性,没有灵活性就没有特殊价值。而创新则更多强调的是其特殊价值的实现,即灵活性的产物。创新灵活的政策机制,是创新环境形成的内在动力。大凡事物的发展都有一定的度。大多数人之所以循规蹈矩,墨守成规,不敢越雷池半步,就在于存在“两个局限性”,一个是不能正确地认识度,找不出原则性和灵活性的结合点,这是认识能力的局限性;另一个是在理论上找到了原则性与灵活性的结合点,但在实践中却不能把握住二者的度,这是驾驭能力的局限性。存在这两种局限性,人们的积极性和创造性就会被抑制和扼杀。因此,灵活机制的建立,最终取决于人们的认识能力和驾驭能力,特别是创新意识和能力。世界各国领导人中,凡是能够建功立业者都是创立灵活机制的典范。毛泽东的军事方略、治国思想,邓小平的一国两制论、市场经济论等都成为人们传颂的经典。最后,要具有激励性。即能够激发人们的积极性和创新能力。随着知识经济的到来,世界各国都在强化创新政策的人才激励机制。国外的猎头公司已深入到了我国的重要领域和科研教育基地,人才流失现象比较严重。这给我们敲响了警钟。为了实现社会主义现代化,各地各行业都应当在如何建立激励性政策机制上下工夫,这是我们事业成功的保证。

三、信息环境

以往,人们总是依传统观点,认为物质和能源是经济发展的根本的资源。如今人们不仅将信息视为发展经济的资源,而且将信息看作经济发展的战略性资源。

信息是创新活动的材料和源泉。信息运用得是否及时、准确和全面,关系到事业的兴衰。创新从本质上讲就是对信息资源的开发与利用。毛泽东是一个天才的军事家、战略家,也是一个具有卓越创新精神和能力的伟人,而他的战略、战役决策的作出并不是仅仅靠大脑冥思苦想而来的,而是千方百计地收集各种军事情报、信息,包括国民党公开发行的报刊杂志上的消息,在认真分析的基础上做出的。有名的“四渡赤水战役”就是利用国民党报纸上的一条消息而作出了红军北上的战略决策,并采用灵活机动的战术一举摆脱了国民党军队的围追堵截,扭转了红军长征过程中的被动挨打局面,取得了长征以来首次胜利。因此,信息环境对创新活动的发生和发展具有重要意义,特别是进入信息时代,这种影响更加凸显。表现在以下几个方面:第一,良好的信息环境是创新的摇篮和激发器。创新是各种信息的重组与升华。良好的信息环境是信息量大、内容丰富、信息更新速度快、质量高的环境。在这样的信息环境中,人们的思维受信息力的冲击大,信息之间相互撞击的机会多，新点子、新观念、新思维容易产生，创新思维的重要形式之一的发散性思维也就容易产生。创新思维不断被激发、产生、发展，创新活动发生的频率高、起点高。反之，如果处于一个信息闭塞的环境之中，人们的思想受到严重禁锢，创新从何而来？在封建专制时代，统治者为了维护自身的统治，钳制人们的思想，摧残人们的创造力。在雍正年间，有一个浙江考官，出了一道“维民所止”考题，被人告到雍正那里，硬说这个考官要砍雍正的头，为什么呢？因为“维”和“止”两字正是“雍正”两字去了一个头，结果这个考官不仅满门抄斩，还株连九族。所以，清代只是盛行古籍整理，而光宗耀祖的发明创造则难以找到。正是以为如此，当今世界各国、各个政府部门、企事业单位都将信息机构作为自己的核心机构，并不断强化其职能与作用。信息产业高速发展，成为制约经济发展的重要因素。1990 年，全球信息产业的产值已达到 1 489 亿美元，而到 20 世纪 90 年代中期则突破 1 万亿美元，成为跃居传统产业之上的最大产业之一。第二，良好的信息环境是聚集、吸引创新人才的“磁石”。人往高处走，水往低处流，这是自然规律。马斯洛的需求层次论认为人们在满足了生存和安全需求、社会交往需求的同时还要追求自我价值的实现，追求自身的完善与发展，而“高”的环境则更有利于这种发展。这里的“高”的条件中内在地包含了信息的因素。没有信息就没有创新，没有创新就没有人生价值的最大化实现。美国的西部硅谷聚集着美国及世界科技界的精英。同样中国的中关村号称中国的硅谷，也聚集着大量的科技人才。这说明信息环境的形成不是单一的因素所致，一个良好的信息环境必然是由交通、通讯、政策、经济、人才等多种因素的作用与支持，其中，最关键的是人的作用。因此，要真正尊重人才，就要为人才的生存和发展营造良好的信息环境和发展环境。

营造良好的信息环境要求做到以下几个方面：第一，营造良好的信息载体。各种信息网络，特别是因特网是现代社会不可缺少的信息载体。1993 年，美国正式宣布一个国家信息基础设施计划，称为全美信息高速公路（Information Superhighway）计划，其内容是，通过集电话、传真、电脑、电视、录像等为一身的信息处理、传输和显示的多媒体，将文字、声音、图形、形象等高密度信息，以高速度、大容量和高精度传送到家庭、办公室、实验室、教室、图书馆、医院，为人们提供声音、数据、文字、图形和影像的交互式、多媒体的服务。同时美国准备花 20 年左右的时间，投入 4 000 亿美元进行相关硬件设施的建设。广播、电视、报纸等各种媒体也是传播信息的重要渠道，因此，加强这些信息硬件设施的建设已经成为各国营造创新信息环境的前提和基础。第二，建立健全专业化的信息机构，大力培养、塑造高素质的信息人才。专业化的信息机构是现代管理中必不可少的组织机构。无论是政党、政府、人民团体、企事业单位，要想使自身的事业不断发展，就必须有一个高效的、全面的、专业化的信息收集整理、分析处理机构。特别是在信息时代，没有这样的机构，就像一个人没有五官一样，将寸步难行。有专业化的信息机构还要有专业化的高素质信息人才，这是其中的关键。所谓高素质信息人才不是一个简单的计算机操作员，他除了应具有熟练的计算机操作技能以外，还应当具备以下条件：必须具有专业所需的文化知识和相关专业的基本知识；具有专业信息人员特有的信息敏感性和占有欲；具有广泛收集、科学分析、整理加工信息资料的能力。第三，掌握丰富的信息来源。一个孤立的信息，即使十分重要，也难以被采用。因为，很多信息真伪难辨，甚至有的还是垃圾信息，这使得信息的开发和利用存在较大的风险。因此，必须以丰富的信息资源作为基础，去粗取精，去伪存真，从而为决策和创新提供可参考的信息。第四，学会利用现代化的信息处理手段。计算机技术、网络技术、电子商务等，这些信息化技术手段已经广泛运用于社会生活的各个领域。因此，要充分利用这些技术来开发、占有、分析加工各种信息资源。

四、人际环境

创新人际环境是指一个社会环境中人的素质、人与人之间的关系、人气取向等状况的综合质量水平。人的素质包括政治素质、思想素质、文化素质、能力素质、技术素质、心理素质、身体素质等方面以及人的性格、气质、职业、经历、资历的构成情况。人与人之间的关系主要指个人在与他人、上下左右的关系中体现的地位、权力、尊严、平等、协调、民主、友爱与支持的关系。人气取向是指环境容纳人的能力大小以及人们的精神风貌。

良好的人际环境是创新活动展开的重要条件。

首先，良好的人际环境使创新主体心情愉悦，从而更易激发创新主体的创新潜力。愉快的心情能促使人体分泌出一种激素，这种激素不仅有利于人的健康，有利于人的智力发育，而且更有利于人的潜能的开发。人是社会的，有进行社会交往的需要，在一个人群素质较高、人与人之间和谐相处的环境中，相互之间的摩擦、纠纷和不愉快的事情就很少发生或能够尽快化解。相反，在一个低素质、相互隔膜甚至敌视的人群中，人们的心情则容易受到压抑、变得暴躁和沮丧。人们的创新潜能也就得不到开发。

其次，良好的人际环境有利于创新良性效应的产生。个人的智慧是有限的，集体的智慧是无限的。每个人都必定在一定的人群中生活，不能不受群体社会的影响和制约。有利于创新的社会人际环境，就能产生一系列良性效应，如合力效应、互补效应等；反之，则可能是对抗效应，从而阻碍创新思维的开发。在现代社会中，任何一项重大的创新活动都是若干人群共同实践的结果。合力效应是指群体中的成员能够齐心协力，共同奋斗，互相合作、互相帮助、互相激励。通过这样的组合，群体中各个成员的创造性往往能聚集起来形成合力，产生 1+1>2 的良好效果。1902 年，23 岁的爱因斯坦到伯尔尼专利局工作，他业余时间常和一些志同道合的青年朋友一起博览群书，并且不拘形式地开展自由讨论。正是大量的信息刺激和思想交锋，产生了集思广益的合力效应，也激发了爱因斯坦的创造性思维。1905 年，他接连发表了 5 篇重要论文，在狭义相对论、光量子假说和布朗运动等方面取得了重大突破。

互补效应是指群体中的各个成员充分发挥自己的特长，并以此来互相弥补不足，从而达到取长补短、开发创新潜能的目的。发明创造要求创新者在生理、心理、智力和非智力诸方面都具备优秀的素质，而实际上主体因素十全十美的人是不存在的。互补效应之所以具有这种功效，就是因为它缓解了创造性的客观需要与主体因素的可能性之间的矛盾。所谓“金无足赤，人无完人”，互补才能使群体的创新渐臻完美，取得“三个臭皮匠，抵个诸葛亮”的神奇效果。群体中成员的互补可以包括很多方面，比如知识互补、能力互补、性格互补、优势互补等等。

创新环境的营造需要从以下几个方面着手：第一，不拘一格聚人才。“我劝天公重抖擞，不拘一格降人才”，这是清末大诗人龚自珍的肺腑之言。时至今日，处于新世纪的人们更应该具有崭新的思维、树立科学的人才观，采取有效的人才政策和灵活的机制去吸引人才、聚集人才，以成就现代化的丰功伟业。国际之间的一切竞争，归根结底是人才的竞争。“得人才者，得天下。”为了能够聚集人才，世界各国开展了激烈的人才争夺战。以美国为例，从历史上看，美国经济有今天的长足发展，主要得益于其建国以来三次重大的人才政策和行动：第一次是移民法的贯彻与实施。美国是一个移民国家，初期的移民都是一些冒险家和才能出众的人。后来在 200 多年的发展中，美国每年都有计划地接纳来自世界各国的移民，关键在于有一个移民平等的法律作保障。第二次是第二次世界大战期间和战后从德国及战败国抢夺了大批科技精英。第三次是近年以来，美国的“猎头”公司深入世界各地，以重金猎取了大批人才尖子。人才的缺乏和流失也是今天许多发展中国家发展后劲不足的重要原因。要吸引人才，留住人才，用好人才也需要创新，需要观念创新、制度创新、机制创新，通过一系列的创新形成合力，让人才愿意趋之、向之。第二，通过培训教育大力提高人的素质。人类已经进入知识经济时代，有人称之为“知识爆炸”的时代，知识和技能的更新速度越来越快。人们必须在终生学习和接受教育的过程中去实现终生的理想，完成终身的事业。学习就像空气和水一样，成为人们不可须臾离开的事情。培训教育则是提高人们素质的有效途径。它可以使人们的知识不断更新，智力不断开发，技能不断完善；可以使人们不断适应新环境、新形势、新时代的要求;可以大大激发人们的创新思维、提高人们的创新能力。第三,领导因素是营造良好创新人际环境的关键。领导者的素质、能力、对人才的根本态度、民主作风、创新意识、影响力和凝聚力等,决定和影响着本地区本单位的创新人际环境的形成和发展。领导者如果是主导型和创新型的,那么他所营造的人际环境必定是健康的、和谐的、向上并充满朝气的,这样的环境就具有凝聚力和感召力。如果领导者是专断型的,那么他所营造的人际环境就可能比较紧张,就缺乏凝聚力。如果领导者是维持型的,即个人已经有"船到码头车到站"的思想,那么,他所营造的人际环境必定会是松散的,必然导致人人安于现状,不思进取。这样的环境缺乏朝气,离心力也会日渐加剧。因此,人际环境的状况是检验各级各类领导者的一块试金石。

五、竞争环境

竞争是人们为了先于他人达到某一目标的争先活动。竞争是自然界和人类社会的普遍现象。竞争的辩证法是有合作的竞争,有竞争的合作,竞争与合作是对立统一的。无论是竞争还是合作都应以充分调动员工的积极性和创造性为前提。对于一个团体来说,既需要人们之间的竞争,也需要人们之间的合作。关于合作所产生的合力前面已经讲了,这里主要谈谈竞争。没有竞争,就没有创新,没有竞争,就没有人类社会的发展与进步。竞争是创新活动的催生剂。竞争环境的开放与封闭、良好与恶劣、宽松与压抑将直接影响人类创新活动的程度与质量。人类的压力来自于竞争,人类的希望也来自于竞争。德国的"奔驰"在与日本"丰田"、美国"福特"的竞争中提出的口号就是:创新!创新!创新!其公司董事长办公室里挂着一副巨大的橘黄色恐龙图片,上面的文字是:"历史上充满了不会适应变化的庞然大物。"寓指不创新必灭亡。竞争是事物发展的动力机制,无处不在,无时不在。但是,能否形成良好的创新和竞争的氛围,则取决于人的因素。在一个缺乏竞争的环境中每个成员的个体价值就得不到充分的体现和发挥,团体就没有活力。

营造良好的竞争环境应做好以下几个方面的工作:

第一,要提高人们的素质,不断强化人们的竞争意识。无论在自然界还是在人类社会,竞争无处不在,从不停息。不是公开的竞争,就是秘密的竞争;不是积极的竞争,就是消极的竞争;不是主动的竞争,就是被动的竞争。人们如果不去实行公开的、积极的、主动的竞争,那么,秘密的、消极的、被动的竞争就会泛滥成灾,所导致的后果是严重的。因此,必须提高人们的素质,强化人们的公平竞争的意识,没有人的素质与认识的提高,良好的竞争环境是无法形成的。

第二,注重培育营造良好竞争环境的政策基础。没有改革开放的政策基础,就没有真正意义上的竞争。如果把人们的思想观念定位在传统的、一成不变的规范之内，不能越雷池半步，就不可能有创新与发展。中国在近代之所以沦为半殖民地半封建社会，民族饱受耻辱，人民备受欺凌，一个重要原因是清王朝故步自封，夜郎自大，采取闭关锁国的国策，拉开了与资本主义国家的差距，被西方工业革命远远抛在了后面。封闭导致落后，落后就要挨打。改革开放就是要解放人们的思想、更新人们的观念，就是要打破各种局限和束缚，在更大范围内和更高水准的比较中发现差距，寻找对手，修正目标，从而激起人们的竞争意识，产生创新行为。中国改革开放的实践已经证明，政策越活，法制化程度越高，竞争环境就会越宽松、越富有成效。

第三，敢于面向世界，与强手竞争。敢于面向世界，接受世界强手挑战的民族是最有生气与希望的民族。只有这样才能最终激活无尽的创造力，才能缩小与强手的差距。当今世界上所有强国都是互相之间的竞争对手。竞争已渗透于国际生活的各个领域，经济领域、军事领域、宇宙空间等，包括人才竞争、能源的竞争、国家的综合实力的竞争等等。中国显然不能置身其外。时代进入了新的世纪，中国以改革开放的姿态加入了 WTO，与世界强手在统一的游戏规则之下竞争和较量。只有这样，才能充分调动和激发中华民族的聪明才智和积蓄已久的创新活力，迎接世界性强手的挑战，实现跨越式发展。

六、个体环境

创新主体包括个体和组织主体两类，而组织主体实际上是个体主体的扩大化或个体群体的集合，所以创新的组织主体，归根结底还是以个体主体为基础的。一般来说，人人都具有创新思维与创新能力，但是最终表现出来的结果却有大壤之别。李白一生有上万首诗作；爱迪生做出了电灯、留声机等影响人类生活的多项发明创造；比尔·盖茨 30 岁前后创立了微软公司，开发出著名的“视窗”电脑操作系统，一举成为世界首富之一……，而许多人则不能有所作为。其原因在于：一是人与人的个体条件有差异，特别是作为创新基础的素质条件的不同，主要包括基因、性格、气质、知识、能力、非智力因素等等；二是对人的素质条件的开发程度不同。人们将这种素质条件称为创新的个体环境。个体环境是创新活动展开的内在条件。其重要作用表现在：

第一，个体环境是创新的本源与载体。个体环境的素质条件可以为创新活动提供必需的原材料。良好的创新性格和气质有利于创新思维和创新能力的开发。活泼、开朗、好动、执著、好奇心强、好胜、宽容、敢于冒险的人，一般具有超群的创新活力。丰富的知识、信息和能力能够促进创新的产生与发展。个体的知识、信息越丰富,其促使发散思维、聚合思维、灵感思维等创新思维的能力就越强,自身各种创新潜能被开发的机遇就越多。

第二,个体环境决定创新的产生、创新的质量、创新的频率。首先,个体环境决定创新的产生。个体环境中的一切条件特别是素质条件是创新产生的必要条件。如性格、气质、知识、信息、能力等。外因只有通过内因才起作用。没有个体环境的基本条件,就不可能有任何创新思维与创新行为。其次,个体环境决定创新的质量和频率。个体环境的各种基本因素与创新思维和创新行为的产生与发展成正相关关系。那些拥有丰富知识,并且具有合理知识结构,能够灵活运用知识的人,那些反应敏捷、思维活跃、刻苦勤奋的人,一般表现为主意新、点子多、创新层出不穷。

因此,创新能力能否得到开发,社会客观环境固然具有重要影响,但是这只是外因,关键还在于创新者自身,应该具有健康良好的素质条件和心理品质,即有一个有利于创新能力开发的个体环境。那么,如何营造这样一个个体环境呢?

个体环境的营造是终身进行的系统工程,除了秉承于父母的基因目前无法改变之外,其他一切个体环境因素都可以改造与完善。

首先,要努力进行知识与信息的积累与开发。知识与信息是创新的重要资本,是创新的基础,没有一定的知识基础和较好的知识结构是不可能把潜在的创新能力开发出来的。E·L·泰勒曾经说过:"具有丰富知识和经验的人,比只有一种知识和经验的人更容易产生新的联想和独到的见解。"知识丰富的人,有利于综合运用知识,在思考中,不仅能够运用本专业的知识来观察和分析思维对象,并把自己的思维延伸到其他领域,从其他学科中吸取养料,得到借鉴,进行创新。当然,知识只是创新的必要条件,而不是充分条件。现代心理学认为,合理的知识结构有利于同化原有的知识、概念而形成新观点、新概念。因而,一个人是否具有创新能力,不仅要看他是否具有丰富的知识,更重要的是他是否具有一个合理的知识结构,并能灵活地运用知识。

合理的知识结构应具备以下 3 个特征:①具有精深的专业知识、扎实的基础知识和宽阔的外围知识;②具有大量程序性而不是陈述性知识;③具有较强的学习能力。信息时代,科学技术突飞猛进,新理论、新方法不断涌现。在信息的海洋中必须及时地吸收有益的"养分"来充实自己的知识结构,提高知识结构的性能,才能与时俱进,掌握科学发展的动态,始终站在科学技术发展的前沿,不断提出创新性课题,获得创新成果。因此,具有创新能力的人不仅要有获取知识、信息,处理知识、信息的能力,而且应该知道怎样学习、怎样思考和怎样产生思考。这就需要开发已经掌握的知识和信息,开发是知识与信息变成价值、变成创新力量的过程,是知识与信息在更高层次上的重新组合、储存与运用。

其次，加大自身潜能的开发与利用。人的能力分为潜在能力与显在能力两种。所谓显在能力，是指人们通常表现出来的决策能力、管理能力、阅读能力等。所谓潜在能力是人们看不见的、潜在的、未被开发的各种能力，即自身的自然中沉睡着的潜力，包括人的感知能力、再生能力、预测能力、记忆能力、创新思维能力、自控能力、信息储存能力、适应能力、变革能力等等。所有这些能力都是人人具备的，而且是无比巨大的。有人认为，一个人即使是具有辉煌的创新成就，他一生中所利用的自身的潜能还不到全部潜能的1%。因此，大力开发我们的潜能是营造个体创新环境的关键。

最后，重视创新的实践，在创新实践中营造良好的健康的个体创新环境。良好的个体环境的形成，除了先天条件以外，更重要的在于后天的实践与训练。人的创新活动本质上就是实践，是在创新实践中发现问题，在实践中解决问题的过程。因此，实践不仅是创新的需求条件，也是实现创新的重要途径。只会想象，不会实践，只会思维，不会行动，都不是创新。对于创新活动来说，创新思维是启动阀，创新能力是推进器，而创新实践则是最终的归宿和目标。

第三节　创新环境的优化

创新与创新环境之间有着密切的联系，优化创新环境，创造一个激发创新力的环境，对于开发创新力，尽快培养和造就一大批创新型人才，实现国家和民族的振兴具有重大意义。

一、创新环境的优化原则

1. 系统原则

创新环境是创新者在其创造过程中受其影响的外部条件和主体对外部条件和因素的感受的总和。创新环境是一个庞大的系统，包括社会客观环境和个体环境两个方面及诸多因素。这些条件和因素都对开发创新能力产生重大的影响作用。因此，优化创新环境不能只顾及对某些方面因素的优化，而应当把创新环境作为一个系统，既要注重社会客观环境的优化，也要注重主体环境的优化。良好的社会环境，将对创新活动产生积极的直接影响，为创新能力的开发和提高创造一个广阔的空间。反之，不良的、恶劣的社会环境则会压抑、束缚创新能力的开发、提高，阻碍、破坏创新活动的开展。但是从另一个角度来说，在同样的环境下，有的人却能够发挥出自己的创新能力，获得一定的创新成果，而有的却不能，这就说明除了社会客观环境的优化之外还存在着主体自身环境的优化问题。外因只有通过内因才能起作用。爱迪生在他的自传中有一段话:"我一生中的大部分时间都耗费在法庭上了。如果能再次转世人间,我就绝不再当发明家。"的确,爱迪生的一生充满纠纷,但他并不为外界这些压力和干扰所屈服,而是战胜了种种困难和阻挠,搞了1 000多项发明创造。如果我们都能有爱迪生这样的良好的主体环境,纵使处于不利的社会环境之中,也能有所建树。所以,在创新环境中,需要注意优化社会客观环境,但就创新者自身来说,则更应该注重自我环境的优化。

2. 动态发展原则

创新环境对于创新能力开发的影响和作用,不是一成不变的。社会在不断变化,人类在不断发展,创新环境也在不断的发展变化之中,这是我们在优化创新环境中必须考虑的一个重要原则。政府在制定一些有关创新问题的政策和措施的时候,必须根据形势的发展要求,废除一些阻碍创新的内容,出台一些促进创新的内容。比如过去在科技管理体制上统得太死,这就不利于科技工作者创新能力的发挥;过去对知识不够尊重,现在大力提倡"尊重知识、尊重人才"。这就是社会环境的优化。牛顿时期的个体创造,就很难在新的现代化社会中搞出创造,这也存在要适应时代发展不断变化的问题。

3. 层次优化原则

优化创新环境只能从层次上改变,即哪一个层次上存在问题,就应改变哪一个层次。如果整个创新环境系统存在问题,则只能通过革命,重新创造新的环境。从我国的现有条件来看,总体上是有利于创新能力的开发和利用的。但是,原有的一些具体政策和措施则不利于科技发明和创新,这就需要废除这些政策,制定和完善新的有利于创造力开发的各项方针政策。对于个体环境的优化,就要找出不利于自身创新能力开发的具体层次,有针对性地加以改变,达到个体创新环境的优化。

4. 结构合理原则

创新环境是一个大系统,存在着不同的结构。层次是系统的纵向因素,而结构是从系统中的各种因素的分布来认识的,目的是要建立一个有利于开发创新力的和谐环境。比如社会客观环境,从大的背景来说,就是现实存在的制度,它主要由政治、法律、文化、教育等因素来保证其影响作用。

5. 特殊性原则

创新环境的开发必须根据不同的对象、任务、要求进行,而不能千篇一律。比如进行科技发明的创新与从事文艺创作,管理创新与教育创新等等社会各个领域都需要创新,但是,不同的领域所需要的创新环境和条件是不相同的。因此,在优化创新环境时,应从不同领域的特殊需要出发进行。同时,个体创新环境的优化尤其需要根据不同的人的心理特点、智力因素、非智力因素等来进行自我环境的优化和调节。

每个人生下来之后，就会受到各种社会条件和因素的影响和制约，环境中的各个方面因素都会对创新者产生影响和作用。创新者的成长是一个动态的过程，那么，开发创新能力，对创新者产生影响的，主要有几个方面的环境，这就是社会环境、工作环境、家庭环境和学校环境。对这些环境的优化，为人们营造良好的创新环境，至关重要。

二、社会环境的优化

传统社会对于人们的独立思考和创新精神是极端仇视和排斥的，因为创新将会破坏传统观念，导致社会的变革，从而动摇统治者的根基。所以，布鲁诺因为坚持“日心说”而被活活烧死于罗马的鲜花广场上。在这种传统社会的价值观的指导之下，人们感到一切变化都是不必要的，一切新的都是坏的。守旧可以求稳，变革则可能动荡，甚至招来杀身之祸。在那样的社会环境中，正如鲁迅所说，“连搬动一张桌子都要经过流血斗争”。世界进入了新世纪，中国特色的社会主义制度为创新活动提供了一个良好的创新环境。实践证明，在社会主义市场经济的建设中，广大人民的创造力获得了空前的发挥，在知识创新和技术创新领域取得了辉煌的成就。但是，也应该看到，阻碍创新的社会因素依然存在，我们仍然需要花大力气优化创新的社会环境。社会环境是一个大系统，包括整个社会的政治、经济、文化等方方面面，是人类社会长期发展中创造和积累的各种社会成果的总和。诚然，人们的工作环境、家庭环境、学校环境也都是社会环境的一部分，不过，那是“小环境”，这里所说的社会环境专指总体上的社会环境，是“大环境”，具体来说，主要包括如下几个方面。

(1)优化科技环境。科技环境主要包括科技水平、科技流派、科技传统、科技体制和科技政策等等。其中，对我们国家来说，更主要的是科技水平、科技体制和科技政策。从总体上讲，社会的科技水平越高，科技体制和科技政策越支持创新，整个社会的创新能力就越得以发展，人们的创新素质越高，创新能力就发展得越快；反之亦然。

首先，科技水平对社会创新能力具有重要影响。创新必须建立在前人基础之上，不可能是空穴来风，也不可能是空中楼阁。在科技发展的低水平阶段，人们是不可能产生高科技的创新能力的。在原始社会，人们不可能创造出蒸汽机。在奴隶社会，人们不可能提出“量子理论”。科学技术与世界上的其他事物一样，同样存在着发展的阶段性，人们不可能创造出超越其发展阶段的成就。科技水平决定着创新的水平，科技水平越高，在高水平的基础上做出的发明创造，其水平就会高。

其次，科技体制和科技政策对创新的影响。一个国家的科技体制和政策，包括对科技的认识、重视程度、经费投入的多少、组织形式、管理方式、激励机制等等，这些因素都会影响到社会的创新能力的生成和发展的方向，影响到科技发展的速度和水平。这就需要高度重视科学技术，真正加大科技研发经费的投入，政策上给予大力支持，进一步实施科教兴国战略，加大科技体制改革力度，形成有利于创新的强有力的支持因素，具体来说就是要培育多元化的投资环境。美国的大学和研究机构经费的来源渠道主要是联邦政府、州政府等的拨款。由于美国一系列的优惠政策，促进了美国民间基金会的发展，因此，企业、民间基金会等非政府资金也是经费来源渠道之一。据统计，美国有大大小小各种类型基金会约 47 000 个，总基金近 4 000 亿美元。各基金会资金来源渠道多，运作模式、管理方式各有不同的特色，资助形式各种各样，非常灵活。有些民间基金会特别资助政府部门不予资助的项目。如对风险较大的项目，政府部门的资助也是非常慎重的，在经过严格论证后，民间基金会对于这类项目则可以给予支持，并且允许失败，创造了非常宽松的科学研究环境。非政府基金的投入对政府基金起到了一定的补充作用。

(2)优化经济环境。经济发展水平与社会生产力的关系十分密切，而社会生产力又与科技水平紧密相关，科学技术是第一生产力，是社会生产力发展的强大推动因素；另一方面，经济实力又是科技发展与创新的基础，经济实力越强，才能给科技创新以更多的投入，才会给科技创新提出更多、更高的要求，促进创新的发展。因此，经济水平是创新能力生成和发展的重要支持因素。此外，经济环境中对创新活动有重要影响因素的还包括一定的经济体制和经济政策。宽松自由的经济体制和政策，例如市场经济体制和经济政策就是支持创新的。因此，这就要求进一步加强社会主义市场经济建设，充分利用市场配置资源的优势，引导市场主体在法律范围内进行竞争，激发主体的创新意识和创新能力。

(3)优化社会文化环境，形成鼓励创新的理念和氛围。文化是一个大概念，是人类所创造的物质文明和精神文明的总和。这里所说的社会文化环境是指历史遗留下来的道德、伦理、观念等。这种文化环境对创新的影响是潜移默化的，同时，又是大量的、普遍的、随处可见的。阻碍创新的文化环境主要来自于传统文化和传统观念。传统的儒家文化所倡导的凡事墨守成规，把传统奉为“至尊”，所谓“天不变，道亦不变”。而创新就是要打破，要超越。不破不立，不超不新。传统儒家学说中的“不患寡而患不均”的平均主义思想，也是阻碍创新的思想。在“枪打出头鸟”、“人怕出名猪怕壮”的传统观念的压制下，谁还敢于冒尖，敢于创新呢？传统文化中的一些思想观念对于创新教育也产生着负面影响。传统文化中的“大一统”、“共性至上”的群体原则不利于培养学生独立意识和独特的个性。传统文化中封闭保守的心理不利于学生开放意识、创新意识的培养。在传统社会走向现代化社会的进程中，甚至直到现代化完全实现之后，传统的文化意识和价值观念依然存在，并且继续对人们的创新思维和创新活动产生消极影响。因此，在创新活动中，我们一方面要弘扬传统文化中的精华，另一方面也要剔除传统文化中的糟粕。积极倡导独立、自主、自由的文化；树立尊重创造、鼓励创新、提倡创业的社会氛围；培育敢于"标新立异"、"敢为人先"、"独出心裁"、"不唯书，不唯上，只唯实"的价值观念和道德风尚。

三、工作环境的优化

工作环境是指创新主体工作的具体环境，属于"小环境"。通常情况下，这种"小环境"对创新活动的影响更加直接和具体。

第一，领导者是关键。领导者的素质、能力、创新意识、影响力和凝聚力等等，决定性地影响着本地区本单位的创新活动的开发。这并不是说一定得让最有创新性的人担任领导人，但是，处于这个位置的人的创新性一定要高于那个部门、那个单位、那个实验室的一般人的水平。有创新性的领导应该是开拓型的、民主型的。所谓开拓型领导是指具有创新精神、敢于探索、敢于实验、敢于闯出一条新路的领导。这种领导思想解放，放眼世界，思路开阔，思维敏捷，虚心好学，积极接受新观念、新事物，永不停步、永不满足。所谓民主型领导是指将员工当作主人，充分发扬他们的主观能动性、自觉性。坚持"以人为本"，充分发挥全体员工的创新精神。成员之间彼此友好，工作上相互支持、相互帮助。这些领导观念和作风，对于员工创新能力的开发很有帮助。例如，1942 年，奥本海默被聘任为制造原子弹的负责人。在工作中，他经常组织第一流科学家进行有关问题的讨论，集思广益。当需要解决重大问题或做出重要决定时，他也总是虚心地听取同行的意见，以寻求最优答案。同时，他经常到工人中去了解困难，不仅科学家感到他是可信赖的，而且工人也乐意在他的领导下工作。在他的组织领导下，经过三年努力，终于研制成功世界上第一颗原子弹。试想如果科学家和工程师在那些没有创新性的人手下工作，要激发他们的创新能力肯定是非常困难的。这样的领导要么对上级的规定机械执行，习惯于自己和自己比，满足于"年年有进步"，看不到天外有天，自己完全没有或基本没有主动性、自觉性和创新性，也不支持群众的积极性和创新性；要么要求下属无条件服从上级的领导，强调集权和督促，不注重调动广大员工的积极性和创造性，成员虽说对领导是服从的、听话的，但领导不在场时，工作积极性则大大下降。这种领导类型的团体对创新能力的产生和发展是非常有害的。

第二，建立健全有效的激励制度。所谓激励制度就是调动人们的积极性的方法和手段。根据心理学家的大量实验表明，未满足的需要，能转化为动机，动机直接引起行为，行为则指向目标。国外行为学家研究发现，按时计酬，员工一般只发挥自己能力的20%～30%；如果激励制度好，动机受到充分的激发，员工就可以发挥自己能力的80%～90%；平常情况下与经过充分激励情况下的工作水平存在着60%的差距。因此，要想充分调动人们潜在的创造力，就要建立有效的激励制度。要充分调动员工的积极性和创造性，建立有效的激励制度要注意以下几个问题：

一是要体现激励公平。即应该奖励的无论是谁都要奖励，应该处罚的无论是谁都要处罚。激励的多少只与工作环境的困难程度和贡献相匹配，与其他条件无关。只有激励公平，激励才能真正起到调动人们创造潜力的作用；否则，将适得其反。因此，就要建立健全一套科学的、合理的激励制度，并在实践中坚决贯彻执行。

二是要具体问题具体分析，将物质激励和精神激励相结合。人们的工作和生活须臾离不开物质基础，物质利益是人们的根本利益。同时，精神利益也是人们的重要需求。马斯洛的需求层次论认为，在人们的需求的5个层次中，第三、四、五层次的需求都是以精神需要为主的，而且需求的层次越高，精神需要所占的比重就越大。因此，激励应针对不同的激励对象和激励项目，适当采取不同的激励方法，具体问题具体分析。对于经济条件好的人，文化素质比较高的人，他们虽然也需要物质激励，但是更重视自我价值的实现，对他们就应该多进行精神激励；对于经济条件差、文化素质比较低的人，虽然他们也需要精神激励，但是更重视物质激励。所以，在建立的激励制度中，尽量不要只采用一种激励方式，而应当将物质激励与精神激励有机地结合起来。

第三，创造有利于创新的物质资信条件。众所周知，一个物质条件好的环境比一个物质条件差的环境更能支持创新的开发和利用。好的物质条件能够为创新提供更多的经费、设备以及适宜的环境等；一个资信条件好的环境也能够更好地支持创新的开发和利用。好的资信条件能够为创新提供所需的完善、丰富和准确的图书、资料、通讯、信息等强有力的支持。

第四，营造轻松愉快的工作氛围和适度的压力刺激。所谓工作氛围是指工作环境的精神状态和情绪氛围。轻松愉快的氛围能够使创造者精神感到轻松愉快，没有任何压力，心境处于充分自由状态之下。实验证明，轻松愉快的气氛对于一般人的创新能力是一种促进和支持力量。另外，宽容、幽默、暧昧、信任也是创新能力的支持因素。相反，紧张拘谨的气氛使得创新者精神上感到有沉重的压力，自己的能力不能得到充分的发挥、心情不顺畅。因此，对于一般人，特别是对于心态兴奋、开放的创新者，过于紧张拘谨的氛围是对创新能力的抑制；但是，对于心态冷漠或找不到创新方向的人，则需要适度的紧张气氛，采取适度的压力刺激，这样才能激发他们的创新意识和创新能力，这就是人们常说的“有压力才会有动力”，“置之死地而后生”。

第五，建设开放型、竞争合作型组织。所谓开放型组织就是能够充分与外界进行信息、人员交流的组织。经常与外界保持信息的交流能够及时掌握外界发展的动态和方向，能够不断学习外界先进的科学技术和工作经验，从而帮助组织活跃思路、修订计划、调整部署、提高水平。经常与外界保持人员的交换可以优化本组织的人力资源结构和员工的知识结构，为组织的发展奠定良好的基础。因此，开放型组织是创新能力的支持型组织。合作型组织是指员工们之间互相帮助、齐心协力，相互促进，共同完成某种任务、达到某种目标的组织。创新实践证明，即使某个新产品非常有创造性，它通常需要很多不同类型的人帮忙才能呈现在世人的面前。例如科学家做研究需要经费，所以，他们需要把申请书送到基金会去审查，需要政府或其他投资人的支持。另外，科学家通常把他的研究和开发计划书先给他的同仁看，请求他们提出意见，以便获得同事们的支持与合作。合作型组织内的成员之间能够相互支持、容忍、理解、交流，分工合作，大家同心同德，团结一致，共同奋斗，共铸辉煌，而不是相互拆台、反对、嫉妒、封锁，各自为阵。研究证明，组织成员的态度、情感与组织的目标一致的组织是合作型组织，在一般情况下其创新效率是高的，特别是对于那些情况复杂、一个人不能独立完成的工作，合作型组织的效率就会发挥得更高。与此同时，也应该看到，竞争是自然界和人类社会的普遍现象。创新活动也离不开竞争，对于一个具有创新意识和能力的组织同样离不开竞争。合作与竞争不是截然对立的，而是对立统一的。无论是竞争还是合作，都应该以充分调动员工的积极性和创造性为前提。没有竞争，组织中每个成员的个体价值就得不到充分的体现和开发，整个组织就没有活力；没有合作，就不能形成统一的力量，就难以完成组织的任务，久而久之，组织就会成为一盘散沙。因此，应该建立竞争合作型组织，在组织中根据不同的工作性质和要求，合理地采用竞争与合作相结合的方式开展工作，从而最大限度地调动和激发员工的积极性和创造性。

四、家庭环境的优化

家庭是社会的基本细胞，是开发创新能力的摇篮，对于开发人的创新能力具有重要影响。俄国大文豪列夫·托尔斯泰的二儿子在《我的回忆》中谈到，他原来是一个劣等生，但是由于父亲教育有方，后来他的数学成绩很好，而且由此爱上了数学。歌德的母亲从小就给歌德讲故事，讲一段就要歌德自己去想，接着又继续讲，使歌德的创造力得到了开发，成为世界著名的文学家。因此，在开发人的创新能力方面，家庭环境起着十分重要的作用。根据科学家的研究表明，生活在父母教养态度是民主型的家庭中的孩子，独立性较强，创造力也高。因为，早期的儿童各个方面发育都不成熟，有很大的依附性，当他产生一些天真的想法时，家长如果以大人的是非观和兴趣来压制孩子，就会在孩子幼小的心灵中留下深深的创伤，就会使他的创造性受到压抑，服从意识得到增强，久而久之，孩子的思维能力就会变得刻板而呆滞。维纳被人们称为控制论之父，在他小时候，他的父亲除了向他灌输知识之外，还特别注意培养他的独立意识。正如维纳在他的回忆录《我是一个数学家》中谈到，如果不是他的父亲培养他具有独立性，他就只能是一个才能平庸的普通人。因此，家长在家庭教育中应当有意识地培养孩子的独立性，凡事多同孩子商量，尊重他们的想法，鼓励他们的想象力，这样，就会使孩子的创新能力得到开发，独立意识增强，服从意识减弱。即使孩子做错了事，如果能在同孩子的讨论与争辩中悟出一定的道理来，其效果也比因压制而屈从好得多。

五、学校环境的优化

学校学习是人生学习知识、培养能力的重要阶段，因为学校教育是一种有目的、有组织、有计划的教育过程。从这个意义上说，学校教育环境较之家庭环境而言，在对孩子的创新能力的培养上，具有更为重要的意义。许多学者认为，学校教育的重点应该从学生单纯学习、记忆知识转到激发学生的求知欲，培养他们的独立性和创造性。物理学家劳厄说过："重要的不是获取知识，而是发展思维能力。教育无非是一切已学过的东西都遗忘掉的时候所剩下来的东西。"实际上，一个人走出校门以后，他在实际工作中表现出来的能力的高低，正好取决于这些"剩下的东西"。爱因斯坦也说过："现代的教育方法，竟然还没有把研究问题的神圣好奇心完全扼杀掉，真可以说是一个奇迹；因为这样脆弱的幼苗，除了需要鼓励以外，主要需要自由；要是没有自由，它不可避免地会夭折。认为用强制和责任感就能增进观察和探索的乐趣，那时一种严重的错误。"1979 年诺贝尔物理学奖获得者、美国物理学家温伯格，早年在大学毕业以后，曾经慕名前往物理学巨匠玻尔领导的哥本哈根研究所进修。但是，到了那里以后，玻尔并没有给他开什么课程，只是指定他搞一个原子核物理方面的研究课题。他在大学里没有学过这方面的知识，这迫使他边学习边研究，进行了半年时间。剩下的半年里，玻尔又叫他研究基本粒子物理方面的课题。这段经历极大地培养了温伯格的独立研究能力。以上例子告诉我们，学校教育不应只注重传授知识、记忆知识，更主要的是要注重培养学生的求知欲，开发学生的创新能力。

第八章 创新技法

当今世界一切经济价值、经济增长和战略实力，实际上都来源于智力和创新。智力是创新的源泉，创新是智力的充分展现；创新离不开智力，智力通过创新而实现其价值。

江泽民同志在十六大报告中再次指出："创新是一个民族进步的灵魂，是一个国家兴旺发达的不竭动力，也是一个政党永葆生机的源泉。创新就要不断解放思想、实事求是、与时俱进。""创新"一词在《江泽民论有中国特色社会主义》一书里出现了343次，是他使用最多的概念。值得注意的是，江泽民同志在谈到创新问题时，使用了一个新名词"创新思维"。他说："二十世纪相对论、量子论、基因论、信息论的形成，都是创新思维的成果。正是基于物质科学、生命科学和思维科学等的突破性进展，人类创造了超过以往任何一个时代的科学成就和物质财富。"创新思维首先突出反映在科学发明的过程中，"科学的本质就是创新"。由于当代科学技术迅猛发展，使得创新思维的思想方法越来越受到人们的重视，首先是科学家们在热烈讨论，创造学成为重大前沿学科之一。他还说："面对世界科技飞速发展的挑战，我们必须把增强民族创新能力提到关系中华民族兴衰存亡的高度来认识"，特别是要"保护学生的探索精神、创新思维。"而在培养大学生的创新能力方面，通过介绍国内外在创新技法方面积累的宝贵成果，是深入开展创新教育的核心之一。本章将系统地介绍目前比较普遍使用的创新技法。

从世界角度看，创造学理论和方法体系可以大致分为美、日、前苏联三大流派，三足鼎立，侧重不同，各有千秋。美国在创新方法研究方面一直走在世界的前列，与欧洲的创新学派逐步融合，形成了重视思维的自由活动的欧美派系，认为联想、直觉、灵感是发明创造等的根本源头，美国奥斯本的头脑风暴法和戈登的类比启发法（原型启发法）就是这种倾向的典型表现。而日本在创新技法方面更强调思维过程的实际操作，着眼于发明创造过程中的材料收集与处理，提出了广为人们使用的"川喜田 KJ 法"和"中山正和 NM 法"等。前苏联在创造学理论与方法上以唯物论的认识与方法论为基础，认为发明创造也是有其客观发展规律基础的，不依赖于思维想象的偶然性，而是比较重视有组织的思维活动，认为发明创造是按特有的人类个体和集体的思维规律达到的结果，有其必然性在其中，对创新技法的程序作了大量缜密的研究。我国在创新学研究方面起步较晚，但是，我国古代劳动人民在几千年的灿烂文明发展过程中，也到处渗透着可贵的创新精神和创新方法，我们的四大发明就是贡献给世界科技进步的伟大成就。在“梦溪笔谈”等中国古代科技文献中，我们也能看到我们的祖先早就注意从创造活动中总结创造工艺和创造技法。早在商代，新的缫丝方法“漂絮法”的发明和创新使2 000年前的生产力得到开发，奠定了中国丝绸之国的基础；三国时期蒲元的制刀工创造了“淬火”工艺，制造的刀具锋利无比；在北宋，又有人根据指南针的创造原理，即用磁电制成鱼状指南针浮在水中，创造出了“水浮法”；继战国时代秦始皇的石刻印刷之后，出现了“泥活字”法，接着王祯又把活字置于转盘上，被定名为“造活字印书法”等等。同时我们也要看到这些古代劳动人民所创造的各种创造方法，与我们现代创造学所称的创造技法还是有很大的区别，仅仅还停留在经验的层面，没有上升为科学的体系和严谨的步骤。

从本书着眼，我们不准备按国际创新学的各个派系逐一介绍，而是立足于实际，从实用的角度，把各派思想融会贯通，从创新发明的过程出发，来阐述创新的技法。

宏观而言，任何的创新创造的过程都是由3个阶段构成的，即选择课题阶段、解决课题阶段、完成课题阶段。

(1)选择创新的课题。这一阶段是寻求、发现、产生有价值的问题，实际上，在我们习以为常的生活、学习和工作中存在大量的有待解决的问题，只不过熟视无睹；或看到了、发现了问题，却没有解决问题的愿望和动机。这一阶段的重点在于创新的意识和直觉，主要解决两个问题：①如何催生尽可能多的创新课题；②如何从众多的课题中选定有价值的和有可能实现的课题。这一阶段适用的创造技法主要有缺点发现法、程序设问法、希望点列举法、组合法、信息交融法等。

(2)寻找解决课题的设想。这一阶段的任务是发挥创造力、想象力提出解决课题的原理、途径、方法和设想。这一阶段的顺利展开主要靠信息占有量、创造性思维方法和创新心理品质。我们所说的创造技法主要是集中在此阶段，大致分为4类：①试误法。选择尝试各种可能的方案来解决课题。如爱迪生为寻找最适合做灯泡灯丝的材料时，就运用了试误法，尝试了上千次各种材料。顾名思义，试误法就是针对各种猜测不断试验，排除错误的，剩下的就是可行的解决方案。现代新型药物的发明就运用了这种方法，几万乃至几十万种可能的物质结构中才能筛选出对某种疾病有治疗效果的成分。总体而言，这种方法效率比较差。②联想、想象、发想法。其最主要特点是思维高度自由，以产生大量新颖的解决问题的设想。像

NM法、综摄法、仿生法、戈登法、逆向思考法等属于这类技法。既然是创新发明，显然没有现成答案可供选用，这就需要让思维的触角任意、充分伸展，才有可能获得答案。值得注意的是，有待发明的事物不是孤立隐藏的，而是同已有事物有着千丝万缕的联系，所以，还需要充分借助联想、类比等思维方式把未知事物同已知事物联系起来，从而增加发现正确的解决方案的几率。③分析逻辑推理法。如ZK法、7×7法、卡片法等都属于这一类。其主要特点是通过对收集来的信息进严密的分析、整理和再加工，达到发现问题、解决问题的目的。"信息论"认为创新发明的过程实质就是对获得的信息进行分割、剪裁、重组的过程。④程控法。就是控制创造发明者的思维方向，让思维按着严格的程序或步骤去解决课题。其最主要特点是：可以避免大量的无效的思维过程，快速逼近符合逻辑的可能答案。程控法是人们通过多年大量实践经验和严密的逻辑推导总结出来的解决创新发明课题的程序，程序本身并不能代替具体的思考，因此在执行程序的过程中，需要结合实际对程序进行改造，因地制宜，以提高其实用性。

(3)完成创新发明的设想。这一阶段主要靠专业知识和实践能力。一般通过这样几个环节：①利用专业知识精心设计；②修正完善方案；③把设想落实为具体的可操作的实物形态。其应用技法主要有计划评审法、关联树法等。

严格的创新学是一个系统工程，同时也是实践性极强的一门学问，下面我们将先从创新的一般规律出发，探讨几类运用最广泛的创新技法和规律，然后再着重介绍以集体为基础的组织创新技法。

第一节 创新中的通用规律与方法

所谓创新技法是创造学家根据创新思维发展规律总结出的创造发明的一些原理、技巧和方法。在创新实践中总结出的这些创新技法还可以在其他创新过程中加以借鉴使用，能提高人们的创新能力和创新成果的实现率。这里综合介绍当今各国各派在创新规律与方法方面的研究。

一、组合法

日本索尼磁半导体的研制者创造学家菊池诚曾经提出："我认为搞发明有两条路，第一条是全新的发现，第二条是把已知其原理的事实进行组合。"发明晶体管的肖克莱也认为："所谓创造就是把以前的独立发明组合起来。组合类技法正是以上这类发明方法的概括。"二战以后的新技术革命中，60%～70%的科技成果都是采用了综合的方法而产生。20世纪50年代以来，世界技术发展开始由单项突破走向多项组合。可以说,独立的技术发明逐渐让位于"组合型"新技术。由组合求发展,"由组合而创新"已成为当代技术发展的一种基本方法。

所谓组合法是按照一定的技术原理,将2个或多个技术因素通过巧妙的综合,获得具有整体功能的新产品、新材料、新工艺、新技术的方法。其中的技术因素可指技术原理、工艺、发明、材料、零部件、产品或物理效应、物理现象、化学现象等。创新技法中的组合绝不是简单的相加,它是依据事物之间所固有的内在联系进行的有目的的综合。

这种综合首先是由不同的技术因素构成的具有统一结构与功能的整体。其次是组合物应具有新颖性、独特性和价值性。简单说组合就是不同的功能或目的可以进行组合;不同的组织或系统可以进行组合;不同的机构或结构可以进行组合;不同的物品可以进行组合;不同的材料可以进行组合;不同的技术或原理可以进行组合;不同的方法或步骤可以进行组合;不同的颜色、形状、声音或味道可以进行组合;不同的状态可以进行组合;不同领域不同性能的东西也可以进行组合;两种事物可以进行组合。多种事物也可以进行组合。可以是简单的联合、结合或混合,也可以是综合或化合等。

(一)成对组合

成对组合法是组合法中最基本的类型,是把任意的2个事物或特征组合起来,获得发明目标的方法,它包含了同物组合和异物组合。依组合的因素不同,成对组合可分解成元件组合、材料组合、用品组合、机器组合、技术原理组合等不同方式。这种成对组合法很简单,我们的生活和生产中许多物品都是这样组合而得的,例如玩具转笔刀、带橡皮的自动铅笔、粗细两用笔、带磁铁的铅笔盒、能开瓶的小刀、带音乐的贺年卡、带音乐的钥匙链等。这种成对组合具体还可分为:①元件的组合。元件的组合是指把本来不是一体的2种或2种以上部件依一定的技术原理组为一体,使其具有新功能的方法。例如:日本有人将胸针、项链、耳环、戒指、服装及鞋的装饰与微型光源组合,使之产生光彩耀人的效果;将手电筒与雨伞组合,生产出一种具有照明功能的雨伞,给持伞的人带来方便;日本索尼公司将收音机与手表、计算器与手表组合,生产出具有各种功能的手表;我国台湾还将收音机与帽子、电风扇与帽子组合,并采用了太阳能电池,很受旅游者们的喜爱。②材料的组合:即应用各种化学、物理原理,将不同的材料组合起来获得新材料的方法。具体方式常有交合、融合、混合、渗透等。一般针对已有原料的不足,为了达到某种新的或更好的要求,与另一种性能的材料组合起来获得新材料。如诺贝尔发现液体硝化甘油稍一震动就爆炸,不适合运输和使用,于是将硝化甘油和硅藻土混在一起,创造出固态的"炸药";焊锡是利用铅和锡的低共熔现象,铅和锡的熔点分别为327℃和

232℃，然而铅和锡混合后却生成了熔点为 183℃的合金（即焊锡）等；再如人们常见的铁芯铜线，将导线中间的铜换为铁，应用了铁与铜的组合，既保证了产品质量又降低了成本；日本某公司通过把 1 200℃的熔融的铜注入两块不锈钢板之间，解决了磷青铜容易被腐蚀的问题；斯恩宾将硝酸滴于棉布上发明了硝化棉火药；德国的化学家将甲醛融于牛奶发明了酪基塑料。③物品和机器的组合：整件物品的组合是将 2 种或 2 种以上现成的物品直接组合为一个物品的方法。这种方法与元件的组合比较接近，不同的只是物体、机器的组合中被组合的物品都具有独立的完整功能，是一个完整的系统。它往往把完成一项工作同时需要的 2 种机器或完成前后相接的 2 道工序的 2 台设备结合在一起，提高效率。例如：某厂将回收矿石中的煤炭用直线振动筛机与锚链式运输机结合。锚链运输机分为上、下两层，上层空着，下层用来运煤。他们把直线振动筛机分割，利用它的筛板，把筛板安装在锚链运输机的上层，不仅使闲着的上层得到利用，还可以使筛板从运输机上得到动力，既减少了空间，又降低了成本。

（二）辐射组合

辐射组合是以一种新技术为中心，同多方面的传统技术结合起来，形成技术辐射，组成多种技术创新的发明创造方法。这也是新技术推广的一个普遍规律。现以人造卫星这种新技术为例，看它所引起的辐射组合。人造卫星技术成功以后，它与各种学科的辐射组合，发展了卫星电视转播、卫星通讯转播、卫星气象预报、卫星导航、全世界的时间标准、生物进化科学以及宇宙研究的各技术等。这种辐射组合的中心点是新技术，若把这个中心点改为一项具有明显优点，具有人们所喜爱的特征，也可以考虑用辐射组合来开发产品。下面以超声波技术为例，具体说明辐射组合法。首先在中心是超声波技术，向外辐射连接各种各样的传统技术，超声波熔解技术在金属冶炼中已有应用，但我们可将它引入到冰箱使用中，应用超声波将速冷的食品速溶，也可引入超声波到其他的食品加工技术中。超声波钎焊技术是英国姆拉托公司研制成功的，用于铝钎焊中。把烙铁上端固定在超声波装置上，由于超声波引起的小爆炸，使铝板表面的氧化膜破坏，从而将金属表面暴露出来，使铝的钎焊容易进行。超声波烧结技术在用粉末冶金法进行烧结时，如果在要烧结的物件上加上超声波，可以减少烧结时间。超声波切削技术是把超声波加到切削用的刀具或切割用的锯条上进行的操作技术，它既可以防止材料被拉断，又可以防止锯刃上黏附金属屑，还可以防止锯刃上熔着金属，破坏锯刃的形状。另外超声波被用于探伤、粉碎、清洗、理疗、遥控等方面的技术，也都逐渐成熟。

辐射式组合法不单可用于技术方面，还可用于组合产品上。例如：我们将强磁材料作辐射中心，则可得到一系列的新产品，我们可开发磁性衣扣，不用扣还可有很好的密封性。还可开发磁性工具袋(拿取方便)、磁性工具架(用于流水线生产);可以开发各种用于磁性治疗的物品,如磁疗壶、磁疗鞋、磁疗枕、磁疗睡袋,还可开发磁化水处理器、磁性密闭弹簧等。此外,还有一种类似辐射组合的方法,即某事物寻求改进或创新,把此事物作为中心点,与一些与改进事物毫不相干的甚至风马牛不相及的事物强行组合,形式上与辐射组合相似,这种组合大多数可能是无意义的、荒唐的,但往往也可以从中找到有价值的方案。对于这种组合有人又叫它焦点组合法,该法实质上是焦点法和强制联想法的结合。

(三)内插式组合

内插式组合法,是以某一特定对象为主体,通过置换或插入其他技术,导致发明或革新的方法。如在音响设备上加上麦克风的功能出现了卡拉 OK 机,彩电设备中加上录放装置产生了录像机,洗衣机中插入了甩干装置,出现了全自动漂洗与甩干的功能。内插式组合法的使用程序一般是:①首先选择要改进的物品,即确定主体;②然后确定新功能,将原主体的功能与组成分解,经分析和比较找出原主体的不足之处,确定改进后应具备的新功能,确定内插件;③根据新功能的要求确定内插部件;④确定插接方式与机构;⑤进行内插式组合。在大量的商品开发、生产实际中,这种组合方式在改进产品,完善设计中经常使用。例如:最初的手表只是机械式计时工具,后来插入了计日、月、星期的机构,随后又插入了电子机芯,机械表变成了电子石英表。将来还可插入新的电子机芯,使手表增添测量血压、测心律、测生命节律等多种功能。又如洗衣机,开始只有水洗功能,随后插入了甩干装置、自控系统,功能越来越多。同时,利用若干其他技术置换主体中的已有技术,是内插式组合的另一重要形式。这种方法在工业上被称为内插式设计。其基本程序是对主体技术的结构做较大的改变,有时是重新设计,它对主体功能的影响是十分明显的。例如:普通机械手表变为液晶显示的电子表就属于这种内插式。这种内插式的技术主体发生了变化,难度大,引起产品的变化也大。运用内插式组合法需要较强的分析、综合能力。分析时要将整体分解为部分,技术整体分解为技术要素,然后逐项分析、比较,寻找功能上的不完善,然后应用综合的方法按照部分或要素之间的内在联系,重新把它们建构成一个有机体。

(四)形态分析组合

形态分析组合是 1942 年美国加州理工学院教授、瑞典籍天文物理学家茨维基提出的,依据的理论是:一个事物的新颖程度与相关程度成反比,事物(观念、要素)越不相关,创造性程度越高,即易产生更新的事物。做法是:将发明课题分解为若干相互独立的基本因素,找出实现每个因素功能所要求的可能的技术手段或形态,然后加以排列组合,得到多种解决问题的方案,最后筛选出最优方案。形态分析法的操作程序是：①确定研究课题，准确表述所要解决的课题，包括该课题所要达到的目的及属于何类技术系统等。②要素提取。就是确定发明对象的主要组成即基本要素，确定的基本因素在功能上应是相对独立的，要素的数目不宜太多，也不宜太少，一般3～7个为宜。③形态分析。即按照发明对象对诸要素所要求的功能，列出各要素全部可能的形态。完成这一步需要扎实的知识基础和丰富的工作经验，对本行业及其他行业的各种技术手段了解得越多越好。要揭示每一形态特征的可能变量（技术手段），应充分发挥横向思维能力，尽可能列出无论是本专业领域的，或者其他专业领域的所有具有这种功能特征的各种技术手段，不然则列举不出各要素的全部可能形态。④编制形态表。将上述的分析结果编入形态表内。⑤形态组合。按照对发明对象的总体功能要求，分别将各要素的不同形态方式进行组合而获得尽可能多的合理设想（组合数目＝要素的形态数的乘积）。⑥优选。评价选择最合理的具体方案，选出少数较好的设想后，通过进一步具体化，从组合方案中选优，并具体化，最后选出最佳方案。如要设计一种火车站运货的机动车，根据对此车的功能要求和现有的技术条件，可以把问题分解为驱动方式、制动方式和轮子数量3个基本因素，对每个因素列出几种可能的形态。如驱动方式有柴油机、蓄电池，制动方式有电磁制动、脚踏制动、手控制动，轮子数量有三轮、四轮、六轮，则组合后得到的总方案数为2×3×3＝18（种）。然后筛选出可行方案或最佳方案。

二、设问法

爱因斯坦说过这样一句话："提出一个问题往往比解决一个问题更重要，因为解决一个问题也许仅是一个科学上的实验技能而已，而提出新的问题，新的可能，以及从新的角度看旧的问题，却需要有创造性的想象力，而且标志着科学的真正进步。"培根也说过："如果你从肯定开始，必将以问题告终，如果从问题开始，则将以肯定结束。"我国著名教育家陶行知先生有一句名言："发明千千万，起点是一问。"设问法可以有以下几种模式。

（一）检核表法

英语为 checklist technique，也称作检核目录法、核对表法、查表法等。这种方法的前提是：根据大量的实践经验，总结概括出列有一系列问题的检核表。在创造发明过程中，就可以根据需要解决的问题，参照表中列出的问题一个个核对讨论，以获得解决问题的设想。这种方法不是创造和发明过程的好方法，很难取得较大的突破性成果，不过，它使创新思路变得科学化和系统化，能够有助于突破旧框架，展开新境界。由于检核表法基本适合任何类型和场合的创新活动，故被称为"创造技法之母"。其中奥斯本检核法应用范围较广，行之有效，深受欢迎。奥斯本所著的《创造性想象》一书开列了 75 个检核问题，按具体内容可概括成为 9 组问题：①转化：能否对已有的产品进行改造和改型，从而产生其他用途？例如：我们熟知的哈哈镜，就是对已有的镜子产品，改变其平面结构为不同形态的曲面形态，造成可笑的影像；交通转弯处设置的凸形镜，同样能产生平面镜子所达不到的放大视野的效应；日本一家公司将吹发用的电吹风用于烘干被褥，结果就发明一种被褥烘干机；自从玻璃纤维生产出来后，由于其多种多样的“新用途”，使纤细的玻璃丝的生产和应用成为一项大工业。至今，玻璃纤维不仅能够用于创造船舶、车辆，将它和塑料的弹性合为一体，生产出了既轻又富有弹性的鱼竿、撑杆跳高杆。尤其是利用其光导性质，生产出光导纤维，广泛运用于先进的光导通讯。现在，玻璃纤维还能运用于艺术，使用光导纤维制作各种彩灯，甚至可以制作具有动态的光导纤维画。②引申：能否借鉴其他产品或相近似产品的结构或部分应用到该设计项目中？这个问题有助于使设计向深度和广度发展，形成系列发明产品。如从普通火柴到磁性火柴、保险火柴等，都是引入了其他领域的发明成果。二战中，有一位航母飞机降落指挥官，他的任务主要是在每次飞行后检查并指挥飞机在甲板上降落。然而，在黑夜里飞机难以看清航标信号，不易降落在甲板上，而如果加强照明，则航母有暴露给敌人的危险。这时，他想到了在纽约万国博览会上看到的“紫外线黑光的魔法”，受到启发，于是，他指令所有降落指挥官都穿上带有一种发光物质信号装置的制服。驾驶员借助于紫外线便可以看清信号装置，顺利降落，而敌人什么也看不见。③改变：可否改变一下形状、颜色、音响、气味等？例如：1898 年 H·延康把 1 500年前后 L·德文希发明的平滑圆柱体的滚柱轴承的圆柱体形状稍加改进，设计出了新型的锥滚轴承，提高了效率。1955 年，世界上有 3 种行业受到了颜色的巨大影响。首先，由于汽车车身色彩变化为汽车增加了诱惑力，从而汽车的销售量达到前所未有的新水平；接着一种新的粉红色灯泡也使灯泡市场的销售量剧增；彩色电话机的出现也使电话行业的销售量起死回生。在某些产品上附加放音装置，也一定能提高产品的销量。在美国，有一种电烘衣箱能自动演奏《我多么干渴》(美国著名歌曲)而成为紧俏货。此外，如果给面包等食品包裹上一层充满芳香的包装，一定能对消费者提高诱惑力。④变换：能否将已经成型的物品的结构变换一下顺序、位置、因果关系、速率、时间等？例如：把汽车的发动机由安装在车头改为安装在车尾，这对旅游客车是很有必要的。在飞机问世初期，螺旋桨安装在头部以牵引机体。后来，喷气式发动机都安装在飞机尾部，而直升机的螺旋桨则安装在顶部。在不同的季节、不同的环境，对作息时间、广播节目作重新安排，将会取得更好的效果。把因果倒置过来思考，往往会改变人际关系。很多人给自己找到这样的借口：“人们不喜欢我，所以我才忧郁并易于烦躁。”这的确是一种常见的因果倒置现象。假如这些人努力以热情和客观的意愿与人相处，而不是用阴沉和主观的态度待人接物，其结果完全相反，就会使人们喜欢他们。⑤重塑：能否重新进行形态设计？造型风格能否取胜于其他同类产品或近似产品？把原来产品的直线基调变为曲线基调或曲线基调变为直线基调，曲面变为平面或平面变为曲面，暗色调变为明色调或明色调变为暗色调，精变粗或粗变精，等等，这样的重新设计都可能产生新的效果。任何一项设计都可找到多个可被参考比较的同类产品或近似产品，当把各种各样的造型风格进行综合分析以后，并把其应用在所设计的项目中就可获得风格独特的新产品。⑥缩放：现有的发明能否扩大使用范围，延长其使用寿命？例如：将一层透明的薄片或其他薄片挤压在两层玻璃中间，可以制成一种防震、防碎或防弹的安全玻璃。牙膏中掺入某种药物，可以使牙膏有治疗口腔疾病的功效。或者能否缩小体积，减轻重量或者分割化小？世界上最初的钟表只有体积较大的挂钟、台钟和教堂的自鸣钟，后来瑞士人首先想到把挂钟缩小为怀表，又进一步缩小到可以戴到手腕上的手表。最初发明的收音机、录音机、电视机、电子计算机等体积都很大，后来不断创新，逐步小型化、袖珍化。再比如，浓缩果汁的发明与创新带来了果料工业的革命。⑦取代：可否代替现有的材料？有没有东西可取代某物，或代替其部分、某种成分、某种过程呢？在产品生产中，为了提高质量，或降低成本，用廉价物代替昂贵物，当前世界上某些资源相当紧缺，于是就得寻找其他的代用品，如用木料或塑料代替金属材料；用人造大理石、人造丝等代替天然物品。兰米尔博士设想用某种气体代替过去灯泡中的真空状态，他对灯丝形状稍加改进，最后确定使用氩气，最终获得了一种比真空钨丝灯泡亮两倍的充氩灯泡。人们非常喜欢镀金手表，但黄金是一种稀有金属，价值昂贵，资源有限，人们就用其他金属来代替黄金。现有一种镀假金的手表几乎可以乱真。⑧颠倒：现有的发明是否可以颠倒过来用？把位置、作用、正反、上下颠倒一下试试。例如：传统的缝衣针的针孔是在针的尾部，而缝纫机的缝纫针孔不是开在针尾，而是开在针尖。再如，建筑物的彩灯不再是安装在表面，而是安装在内层，向上、向外照射，能够更好地照射出高大建筑物的轮廓；现在很多衣服的商标不再是缝在衣服里面，而是缝制在衣服外面，起到广告的作用。在商品、艺术品展览中，有时不是展览优质商品、优秀作品，而是展览伪劣商品、劣质作品，往往会获得更佳效果。⑨组合：可否把物体混合、合成、配合、配套、协调？把现有的几种发明组合在一起会怎么样？可否把物体、目的、特性、观念等等组合？例如：美国的著名科学家 B・富兰克林考虑到许多老年人由于远视和阅读的需要，必须不断交替更换近视和老光两种眼镜。那么，能否把两种眼镜合为一副眼镜？于是，他将镜片一分为二，给镜片涂上黏胶后再粘合在一起，上半部用来远视，下半部用于阅读，首创了双焦距镜片，为老年人创造了方便。

在现代,常常把某种新的科学技术同各种方法组合起来,如发现超声波技术后,就创造了超声波研磨法、超声波焊接法、超声波切割法、超声波洗涤法等等。把电子计算机同各种机械组合成一种自动机械;把照相机和闪光灯组合等等。

检核表法之所以能开发出人的创造力,帮助人们创造发明,原因是能够帮助人们突破旧的框架,引导人们从各个方面去设想,使人闯入新的创造领域。在依据检核表的内容进行检核时,需要注意的,一是要一条一条地去进行检核,不要有遗漏;二是要多遍检核,以更准确地选择出所需要改革和创新的方面;三是在检核每项内容时,尽量发挥想象力和创造力。在进行检核时,可一人检核,也可以多人检核,3～8个人共同检核,可以相互智力激励,从检核表中产生出更多新设想。

(二)逆向异想法

发明者从某种现有的事物或现象的流程相反的方向考虑问题,反其道而行之,使人茅塞顿开,豁然开朗,往往能出人意料地发现新的用途或效果。吸尘器的发明就是这种逆向异想法的典型。最开始除去灰尘的方法是“吹”,用鼓风机把灰尘吹掉。这种“吹尘器”启动时灰尘到处飞扬。一位叫郝伯·布斯的技师想:吹尘不是好办法,如果反过来“吸尘”会有什么效果呢?后来试验证明吸尘的方法比吹尘的优势多多,于是颠倒乾坤,利用真空负压原理制成的电动吸尘器广为人们接受。留声机的发明也是运用逆向异想法。爱迪生在试验改进电话时发现传话器里的膜板会与说话声音同步震动,其振幅大小与声音高低相应。反过来看,这种颤动是否使它发出原先的说话的声音呢?正是从这一设想出发他发明了“会说话的机器”——留声机。建筑上使用“打桩炮”的发明就利用了逆向异想法。大炮是向远处发射炮弹,通过逆向联想,炮口向下,不就能把桩子深深地打入地下了么?结果就发明了省时省力、效率很高的“打桩炮”。早在1820年科学界就知道金属导线通电后在周围能产生磁场,使场的范围内的磁针运转。后来,英国的法拉第从“电能生磁”逆向联想到把“磁变成电”,通过试验证明的确在磁场中运动的金属导线中能够产生电流,从而发明出直流发电机,对电气化时代的到来产生了深远的影响;千百年来,司马光砸缸的故事一直广为流传,其机智的根本就是逆向异想法的作用。

浙江一同学在上电学课时对电流表产生了极大的兴趣。通常用电流表测量电路电流时,是用导线串连在电路中完成的。常用电流表原理是,电流通过电路,使电流表指针运动,从而测出电流量。那么,能否不剥开电路,不直接连在电路中,直接测出电流呢?当电流通过电路时,通电的导线周围会产生一定的电磁场,电磁场的大小取决于导线电流的强弱。那么能不能通过测量电路导线的电磁场,把电磁场转化为电流,测出它的电流量呢?该同学把老虎钳式的工具含住导线,捕捉导线发出的电磁场,再把电磁转化为电流,真的测出了电流。该同学不断改进技术,创造性地发明了“直流钳形电流表”，该项发明获得了第十八届青少年发明创新大赛一等奖，并申报了国家专利。

(三)信息交合法

信息交合法是中国思维学家提出的极有价值的创新方法，他就是俗称“魔球”理论的创始人——许国泰。

1983 年，中国创造学首届学术讨论会在广西南宁召开，来宾中有著名的日本创新学家村上幸雄，会上他拿出一把曲别针，提出了这样一个问题：“能否请诸君说出这些普通的曲别针有什么用途？”气氛一下子活跃起来，答案五花八门，有的说“曲别针除了正常的固定纸页外，还可以用来挂东西”；“曲别针还可以挂窗帘”；“耳朵痒痒了，可以用弯曲处掏一掏”…… 总共说了 20 多种。会上站起一人向村上先生问道：“您能说出多少种？”村上含笑伸出 3 个指头，“30 种？”村上摇摇头。“难道是 300 种？”村上点点头。与座皆惊。这时，提问的人走上前台，他说：“我能说出 3 000种，乃至 3 万种关于曲别针的用途！”接着，他详细说明了他的思路：“曲别针的用途人们往往只想到它的‘勾’、‘挂’、‘别’、‘联’的功能。但曲别针的用途绝不止于此，我们可以把曲别针分解为材质、重量、体积、长度、截面、韧性、颜色、弹性、硬度、直边、弧等信息点，用直线连成信息标(x 轴)。同时，再把与曲别针有关的社会实践及知识能力分解为数学、文字、物理、化学、磁、电、音乐、艺术等信息点，连成另一个信息标(y 轴)。两轴形成一个坐标系，这就是一个‘信息反应场’，两轴各点上的信息，依次‘相交’可实现曲别针的‘信息交合’。由此就可以组合成曲别针的几乎是数不清的用途。例如，把 y 轴上的‘数学’点和 x 轴上的‘材质’点相交，曲别针可以窝成 1、2、3 等阿拉伯数字以及＋、－、×、÷(、)、[、＞、]、＝、/、—等符号；如果把 y 轴上的‘文字’点和 x 轴上的‘材质’点相交，曲别针就又变成了 A、B、C、D 等英文字母或德、法、俄、日等各国的字母；曲别针还可折成化学元素符号，组成无数化学反应式；如果曲别针是铁质做成的，可把铁质的曲别针以不同比例与几十种其他化学元素化合，生成各种化合物。与磁性结合，可以做成指南针；与导电性结合，可以做临时电源接线；等等。”从此，信息交合法引起了创新学领域的一场革新！

所谓“信息交合论”，从哲学上讲，是研究客体世界和主体心理世界运演的理论，是事物潜在的多重信息在时空中的调整、加工、增值。它可以改变习以为常、熟视无睹的思维习惯，拓宽视野，打开认识问题层次，培养多系统、多功能、多方位的思维素质。深入研究信息交合法，其中包含着 3 个法则：①整体分解法则。任何事物都是其构成部分多重因素的集合，都可以把各个部分分解为最基本的因子，一直分到不能再分为止。分解事物要素的标准要尽可能遵循一定层次和序列逐步展开，尽量全方位、多角度进行，不要遗漏任何不起眼的特征。②信息交合法则。是指信息的"碰撞繁殖",不同性质信息的"交合"可以生成新信息。信息交合法还可以有4条原则:a.本体交合原则。本体交合是自身分裂,是原信息标系中的因子依次相乘,看"乘积"中的各项能否给大家以创造性的设想。如信息标上的各个信息点之间相互组合排列,可得到多组结果,从而提供了一系列可参考的"形象数据"。b.功能拓展原则。即对任何产品或事物,不能仅仅着眼于常识中现有的功能,突破传统思维的局限,拓展出平常不可想象的多种功能。c.杂交原则。以本体信息标系为"母体标",引进某类知识做"父本"进行交合,可以获得许多新的设想。d.立体动态原则。把事物放到立体的、动态的构思中,各个信息因子间的关系呈现出更复杂的化合趋势,这样就能产生更深广的创新构想。③结晶筛选法则。虽然,这种多维度的广阔的交合能产生不可计数的可能性,但是,最后还是要依一定的标准对产生的新信息点进行评估、筛选,寻求最有价值的方案。筛选标准要看其经济性、操作性、安全性、市场性,总之最终要把这无数发散的信息结晶聚合成有实际创新意义的成果。具体运用信息交合法分4个步骤:

(1)确定中心。确定研究对象,以此做信息标图中的零坐标,画成圆圈,这就是所谓的"魔球"。比如确定"灯"的革新,就以"灯"为中心,形成一个灯的魔球世界。

(2)设立标线。用数学矢量标串起信息因子的序列。比如,可以根据"灯这个中心"的需要画出几条坐标线,向各方向画出结构、性状、功能、种类、功率、时间等项坐标线。

(3)分析因子信息点。在各坐标线上注明一系列信息因子点。如在"灯"的"结构"标线上注明:灯丝、灯泡材料、灯电源接口、灯泡中气体……

(4)信息碰撞交合。把某矢量标线上的一个信息点为母本,以另一标线上的某信息的父本,交合后便可产生新信息。如以"灯"的"颜色矢量"中的为母本,以社会功能"装饰效应"为父本,相交合可产生各种"五彩的灯饰";以"笔"为中心,以"温度计"为父本,相交合可产生"钢笔式温度计",以"数学"为父本,可产生"带'九九表'的钢笔"。

(四)5W2H法

这是一种发端于美国陆军的创新方法,其核心是创新首先要善于提问,当创新发明时可以向自己发问:①为什么(Why),②做什么(What),③何人做(Who),④何时(When),⑤何地(Where),这就构成了"5W";同时继续提问:①如何(How),②多少(How much)。"5W2H"就是取上述7个英文词头。这7个问题对任何事物都有普遍意义,因而它具有广泛的实用价值,而且便于应用,从而构成了5W2H法。

5W2H法的应用程序如下:面临任何问题时,都可以通过以下问题,拓展思路:①为什么(Why)?为什么产品的制造要经过这么多环节?为什么采用这个标准?为什么用金属材料?为什么要做成圆形?为什么采用机器代替人力?为什么非做不可?②做什么(What)?工作对象是什么?条件是什么?哪一部分工作要做?目的是什么?重点是什么?与什么有关系?功能是什么?③谁(Who)?谁会完成?谁来办最方便?谁作为备选?谁被忽略了?谁是决策人?谁会受益?会影响到谁呢?谁会反对?④何时(When)?何时开始最适宜?何时结束?何时销售?何时是人的最佳精力点?何时容易疲劳?何时是低潮?何时产量最高?何时反响最大?⑤何地(Where)?何处生产成本最低?何地原料价格最低?还有什么地方可以铺货?安装在什么地方最合适?何地水土气候最适宜生长?把部队投入到哪里?何处是突破口?⑥怎样(How to)?怎样做效率最高?怎样做危险最小?怎样做最快?怎样增加销路?怎样达到效率?怎样才能使产品更加有吸引力?怎样使产品用起来方便?⑦多少(How much)?成本是多少?用多少人力?功能指标达到多少?产量能达到多少?销售量能达到多少?规格是多少?重量多少?例如:要建一座军营,可按"5W2H"法论证:①为什么要建?②做什么用?③谁使用?④何时使用?⑤在什么地方建?⑥怎样建?这主要是从用途方面考虑问题。如果仅从建设方面考虑亦可作如下论证:①为什么要建?②做什么用?③由谁来建?④何时建?⑤在什么地方建?⑥怎样建?⑦成本多少?因为在生产和建设中必须考虑成本。这样一来,就可以避免想当然的盲目性,开阔思路,从不同角度考虑问题,使任何一个构成事物的侧面都受到质询,从而为创新打开了广阔的可能性。当然,利用"5W2H"法,也要因事制宜,灵活便通,不可机械套用,才能奏效。

三、类比法

类比创新法是一种确定 2 个以上事物间同异关系的思维过程和方法。即根据一定的标准尺度,把与此有联系的几个相关事物(这既可是同类事物,也可是异类事物)加以对照,从事物的内在联系中发现奥秘,实现创新。瑞士著名的科学家阿·皮卡尔就运用类比发明法创造了世界上第一只自由行动的深潜器。皮卡尔也是研究大气平流层的专家,因此在研究海洋深潜器时,他想到海和天,水和空气都是流体,那么能否类比利用平流层气球的原理来改进深潜器呢?传统的深潜器靠钢缆吊入水中,既不能自行浮出水面,也不能在海底自由行动,潜水深度增大时,钢缆加长,自身重量增大,容易断裂,所以过去的深潜器一直无法突破 2 000 米大关。而在天空自由运动的平流层气球由两部分组成,充满比空气轻的气体的气球和吊在气球下面的载人舱,利用气球的浮力,使载人舱升上高空。于是,皮卡尔设计了一只由钢制潜水球和外形像船一样的浮筒组成的深潜器,在浮筒中充满比海水轻的汽油，为深潜器提供升力，同时，又在潜水球中放入铁砂作为压舱物，使深潜器沉入海底。如果深潜器要浮上来，只要将压舱的铁砂抛入海中，就可借助浮筒的浮力升至海上，再配上动力，深潜器就可以在任何深度的海洋中自由行动。第一次试验这种不用钢缆的新型潜水器就下潜到1 380米深的海底，后来又下潜到4 042米深的海底。后来，皮卡尔父子设计的另一艘深潜器“理雅斯特号”下潜到世界上最深的洋底——10 916.8米，成为世界上潜得最深的深潜器。

类比发明法还可根据不同的类比形式大致分为下面几种。

(一)直接类比法

创新发明者从大自然中，从已有的技术成果中，寻找出与课题对象类似的现象或事物，从中获得启示，从而实现创新，这就叫做直接类比法。例如：鲁班类比茅草边的齿锯发明了锯；从鱼游水中类比发明潜水艇；鸡蛋的坚固类比发明薄壳仿蛋屋顶；梳子垫在剪子下剪头发类比发明了安全剃头刀；法国人运用直接类比法，根据视觉暂留现象进行类比思维，发明设计了电影机……

(二)间接类比法

用并非同一类产品加以类比，产生创新创造的设想。在现实中有些事物创造缺乏可以比较的同类对象，可以运用间接类比法。例如：雨后空气中富含的负离子，可以使人延年益寿、消除疲劳，还可辅助治疗哮喘、支气管炎、心血管病等。通过间接类比法，人们创造了水冲击法来产生负离子；后来又吸取冲击原理，成功创造了电子冲击法，从而创造出现在普遍使用的“空气负离子发生器”。采用间接类比法，可以扩大类比范围，使许多非同一性、非同类的行业，也可由此得到启发、开拓新的创造活力。

(三)幻想类比法

创新发明者通过幻想类比进行一步步的分析，从中找出合理的部分，从而逐步达到发明的目的，设计出新的创新发明项目，这就叫做幻想类比法。1834年，英国发明家巴贝治绘制出通用数字计算机图样。1942年，美国的阿塔纳索夫教授和他的学生贝利，运用幻想类比法，发明设计出电脑，并制成了世界上第一台电脑：阿塔纳索夫-贝利计算机。

(四)仿生类比法

通过模仿大自然中生物的结构和功能提出新的发明项目的方法，这就叫做仿生类比法。例如：人眼——人造眼，蛙眼——电子蛙眼，鹰眼——电子鹰眼，蜻蜓眼和苍蝇眼——复眼照相机，手臂——新式掘土机。

(五)因果类比法

是指两个事物的各个属性之间，可能存在着同一因果关系，因此，我们可以根据一个事物的因果关系，推出另一事物的因果关系，这种类比法就是因果类比法。例如：在合成树脂塑料中加入发泡剂，使合成树脂中布满无数微小的孔洞，这样的泡沫塑料省料，重量也轻，并有良好的隔热和隔音性能。日本人铃木运用因果类比法，联想到在水泥中加入一种发泡剂，使水泥也变得既轻又具有隔热和隔音的性能，结果发明了一种气泡混凝土。

(六)综摄类比法

借助于分析设法变陌生为熟悉，再通过亲身类比、比喻和象征类比等综合类比，发明设计出发明项目，这就叫做综摄类比法。

美国创造学家威廉·戈顿把创造性思维分为 2 个阶段：①变陌生为熟悉的阶段；②变熟悉为陌生的阶段。所谓“变陌生为熟悉”主要用分析的方法，了解、查明问题的主要方面以及各个细节。人的思维遇到陌生的事物时，倾向于设法把它纳入一个可以接受的固有的模式中，通过把陌生的事物和熟悉事物联系起来，才能更好地理解和把握。所谓“变熟悉为陌生”就是要使人们的思维跳出习以为常的模式，换一个角度看待那些我们熟视无睹的事物。就好像一个弯下腰来从两腿间倒过来看世界的孩子，会发现这个世界整个都倒过来。用亲身类比、比喻和象征类比等综合类比，能使自己的发明逐步由陌生变为熟悉，从而发明设计出新的发明项目。类比发明法从“异中求同”，从“同中见异”，很有参考价值，但是就是运用这种方法也有一定缺点，其推导出来的结论成功的可靠性并不高。

四、移植法

有一位著名发明家说过：“移植发明是科学研究最有效、最简单的方法，也是应用研究最多的方法之一，重要的科学研究成果，有时也来自于移植。”把某一技术领域中的技术手段和方法，移植应用到另一技术领域，从而搞出新发明，这就叫做移植法。移植法要求认真研究范例的制造方法，看看这样的方法可以运用到哪些地方，再移植到需要发明的物品上，材料的移植也可以起到更新产品，改变性能、节约材料、降低成本的目的。移植法也可研究分析已有的各种原理和功能，甚至研究大自然中植物的良好形状，把它们移植到别的产品上去，从而解决过去存在的问题。这种移植法往往要与前面的类比法相结合。下面是一些移植法的例子。

(1)技术手段移植。例如：把吹干头发的电吹风功能移植到大型化的“被褥烘干机”上来。从太阳能电池，可以移植到太阳能发电站、太阳能收音机、太阳能手表、太阳能计算器、太阳能自行车、太阳能汽车等新创造中。

(2)原理移植。例如：电话。美国发明家贝尔运用移植法，在技术原理方面进行移植转用，从簧片振动传声，到人的声带振动发生传声，发明设计出电话。

(3)技术功能移植。1838年,莫尔斯运用移植法,采用技术功能移植,从烽火传信号到电报传信号,从而发明设计了电报并取得了美国电报专利权。

(4)材料移植。是将某种产品使用的材料移植到别的产品的制作上,以起到更新产品、改变性能、节约材料、降低成本的目的。例如:过去自行车都是金属构架,为了轻便、坚固,有人就把新的碳纤维材料移植过来,结果这种新型自行车大受欢迎。

(5)结构移植。是把动物、植物或物品的良好形状移植于发明创造中。要应用好结构移植法,一要广泛地研究各种物品的结构,开发它的应用领域,去进行创造发明。二是要从需要解决的问题出发,寻求应用合理的结构,实施结构移植,解决实际问题。

五、联想法

所谓联想就是由一事物想到另一事物的心理现象。联想在人的回忆、推理、创造的过程中起着重要作用。人类历史上许多新的创造都来自于人们的联想。联想可以在特定的对象中进行,也可在特定的空间中进行,还可以进行无限的自由联想。而且这些联想都可以产生出新的创造性设想,获得创造的成功。我们还可从联想的不同类型,发现不同的联想方法,去进行发现、发明和创造。联想的方法一般为接近联想、对比联想、自由联想和强制联想。

(一)接近联想

指在时间、空间上联想到比较接近的事物,从而设计新的发明项目。这就叫做接近联想法。例如:1939年,德国化学家哈思和奥地利物理学家麦特纳宣布一项重大发现:中子在粒子加速器中轰击铀所产生的现象。此时意大利物理学家费米为了逃避法西斯政权的统治,流亡美国。费米运用接近联想法,由上述重大发现进行接近联想,于1942年12月2日,使美国芝加哥大学一个石墨块反应堆里的中子发生裂变,从而产生核能。

(二)对比联想

指从对某物的感知和回忆联想到相反特点的事物,从而设计出新的发明项目,这就叫做对比联想法。如黑白、大小、水火、黑暗光明、温暖寒冷。对比联想又可分为下列几种:

(1)从性质属性对立中进行对比联想。例如:日本的中田藤三郎关于圆珠笔的改进就是从属性对立的角度进行联想思考获得的。1945年圆珠笔问世,写20万字后漏油,无论如何改进笔尖的质料和结构,都难以克服。田中干脆减少笔芯的油墨量,书写20万字后,恰好油被使用完,就可以把圆珠笔扔掉。

(2)从缺点转优点进行对比联想。古人云:“塞翁失马,焉知非福?”任何事物的缺点,换一个角度就可能是优点。例如:铜的氢脆现象使铜器件产生缝隙,这是它的缺点。科学家却能联系到把它看成是优点加以利用,从而发明了制造铜粉的技术。过去,用机械粉碎法制铜粉相当困难,在粉碎铜屑时,铜屑总是变成箔状。而如果把铜置于氢气流中,加热到 500～600℃,时间为 1～2 小时,铜屑就会充分氢脆,再经球磨机粉碎,铜粉就很容易获得了。

(3)从结构颠倒中进行对比联想。也就是从空间和因果程序的前后、左右、上下、大小的结构着眼,颠倒着进行联想。例如:著名的史丰收速算法就是运用此种对比联想。常规数学运算都是从右至左、从小到大进行运算,史丰收却从左至右、从大到小来进行运算,运算速度大大加快。再比如,很早就有人实验把金刚石锻烧成 CO_2,证明金刚石的成分就是碳。1799 年,摩尔沃从中联想到,既然能够转变为石墨,反过来石墨能不能转变成金刚石呢?后来他通过高压成功地把石墨变成了金刚石。

(三)自由联想

这种联想不受任何限制,虽然成功的概率比较低,但能产生出人意料的奇思妙想。例如荷兰生物学家列文虎克就曾从自由联想中发现了微生物。一个雨天,虎克在显微镜下工作了很长时间,休息的时候,看着雨天发呆,突然联想到:雨滴里会不会有什么东西呢?没想到,在显微镜下竟有许多的“小动物”在游动!后来,他又广泛地观察,发现这类“小动物”几乎无处不在,只是不同的地方“小动物”的形状不同,活动方式不同而已。这些“小动物”就是微生物。通过这种自由联想虎克揭示了生命科学的新篇章。

(四)强制联想

创造活动都鼓励自由联想,这样可以引起联想的连锁反应,容易产生大量的创造性设想。但是如果是要解决某个具体问题,或有目的地去发展某种产品,也可采用强制联想,让人们集中全部精力,在一定的控制范围内去进行联想,这就是强制联想。世界上的创新技法还有很多,比如还有模仿法、缺点列举法、希望点举例法、立体发明法、迂回求索法、创造需求法等等,从不同角度出发加以归纳,还会有不同的分类,相互之间还有所交叉,这里就不一一列举。

第二节 集体创新组织技法

一、头脑风暴法

头脑风暴法是由美国企业家、创造学家 A·F·奥斯本在 1939 年提出来的，也称“智力激励法”、“畅谈讨论法”、“集思广益法”等。这是一种从心理上激励群体创新活动的最通用的方法，头脑风暴（Brain Storming）原是精神病理学的一个术语，是指精神病人在失控状态下的胡思乱想。在这里，它没有了贬义，而是形容创造性思维自由奔放、打破常规，创新设想如暴风骤雨般地激烈涌现。具体做法如下。

（一）头脑风暴法小组的组成

（1）设立两个小组，每组成员各为 4～15 人（最佳构成为 6～12 人）。第一组为“设想发生器”组，简称设想组，其任务是举行头脑风暴会议，提出各种设想。第二组为评判组，或称专家组，其任务是对所提出设想的价值做出判断，进行优选。

（2）确定主持人的人选。两个小组的主持人，尤其是头脑风暴法会议的主持人对于头脑风暴法是否成功是至关重要的。主持人要有民主作风，平易近人，反应机敏，有幽默感，在会议中既能坚持头脑风暴法会议的原则，又能调动与会者的积极性，使会议的气氛活跃。主持人的知识面要广，对讨论的问题有比较明确和比较深刻的理解，以便在会议期间能启发和引导，把讨论引向深入。

（3）确定组员的人选。设想组的成员应具有抽象思维的能力、纵恣幻想的能力和自由联想的能力，最好预先对组员进行创造技法的培训。评判组成员以有分析和评价头脑的人为宜。两组成员的专业构成要合理。应保证大多数组员都是精通该问题或该问题某一方面的专家或内行。同时，也要有少数外行参加，以便突破专业习惯思路的束缚。应注意组员的知识水准、职务、资历、级别等应尽可能大致相同。高级干部或学术权威的参加往往会出现对他们意见的趋同或是一般组员不敢“自由地”提出设想的不利情况。参加且设想与评价两个过程在时间上分开进行，是为了排除由于害怕批评而产生的心理障碍，也就是著名的“延迟评判原则”。这种方法具有开放性、启发性、想象性和激励性等特点。在选定一个题目后，“设想发生器”组在一起畅想，自由发表意见，每个人进行发散性思维，努力寻求解决问题的多种办法，越新颖越好。每个人敞开思想的大门，暴露每个人思维的过程，相互启发，通过思维的碰撞，产生新的思想火花，想出新的解决办法。实际上与我国民间俗话所说的“三个臭皮匠赛个诸葛亮”有异曲同工之妙：碰到一个难题，大家你一言我一语，七嘴八舌，拿出好的主意来。头脑风暴法这种方法和形式，能够产生互相激励作用，激发参与者的兴趣和求知欲，促进每个参与者想象力和发散性思维的发展。要使这种方法取得效果，还要注意遵守一定的游戏规则：一是提倡自由畅谈，任思路到处拓展，随意发挥。想法越古怪越好，因为有时看上去很“荒唐”的设想，但很可能很有价值，所以要抛开头脑中的框框，甚至要故意去做那些违背传统、逻辑的思考。使这种与传统、逻辑不符的想法对他人产生启发，引发他人思维的火花。二是畅谈中不得阻挡别人古怪的言论，即使自己认为是错误的、荒诞离奇的发言，也不要去驳斥、嘲笑，要创设一种宽松的气氛，调动每个人思维的积极性。不要说一些“这肯定不行”、“太可笑了”这样的话。因为错误的设想是催化剂，没有它们就不能产生正确的设想。只有在这样无拘无束的环境中，才能真正打开每个人思维的闸门。三是大家所畅谈的解决问题的方案越多越好，韩信点兵，多多益善。在讨论中先不作对错判断，结论留到以后去做。四是要坚持借题发挥的原则，善于利用别人的想法来开拓自己的思路。这是“头脑风暴”的关键。每个人都有要积极地从别人的设想中激发自己的想象力，或补充他人的设想，或将他人的设想合并起来提出新的设想。不要只听别人说，自己的大脑机器不开动，思维不激发，坐享其成，做思想的懒汉。为了更多地提出设想，主持人可以限定提出每个设想的时间不超过两分钟。

(二)头脑风暴法的实施步骤

(1)准备阶段。准备阶段包括产生问题，组建头脑风暴法小组，培训主持人和组员及通知会议的内容、时间和地点。

(2)活跃气氛。为了使头脑风暴法会议能形成热烈和轻松的气氛，使与会者的思维活跃起来，可以做一些智力游戏，猜谜语，讲幽默小故事，或者出一道简单的练习题，如“花生壳有什么用途?”。

(3)确定问题。由主持人介绍所要解决的问题，问题提得要简单、明了、具体。对一般性的问题要把它分成几个具体的问题。比如“怎样引进一种新型的合成纤维?”就过于笼统，使小组成员难以进入问题的具体内容，所以要至少分成3个小问题：①提出把新型纤维引进到纺织厂的方法。②提出一些将新型纤维引进到服装店的设想。③提出一些将新型纤维引进到零售商店的设想。

(4)自由畅谈。由与会者自由地提出设想。主持人要坚持原则，尤其要坚持严禁评判的原则。对违反原则的与会者要及时制止，如坚持不改可劝其退场。会议秘书要对与会者提出的每个设想予以记录或是作现场录音。

(5)会后收集设想。在会议的第二天再向组员收集设想，这时得到的设想往往更富有创见。

(6)如问题未能解决,可重复上述过程,在用原班人马时,要从另一个侧面或用最广义的表述来讨论课题,这样才能变已知任务为未知任务,使与会者思路轨迹改变。

(7)评判组会议对头脑风暴法会议所产生的设想进行评价与优选应慎重行事。务必要详尽细致地思考所有设想,即使是不严肃的、不现实的或荒诞无稽的设想亦应认真对待。头脑风暴法是集思广益的集体思考问题的好方法。一个人的思维往往有其局限性,即使是苦思冥想,也会受制于思路狭窄,难以突破。不同人之间对同一问题进行思考,从各自的角度面对同一个问题,互相激励,产生共振、连锁反应,对创造思维是一种激发。

头脑风暴法不仅适用于科研攻关和企业的新产品开发,同样也适用于科学文化学习知识的学习。例如:解难题,几个同学一起讨论,各抒己见;再如写作文,讨论提纲,修改文章,也可以一起研讨。更重要的是同学们在中学期间就学习、运用这种思维方法,对于以后的走上社会成为创新人才是大有裨益的。下面介绍一个头脑风暴法会议的例子。

主持人:今天的主题是"砸核桃"。我们的要求是把核桃砸得快还要尽可能完整。

甲:我在家里是用门掩,用榔头砸,用钳子夹。

主持人:用什么样方法才能更有利把核桃砸开?

甲:需要加一个集中挤压力,用某种东西冲击核桃,就能产生这种力……或者,相反,用核桃冲击某种东西!(逆向思维)

乙:可用气动机枪往墙上射核桃,比如说可以用装泡沫塑料弹的儿童气枪射。

丙:核桃壳很硬,应该先用溶剂加工,使它们软化、溶解,或者使它们变得较脆。要使核桃变脆可以冷冻。

主持人:如果我们运用逆向思维来解决问题,又会怎样?

丁:可以把核桃放在空气室里,往里加高压打气,然后使空气室里压力锐减,因为内部压力不能立即降低,这时,内部气压使核桃破裂。或者使空气里的压力交替地剧增与锐减,使核桃壳处于变负荷状态下。

在头脑风暴法会议进程中,只用10分钟就得到40个设想,其中一个方案(使空气压力超过大气压力并随即降到大气压力以下,核桃壳破裂,核桃仁保持完好)获发明专利。

二、KJ创新法

东京工大教授川喜田二郎是"KJ法"的创始人,该方法成为日本最流行的一种方法。他在野外考察的实践中把哪怕是不相关的大量事实如实地捕捉下来，然后，通过对这些事实进行有机的组合和归纳，发现问题的全貌，从而促成建立假说。后来他把这套方法与头脑风暴法相结合，发展成包括提出设想和整理设想两种功能的方法。

KJ 法的主要特点是在比较分类的基础上由综合求创新。在对卡片进行综合整理时，既可由个人进行，也可以集体讨论，这里着重介绍集体创新的程序。

KJ 法的集体创新步骤如下：

(1)准备。主持人和与会者 4～7 人。准备好黑板、粉笔、卡片、大张白纸、文具。

(2)头脑风暴法会议。主持人请与会者提出 30～50 条设想，将设想依次写到黑板上。

(3)制作卡片。主持人同与会者商量，将提出的设想概括为两三行的短句，写到卡片上，每人写一套，这些卡片称为"基础卡片"。

(4)分成小组。让与会者按自己的思路各自进行卡片分组，把内容在某点上相同的卡片归在一起，并加一个适当的标题，用绿色笔写在一张卡片上，称为"小组标题卡"。不能归类的卡片，每张自成一组。

(5)并成中组。将每个人所写的小组标题卡和自成一组的卡片都放在一起。经与会者共同讨论，将内容相似的小组卡片归在一起，再给一个适当标题，用黄色笔写在一张卡片上，称为"中组标题卡"。不能归类的自成一组。

(6)归成大组。经讨论再把中组标题卡和自成一组的卡片中内容相似的归纳成大组，加一个适当的标题，用红色笔写在一张卡片上，称为"大组标题卡"。

(7)编排卡片。将所有分门别类的卡片，以其隶属关系，按适当的空间位置贴到事先准备好的大纸上，并用线条把彼此有联系的连接起来。如编排后发现不了有何联系，可以重新分组和排列，直到找到联系。

(8)确定方案。将卡片分类后，就能分别地暗示出解决问题的方案或显示出最佳设想。经会上讨论或会后专家评判确定方案或最佳设想。

下面介绍一个管理者个人应用 KJ 法解决实际问题的例子。

日本某公司通信科科长了解到员工对工作中的一些问题有很多不满，他决定用 KJ 法找到解决这些问题的方案。

第一步，他注意听科员间的谈话，并把有关工作中问题的片言只语分别记到卡片上，每个卡片记一条。例如：

○有时没有电报用纸。

○有时未交接遗留工作。

○如果将电传机换个地方如何？

○接收机的声音嘈杂。

○改变一下夜班值班人员的组合如何？

○查找资料太麻烦……

第二步，将这些卡片中同类内容的卡片编成组。例如：

○其他公司有的已经给接收机安上了罩。

○因为接收机的声音嘈杂，所以可否将电传机换个地方。

○有人捂着一个耳朵打电话。

上面的卡片组暗示要求本公司"给接收机安上罩"。从下面的卡片组中可以了解到要求制定更简单明了的交接班方法：在某号收纳盒内尚有未处理的收报稿；将加急发报稿误作普通报稿纸处理；接班时自以为清楚了，可是过后又糊涂了，为了做出处理，有时还得打电话再次询问。

第三步，将各组卡片暗示出来的对策加以归纳集中，就能进一步抓住更潜在的关键性问题。例如：因为每个季节业务高峰的时间区域都不一样，所以弄明白了需要修改倒班制度，或者是根据季节业务高峰的时间区域改变交接班时间，或者是考虑电车客流量高峰的时间确定交接班时间。

三、戈登法

戈登法是由美国人威廉·戈登创始的，这是一种由会议主持人指导进行集体讲座的技术创新技法。他在多年的集体创新实践中发现"头脑风暴法"存在一些缺点：①头脑风暴法在会议一开始就将目的提出来，这种方式容易使见解流于表面，难免肤浅。②头脑风暴法会议的与会者往往坚信唯有自己的设想才是解决问题的上策，这就限制了他的思路，提不出其他的设想。因此，戈登法规定，除了会议主持人之外，不让与会者知道真正的意图和目的。在会议上把具体问题抽象为广义的问题来提出，从而引起人们更为广泛的设想，给主持人暗示出解决问题的方案。戈登法设会议主持人 1 人，与会人 5～12 人。人选的要求与头脑风暴法大致相同。下面以开发新型剪草机为例说明戈登法的步骤。

(1)确定议题。主持人的真正目的是要开发新型剪草机，但是不让与会人知道。剪草机的功能可抽象为"切断"或"分离"，可选"切断"或"分离"为议题。但是如果定为"切断"，则使人自然想到需要使用刃具，对打开思路不利，于是就选定"分离"为议题。

(2)主持人引导讨论。

主持人：这次会议的议题是"分离"。请考虑能够把某种东西从其他东西上分离出来的各种方法。

甲:用离子树脂和电能法能够把盐从盐水中分离出来。

主持人:您的意思是利用电化学反应进行分离。

乙:可以使用筛子将大小不同的东西分开。

丙:利用离心力可以把固体从液体中分离出来。

主持人:换句话说,就是旋转的方式吧。就像把奶油从牛奶中分离出来那样……。

(3)主持人得到启发。例如:使用离心力就暗示使滚筒高速旋转。从这个暗示中,主持人就得到这样的启发:剪草机是否可以使用高速旋转的带锯齿的滚筒,或者电动剃须刀式的东西。主持人把似乎可以成功的解决措施记到笔记本上。

(4)说明真实意图。当讨论的议题获得了满意的答案后,主持人把真实的意图向与会者说明,可以与已提出的设想结合起来研究最佳方案。

四、集思广益法

集思广益法是具有中国特色的集体创新模式,是辽宁省科协赵惠田在试验了多种头脑风暴法的组织实施效果后,逐步总结的一种比较适合于我国基层组织的,以内部小组会议形式进行集思广益,促进创新构思的方法。它同时参考了被称为默写式头脑风暴法的"635"法等创新模式。这种方法与头脑风暴法原则上相同,不同点在于参与者把设想记在卡片上,而不是直接发言。这与中国人比较含蓄的民族性格有关,因为"头脑风暴法"从原则上严禁评判,鼓励自由提出设想,但是中国人往往对于当众说出见解颇多顾虑,比较顾及别人对自己的看法,如果自己的想法和别人说的类似,口才再欠佳,就容易沉默。而"635"法克服了这种缺点。大致步骤如下:

每次活动有 6 人坐成一圈,要求每人 5 分钟内在各自的卡片上写出 3 个设想(故名"635"法),然后由左向右传递给相邻的人。每个人接到卡片后,在第二个 5 分钟再写 3 个设想,然后再传给下一个人。如此传递 6 次,一般需要半小时即可完毕,这样就一共可产生 108 个设想。在具体实施中可分 3 个阶段进行:

(1)巡回填写阶段。开会前先通知与会者所议的议题。并发给每人两张设想填写表,要求与会者先进行思考,并在每张表格上填写 3 种有较大区别的设想,持表参加会议。与会者将填有 3 种方案的表格的一张传给右方座位者。每人接到表后,6 分钟内,在他人填写的设想启发下,往传来的表上填写 3 个补充的或新的设想。这样,半小时之内可传 5 次,当自己最先填写的表传回到本人时停止传阅,然后,利用 10 分钟进行综合联想。

(2)自由畅谈阶段。与会者以精练的语言概要地宣读原设想、在传阅过程中产生的新设想或修订方案，并一一记录在黑板上，在宣读方案过程中可以补充发挥，但严禁评判。评判推迟到下一阶段进行，以免过早地下断言，打击他人积极性，束缚想象力。在宣读方案的过程中，如果受到启发，产生新的构思，或者对原方案有新的补充，可以往保留在每人手中那张没有传递的表中填写，这一阶段大约需要10分钟。

(3)评价反馈阶段。与会者对抄录在黑板上的各种设想方案进行分析归纳，并且以独创性、可行性和实用性为标准进行评价，从优选择，获取创造性方案。方案选择后，为便于决策，还可以进行专家测评。请30～50名专家，将方案寄给他们，请专家们对方案以“很同意”、“同意”、“犹豫”、“不同意”和“很不同意”中任一种态度，表示自己意见。同时表格中留出补充和修改意见栏，以及提出新设想和新方案栏，专家同样可以随机填写自己的创新意见。

第三节　和田创新十二法

在本章的最后，给大家介绍一下在上海市和田小学诞生的广为流传的所谓“和田创新十二法”，其特点是：简洁明了，通俗易懂，实用有效，特别是针对青少年培养发明创新能力有很好的引导作用。

1. 加一加

在创新能力的培养实践中，可以启发青少年创造性思维在原有的基础上再加一点东西，使之用途更广泛，性能更优越。日本最早在铅笔头上加一块圆柱形橡皮，使之变成橡皮头铅笔，就是这种“加一加”的典型。把火车车厢加高一层，就成为双层车厢，可增加载客量。篮球架可改成三面篮板的多面投篮架。哪怕是伟大的发明往往也来自于这种看似简单的方法，如诺贝尔为了把稍一震动就爆炸的液体硝化甘油做成固体易运输的炸药，将硝化甘油和硅藻土加在一起，发明了TNT。我们常见的双色圆珠笔、粗细两用笔、自来水圆珠两用笔、带磁铁的铅笔盒，能开瓶的小刀、带音乐的贺年卡、带音乐的钥匙链等都是这种“加一加”的产物。和田小学的同学们就是通过“加一加”，利用玻璃胶把软塑料易可贴加在不锈钢碗上，发明了“安全婴儿碗”。又如旅行水杯装上热水后不容易打开杯子，将自行车气门芯制作成减压阀，加装在水杯盖上，加上密封，茶杯便成了“减压水杯”。

2. 减一减

只要留心观察，就会发现我们习以为常的很多物品使用步骤较多的，不方便，需进行改进，尽可能减少其不必要的步骤而不影响效果。和田小学的发明成果“扁平叉”就是一例。他们发现用锅铲与叉交替使用不方便，那么，能否用一个工具完成铲与叉两个动作呢？于是就成功制成扁平叉，平可作铲，侧可作叉，减少了使用的麻烦。再比如把电子元件改成集成块；把眼镜镜片减小，又减去镜架，创造出贴在眼球上的隐形眼镜；把钢铁架帆布篷改为充气塑料帐篷，重量大大减轻；篮球架减短一些，篮筐减小一点，可以给幼儿园儿童投篮用；减轻建筑材料重量，制成高强度的轻型材料；等等。

3. 代一代

它是替代的方法，就是日常生产、工作中广泛存在着的材料的代用、方法的代用、工具的代用、商品的代用等等。如用塑料或玻璃钢代替金属，用铝合金门窗代替钢门窗，用电子计算机代替算盘，用不锈钢炊具代替铝炊具；用集装箱运输代替散装运输。自从高速公路出现后，用汽车运输代替火车运输，既快又方便。这又促使人们创造更快速的高速火车。应该说，在我们的世界中，很多已有的东西并不是完美的，在操作中如果发现其质料或结构欠科学，在现实中有许多麻烦，完全可以设想在关键部分采用另一种更便捷的材料或更科学、更实用的技术结构代替原有结构。如婴儿以前都是用尿布，来回洗刷很不方便，于是以纸代布，制成了各种纸内裤。肉类虽然好吃，但是其酸性蛋白质吃多了对人体无益，于是有了用大豆食品代替肉类的“植物肉”。同学们发现多用插座容易触电、漏电，辅导辅导老师启发大家动脑筋，能不能对插座进行一次技术革命，从而避免漏电、触电。在辅导老师指导下，同学们查阅资料，设计了许多方案，有旋转式插座、有密码式插座等。

4. 扩一扩

将原有品放大一点，扩大一点，会使物品发生意外的变化。伞是人们常用的挡雨遮阳工具，有人将它的面积扩大、再扩大，变成了街头巷尾设摊者使用的晴雨大伞、露天海滨浴场游客享受的太阳伞，使伞又找到了新的用途。再如把电影银幕加宽成宽银幕，把普通电视扩大为投影电视，扩大布匹门幅为宽幅布，单人沙发扩大为双人、三人沙发，载重汽车驾驶室单排座位扩大为双排，以让装卸员乘坐。再者，把激光技术广泛应用于机械加工、医学治疗、测量以至军事上，可以获得新的效益。

5. 缩一缩

运用缩小、缩短、分解、折叠、卷曲、删减等手段进行发明创造的技法，叫做缩小省略法，也就是通常所说的“缩一缩”，这也是一种可行的发明思路。比如节省木材的火柴就是这样发明的，一般划根火柴，梗燃不到 1/2 就扔了，很浪费。把火柴梗的长度缩短 1/3～1/2，再配一支能插进火柴梗的不可燃的套管。这样，既节约了木材，又增大了火柴盒的容量。这个发明的着眼点就在于“缩短长度”。再如一般的自行车体积大，存放不方便，利用“缩一缩”原理设计出可折叠的自行车，深受人们欢迎。继续发挥折叠的"缩"的功能就发明了折叠椅、折叠剪、折叠伞、折叠杯、折叠桌、折叠沙发床、木工用折叠尺等，物体的体积变小，从而节省了空间，增强了灵活性。再比如在有了挂钟、台钟之后，人们又相继发明了怀表、手表、电子表等。生活中我们也经常使用一些袖珍物品，如随身听、袖珍小电筒、液晶小彩电、压缩饼干、浓缩果汁、袖珍词典等，它们都是通过"缩一缩"技法研制出来的。缩小后的东西体积小，造价低，便于搬动、携带，给人们生活带来了很大方便。

6. 拼一拼

它是把一个物体和其他物体拼合起来，这与"加一加"不完全一样，它是多种功能、多种方法的拼合、组合。在商品生产中，把洗衣机和脱水机拼合起来，成为具有双功能的套缸洗衣机；把大衣橱、五斗橱、梳妆台、杂品柜等拼合起来，形成组合家具；把收音、放音、录音、电唱等拼合起来，构成具有多功能的组合音响设备。大型水利枢纽工程就是由各种功能的水坝、溢洪道、发电、船闸等工程拼合而成的。著名的我国灌县都江堰工程，就是由"鱼嘴"分水坝、"飞沙堰"、"溢洪道"和"宝瓶口"引水口三项工程组合而成的。

7. 学一学

它是通过学习模仿别的物品和事物的形状、结构、色彩、性能、规格、功能、动作等来实现创造的。比如商品生产中，模仿实物制作出各种玩具汽车、玩具飞机、玩具动物；模仿立鹤尖嘴衔东西的功能创造出立鹤型的美观实用方便的牙签盒；通过研究插座安全装置的性能，创造出安全插座。只要勤于学习研究，善于从他物、从他人经验中获得启发，总是能实现创造的。仿生学中这种"学一学"的方法体现得最充分，如古代的鲁班从带锯齿的草叶上学会了制作锯子，科学家研究了海盗鸥空中拦截小鸟现象，发明了具有强攻击型的空中截歼机。

8. 变一变

它指改变原有物品的形状、尺寸、颜色、滋味等，从而形成新的物品，可使人有一种新感觉。许多新产品就是运用这种方法，年年在变，不断满足消费者的需要。如服装的面料、款式、颜色、图案千变万化，不断翻新。如餐桌上的水果拼盘，可以把各种水果拼装成花鸟虫鱼、龙凤呈祥等造型或图案，情趣盎然。又如可以把通常圆形捕蝶网改成平行四边形，利用平行四边形不稳定性，制成可伸缩到圆柱管中去，便发明了"多用合收式便携捕虫网"；圆珠笔由圆形改为六角形、三角形，由单色改为双色；饼干向奶油味、水果味、蔬菜味等多种品味变化，以适合不同人的口味以及人们口味的变化；电视机由凸面圆角型改为平面直角型、纯平面型，由普通声改为立体声，提高视听效率。在思想工作中，随着时代的变化，人们观念的改变，工作方法也应该有所变化。

9. 改一改

它是对一个物品原来形状、结构、性能进行改进，使之出现新的形态、新的功能。这种方法从现有事物存在的缺点入手，发现该事物的不足之处，如不安全、不方便、不美观的地方，然后针对这些不足寻找有效的改进创新措施。原来的方便面是袋装的，后来改了一下，变成纸筒做成的碗状的包装，极大地方便了旅途就餐。现在产品不断更新换代，就是通过这种方法获得的。如钟表由机械的改为石英电子的，由指针式改为数学显示式；电话机由拨环式改为琴键式，并增加多种功能；收录机由单卡改双卡，单功能改为多功能。现代科学技术的发展，使物品向自动化、简单化、轻便化、效率化、实用化、美观化方向改进，不断创造出新的产品。

10. 搬一搬

这种方法在很大程度上包含着某一工艺技术的应用，将原物或原设想技术移至别处，使之产生新的事物，新的构想和新技术。如激光可移到打孔、切割、磁盘、唱片、测量、照排印刷等方面。它的特点是把事物的某个部件搬动一下，使之形成一种新的物品，产生新的功能。如把电动机搬动到各种各样机械上，可以创造出许许多多的电器产品，不仅可以制成电风扇、电吹风，而且可以制成脱排油烟机、电动剃须器、吸尘器等。把超声技术运用于清洗、测量、溶解、研磨、切割等多种器具上，可以创造出不少新的工具。有时名称"搬一搬"，也可以作出新创造。

11. 反一反

它是把某一物品的形状、性质、功能反一反，也就是从正反、里外、横竖、上下、左右、前后等加以颠倒，从而产生新的事物。许多新形态商品往往是上与下、里与外、左与右、前与后、横与竖反一反，由老商品变成新商品。如皮毛服装里外反一反，就成为翻毛服装；衬衫领由大尖领改为小方领，或者相反，就成为新式衬衫；毛线衣由内衣变成外衣，羊毛衫则由外衣变为内衣；把暖水瓶改为冷藏瓶；把电视机由卧式改为立式；吸尘器则由立式改为卧式；把无用垃圾变为有用的有机肥料；等等。

12. 定一定

它是按照人类社会活动规范来创造发明新事物的方法。为了保证人类社会生活的正常进行，必须有一定的规范。对涉及人们社会生活的事物作出一定的规定，按照这些规定实现创造发明。我们可以对某些发明和产品定出新的标准、型号、顺序或者为改进某种东西，为提高学习和工作效率以及防止可能发生的不良后果做出一些新规定，从而导致创新的发明技法。如电热水器，水开了需要及时关掉电源，怎样通知人们呢？于是采用"定一定"方法，设计报警器。当水沸腾时，水蒸气冲击出水口，振动铜片，发出刺耳的报警声。又如测量体温中的温度计以前标准不一。后来，人们统一了温度标准，规定在标准气压下，以水结冰时温度为 0℃，以水沸腾时温度为 100℃，制成摄氏温度计。如上海市黄浦区昌邑小学科学小组用这种方法发明了“读写姿势红绿灯”，用简单的器具矫正小学生读书写字的姿态，保持读写的规范姿态，有利于视力健康。此外，对于一个产品，企业在设计、管理、工艺、产品定型等方面订出一定的章程和标准，保证产品的质量和数量、品种。

上述 12 种技法是由上海的创造工程研究者与和田路小学师生一起实践、总结而成的，从某种意义上讲，是对奥斯本检核法的发展。创造的技法很多，仁者见仁，智者见智，这些方法又互相交叉、互相渗透，且通俗易懂，简单易行，实践证明是相当有效的。

参考文献

1. 孙钱章.知识经济概论.北京:警官教育出版社,1999

2. 于书今.渐趋渐进的知识经济.沈阳:沈阳出版社,2003

3. 齐建国.知识经济与管理.北京:社会科学文献出版社,2001

4. 王先庆.知识经济问答.广州:花城出版社,1999

5. 阴国恩.普通心理学.天津:南开大学出版社,1998

6. 徐厚道.心理学概论.北京:北京工业大学出版社,2003

7. 喻新安.管理心理学.北京:中共中央党校出版社,1999

8. 温元凯,等.创造学原理.重庆:重庆出版社,1988

9. 文献良,文彦.知识经济与意识创新.成都:四川辞书出版社,1999

10. 叶黔达.创新能力开发.成都:四川大学出版社,2000

11. 崔义中.创意学.西安:陕西人民出版社,2002

12. 杨名声,刘奎林.创新与思维.北京:教育科学出版社,2002

13. 洳河.发掘你的创造力.北京:地震出版社,2002

14. 谢一辉.创造性思维与思维训练.南昌:江西人民出版社,2003

15. 王国安.把创新当成习惯.北京:中央编译出版社,2003

16. 刘奎林.灵感——创新的非逻辑思维艺术.哈尔滨:黑龙江人民出版社,2003

17. [美]卡特·H·布利斯.超级创造力训练.王笑东译.北京:民主与建设出版社,2003

18. 匡长福.创新原理及应用.北京:首都经济贸易大学出版社,2004

19. 李全起.创造能力与创造思维.北京:中国档案出版社,2004

20. 卢希悦.思维的革命——走进创新思维的自由王国.北京:经济科学出版社,2004

21. 陈志良.思维的建构和反思.北京:中国人民大学出版社,1989

22. 黑格尔.法哲学原理.范扬,张企泰译.北京:商务印书馆,1961

23. 黑格尔.小逻辑.2版.贺麟译.北京:商务印书馆,1980

24. 邵永福.开发人的右半脑.上海:上海文化出版社,1988

25. 康德．纯粹理性批判．北京:商务印书馆,1960

26. 秦言．知识经济时代．天津:天津人民出版社,1998

27. 罗伯特·沃尔森．异想天开——创造思维的艺术．朱士群,袁玉立编译．北京:中国城市经济社会出版社,1990

后　记

创新学研究的是人们普遍崇尚的作为知识经济时代灵魂的“创新”问题，目前在我国尚属于一个新兴学科，至今还没有统一的教材和权威的版本。

本书是中国农业大学出版社牵头并申报的全国农林院校“十五”精品教材。参加本教材编写的有山西农业大学滑云龙同志、四川农业大学殷焕举同志、沈阳农业大学李学明同志、内蒙古农业大学高潮同志、北京林业大学路军同志。以上各位出于对“创新”理论未来发展趋势的把握，出于对大学生“创新”能力培养的重视，主动申报编撰“创新学”教材。经中国农业大学出版社批准，由刘军同志具体负责组织实施。以上参加编写的各位同志，不仅对创新学理论研究有着较浓厚的兴趣，而且均在自己的研究中取得了一定的理论成果，特别是还在各自的学校中为本科生开设了选修课，有的还被校方确定为必修课，均收到较好的实际效果。所有这些理论研究和实践探索，都为《创新学》一书的顺利出版奠定了基础。本书编撰大纲是由山西农业大学滑云龙同志拟定的，经与四川农业大学殷焕举同志和北京林业大学路军同志研究协商后付诸编写。滑云龙同志负责前言、后记、第三章；殷焕举同志负责第四、五、七章；李学明同志负责第一、六章；高潮同志负责第二章；路军同志负责第八章。我们在编撰过程中参考、借鉴、引用了许多专家学者的观点和文字，具体书名、人名、引文等情况已分列书中和书后。在此表示衷心的谢意！由于我们水平有限，错误和遗漏之处在所难免，欢迎大家批评指正。

本书得以出版，我们由衷地感谢中国农业大学出版社的鼎力支持。在本书出版的过程中，山西农业大学党委办公室梁爽同志为我们做了大量的联系和组织工作，在此一并表示感谢。

作　者

2006 年 4 月

图书在版编目(CIP)数据

创新学/滑云龙,殷焕举主编．—北京：中国农业大学出版社,2006.6
高等农林院校"十五"精品课程建设教材
ISBN 978-7-81117-032-0

Ⅰ.创… Ⅱ.①滑…②殷… Ⅲ.创造学 Ⅳ.G305

中国版本图书馆 CIP 数据核字(2006)第 043512 号

书　　名　创新学
作　　者　滑云龙　殷焕举　主编

策划编辑　刘　军　孙　勇　　**责任编辑**　张苏明
封面设计　郑　川　　**责任校对**　王晓凤　陈　莹
出版发行　中国农业大学出版社
社　　址　北京市海淀区圆明园西路 2 号　　**邮政编码**　100193
电　　话　发行部 010-62731190,2620　　读者服务部 010-62732336
编辑部 010-62732617,2618　　出　版　部 010-62733440
网　　址　http://www.cau.edu.cn/caup　　**E-mail**　caup@public.bta.net.cn
经　　销　新华书店
印　　刷　北京时代华都印刷有限公司
版　　次　2006 年 6 月第 1 版　　2014 年 11 月第 4 次印刷
规　　格　787×980　16 开本　13.5 印张　243 千字
印　　数　8 001~10 000
定　　价　20.00 元